HERMES

在古希腊神话中,赫耳墨斯是宙斯和迈亚的儿子,奥林波斯神们的信使,道路与边界之神,睡眠与梦想之神,死者的向导,演说者、商人、小偷、旅者和牧人的保护神……

西方传统 经典与解释 HERMES
Classici et Commentarii

柏拉图注疏集

刘小枫 甘阳 ● 主编

立法者的神学
——柏拉图《法义》卷十绎读

The Theology of the Legislator

林志猛 | 编

张清江 等 | 译

华夏出版社

中国博士后科学基金资助项目
（2012M521196）

"柏拉图注疏集"出版说明

"柏拉图九卷集"是有记载的柏拉图全集最早的编辑体例,相传由亚历山大时期的语文学家、数学家、星相家、皇帝的政治顾问忒拉绪洛斯($Θράσυλλος$)编订,按古希腊悲剧的演出结构方式将柏拉图所有作品编成九卷,每卷四部(对话作品三十五种,书简集一种,共三十六种)。1513年,意大利出版家Aldus出版柏拉图全集,被看作印制柏拉图全集的开端,遵循的仍是忒拉绪洛斯体例。

可是,到了十八世纪,欧洲学界兴起疑古风,这个体例中的好些作品被判为伪作;随后,现代的所谓"全集"编本迭出,有31篇本或28篇本,甚至24篇本,作品前后顺序编排也见仁见智。

俱往矣!古典学界约在大半个世纪前已开始认识到,怀疑古人得不偿失,不如依从古人受益良多。回到古传的柏拉图"全集"体例在古典学界几乎已成共识(Les Belles Lettres 自上世纪二十年代始陆续出版的希法对照带注释的 Platon Œuvres complètes 以及 Erich Loewenthal 在上世纪四十年代编成的德译柏拉图全集均为36种+托名作品7种),当今权威的《柏拉图全集》英译本(John M. Cooper 主编,Plato, Complete Works, Hackett Publishing Company 1984,不断重印)即完全依照"九卷集"体例(附托名作品)。

"盛世必修典"——或者说,太平盛世得乘机抓紧时日修典。对于推进当今中国学术来说,修典的历史使命当不仅是续修中国古代典籍,同时得编修古代西方典籍。古典文明研究工作坊拟定计划,推动修译西方古代经典这一学术大业。我们主张,修译西典当秉承我国清代学人编修古代经典的精神和方法——精神即:敬重古代经典,并不以为今人对世事人生的见识比古人高明;方法即:翻译时从名家注疏入手掌握文本,考究版本、广采前人注疏成果。

"柏拉图注疏集"将提供足本汉译柏拉图全集(36 种 + 托名作品 7 种),篇序从忒拉绪洛斯的"九卷集"。尽管参与翻译的译者都修习过古希腊文,我们主张,翻译柏拉图作品等古典要籍,当采注经式译法(即凭靠西方古典学者的笺注和义疏本迻译),而非所谓"直接译自古希腊语原文"(如此注疏体柏拉图全集在欧美学界亦未见全功,德国古典语文学界于 1994 年开始着手"柏拉图全集:译本和注疏",体例从忒拉绪洛斯,到 2004 年为止,仅出版不到 8 种;Brisson 主持的法译注疏体全集,九十年代初开工,迄今未完成一半)。

柏拉图作品的义疏汗牛充栋,而且往往篇幅颇大。这个注疏体汉译柏拉图全集以带注疏的柏拉图作品为主体,亦收义疏性质的专著或文集。编译者当紧密关注并积极吸取西方学界的相关成果,不急欲求成,务求踏实稳靠,裨益于端正教育风气、重新认识西学传统,促进我国文教事业的新生。

刘小枫　甘　阳
2005 年元月

柏拉图注疏九卷集篇目

卷一：1 游叙弗伦（顾丽玲译）——2 苏格拉底的申辩（吴飞译）——3 克力同（罗晓颖译）——4 斐多（刘小枫译）

卷二：1 克拉底鲁（刘振译）——2 泰阿泰德（贾冬阳译）——3 智术师（观溟译）——4 治邦者（张爽译）

卷三：1 帕默尼德（曹聪译）——2 斐勒布（李致远译）——3 会饮（刘小枫译）——4 斐德若（刘小枫译）

卷四：1 阿尔喀比亚德前篇（梁中和译）——2 阿尔喀比亚德后篇（梁中和译）——3 希普帕库斯（乔戈译）——4 情敌（吴明波译）

卷五：1 忒阿格斯（刘振译）——2 卡尔米德（彭磊译）——3 拉克斯（唐敏译）——4 吕西斯（黄群译）

卷六：1 欧蒂德谟（万昊译）——2 普罗塔戈拉（刘小枫译）——3 高尔吉亚（李致远译）——4 美诺（郭振华译）

卷七：1 希琵阿斯前篇（王江涛译）——2 希琵阿斯后篇（王江涛译）——3 伊翁（王双洪译）——4 默涅克塞诺斯（魏朝勇译）

卷八：1 克利托普丰（张缨译）——2 王制（史毅仁译）——3 蒂迈欧（叶然译）——4 克里提阿（叶然译）

卷九：1 米诺斯（林志猛译）——2 法义（林志猛译）——3 厄庇诺米斯（程志敏译）——书简（彭磊译）

杂篇（刘锋译）

目 录

编者前言 …………………………………………………………… 1
路易斯 城邦诸神及其超越 ………………………………………… 1
潘戈 《法义》中的政治与宗教 …………………………………… 54
潘戈 《法义》中的宗教政治灵魂学 ……………………………… 64
尤尼斯 基本宗教信仰和虔敬态度的构建 ……………………… 105
卡罗内 恶的起因和根源 ………………………………………… 136
维特克 不宽容之福 ……………………………………………… 183
普兰尼克 心智的运动 …………………………………………… 206
梅修 《法义》卷十中的劝谕与强制 …………………………… 234

编者前言

一 "神学"在《法义》中的位置

在太阳直射大地最久、阳气最盛的夏至日,三位来自不同城邦的老人漫步在前往宙斯神社的林荫大道上。他们边走边讨论政制和礼法,虽然路途遥远、天气炎热,但引人入胜(圣)的话题,让他们倍感惬意,忘却了年迈和艰辛。他们的谈话始于"神":"神还是某个人",可归为制定礼法的起因?柏拉图的《法义》由此开启了立法的征程,在神人之间摇摇曳曳。

《法义》以神开篇,这在柏拉图的对话中绝无仅有,卷十还专门探讨了"神学",为不虔敬之罪制定了法律。不过,在制定这一法律前,柏拉图先拟制了整部《法义》中"最高贵和最好的序曲",也是最长的法律序曲,其目的在于驳斥诗人的三个"神学"观点:诸神不存在,或存在却不关心人类,或关心人类但可用献祭和祈祷求情。《法义》开篇就谈到神,为什么直到卷十才真正开始讨论"神学"呢?要弄清"神学"在《法义》中的位置,必须先考虑卷九和卷十一这前后两卷。卷九的主题是刑法,涉及的罪行包括抢劫庙宇、颠覆政制、叛变城邦、盗窃、杀人、伤害等等,最后一个话题是殴打父母,这些罪行主要由血气(θύμος)驱动。在卷十开头,对话主角雅典异方人就说,"谈过殴打之后",可宣布有关一般暴行的法规:

> 没有人可以拿走（φέρειν）或带走（ἄγειν）①他人之物，或使用邻人的所有物，如果他未经说服所有者。因为，这类行为是所有已提及的罪行的根源，过去、现在和将来都是。（884a2－5，文中《法义》引文皆为笔者所译）

雅典异方人这样说似乎表明，他接下来要谈谈私人财物的问题。但奇怪的是，雅典异方人转而谈论起年轻人的肆心和诸神，没有再处理财物问题。直到卷十一开头，雅典异方人才回到交易和财物问题："人们不得碰（ἅπτοιτο）我的财物，也不应移动（κινήσειεν）它们，即便是最短的距离，如果他压根没说服我"（913a3－5）。可以看到，卷十和卷十一开头用的句式非常相似，卷十用的动词是"拿走"和"带走"，对应卷十一的"碰"和"移动"，卷十提到他人或邻人所有物，卷十一则提到"我的财物"，两处都要求"说服"所有者。卷十一好像是卷十起始话题的延续。如此看来，卷十有关诸神的谈论有如离题之话。雅典异方人先是一下子从最低的、令人"可耻的"（853b3）话题（刑法），上升到诸神这一最高的主题，然后又突然下降到交易这一较低等的人类事务。② 为何在两个较低的话题之间要插入最高的话题？诸神跟刑法和财产有何关联？我们注意到，卷十一开头还多了一句："我也应这样做，根据同样的原则，对待他人的所有物，倘若我拥有审慎的理智"（913a5－6）。我们纳闷，是不是讨论诸神之后，才会有"审慎的理智"对待他人财物？诸神与理智又有何关系？

卷九表明，制定刑法是一种耻辱，因为这意味着教育的失败。但这也透露，并非人人可教，人人都能听从劝谕，总有一部分性情顽梗的人会违法、作恶，惩罚将无从避免。卷十关于诸神存在的三个

---

① φέρειν用于无生命的、可轻便携带的东西，ἄγειν用在可驱赶的活物上。
② 参见施特劳斯，《柏拉图〈法义〉的论辩与情节》，程志敏等译，华夏出版社，2011，页160。

论证，便是要震慑潜在的罪犯，让刑法获得神义的支撑，拥有稳固的根基，从而满足公民的道德义愤，使公民们更顺从法律，相信法律的公正。① 其实，卷九结尾部分就已屡屡提到今生或来世的惩罚（870e，871b，872e，880e，881a），这似乎为卷十的神学讨论做好了准备。值得注意的是，卷十结尾证明了冥府的存在，邪恶的灵魂将落入冥府，接受诸神的审判。由于作恶跟血气和欲望密切相关，血气与欲望的关联也是卷九的主题之一。而卷十的核心论述在于灵魂的优先性，也就是对理智的强调。因此，卷九和卷十处理了灵魂的三部分：欲望、血气和理智。血气和快乐在灵魂中的僭政导致杀人，而智慧的自负的极端形式是唯物主义的无神论。② 从卷九到卷十，是从最低点攀升到最高点。正是在卷九，雅典异方人在发誓之后，首次提到了与哲学有关的语词（857d2），这暗示，我们将前往卷十这一最具哲学性的部分。由此可以看到，卷十提供的"最高贵和最好的序曲"结合了宗教和哲学，它同时面对两类人：劝谕多数公民走向虔敬的生活，并引导追求智慧的人走向哲学生活。可以说，卷十立法哲人的神学论证是整部《法义》的顶峰。

在伯纳德特（Seth Benardete）看来，卷十对灵魂优于物体的论证，乃基于音乐对体操的优先性，所以，卷十的论述融合了《法义》前三卷的论述。③ 卷十最终将诸神、灵魂和理智三者等同起来，也让我们重新回到了卷一开篇的问题：神还是人立法。卷十涉及前苏格拉底的自然学、基于运动论的灵魂学等较为艰深的论证，采取"颇

---

① 参见 T. Pangle，《柏拉图〈法义〉中的宗教政治灵魂学》（Politics and Religion in Plato's *Laws*: Some Preliminary Remarks），载于 *Essays in Arts and Sciences*, 3 (1974)，页1060（中译文见本书页72）。

② 参见 Seth Benardete，《柏拉图的〈法义〉：发现存在》（*Plato's "Laws": The Discovery of Being*），The University of Chicago Press, 2000, 页287。

③ 参见 Seth Benardete，《柏拉图的〈法义〉：发现存在》，前揭，页286。

为陌生的论证方式"(891d6)。① 可想而知,要是这一卷的讨论放在《法义》前面部分,雅典异方人的两位年老对话者定然无法进入——他们必须在雅典异方人的充分教导后,方能展开这样的对话。在这一卷中,主要的对话者是雅典异方人和克勒尼阿斯(Kleinias),墨吉罗斯(Megillus)只说过两句简短的话。此时的克勒尼阿斯已具有哲学的心性,他并不畏惧陌生的论证,甚至表示可为此"走出立法的领域"(891d7-8)。卷十的神学可谓是雅典异方人对两个年老立法者的最高教育。

卷十撇下侵犯私人财产问题,转而谈论神学和灵魂的优先性,直到卷十一才继续谈财产。这预示了,财产具有神圣性,同时,要正确对待他人或自己的财产,必须先正确认识自己的灵魂。早在卷一中,雅典异方人就将财富列为属人之善中的最低位,而且不应盲目追求财富,而是要审慎获取(631c4-5)。卷五显示,在最好的城邦和政制中,妇女、儿童公有,各种各样的所有物公有,并排除一切所谓的"私有",可能的话,甚至要把双眼、双耳和双手这些私有的东西(身体)变成公有,而获得极致的美德,这样的城邦诸神或神子们都乐于居住(739b8-e1)。在卷九,雅典异方人将对钱财的贪欲视为犯罪的首要原因。到了卷十一则表明,富裕导致的奢侈会败坏人的灵魂(919b8)。卷十一甚至规定,临终之人不能随意处置自己的财产,个人财产应从属于城邦,因为病危之人无法"认识你自己",可能受阿谀奉承的人哄骗,立下不恰当的遗嘱(922e5-923c2)。如此看来,如何恰切对待财富、不因贪欲而犯罪,均与灵魂的完善、正确认识自己所处的位置息息相关。在卷十,雅典异方人表示,"一切凡人、生灵均是诸神的所有物"(902b8-9),并禁止私设神龛。我

---

① 卷十的哲学特性对传统诸神构成了潜在的挑战,由此也可以理解卷十作为《法义》的顶峰,为何要放在讨论刑法这一较隐蔽和不大受人关注的语境中。

们就如同诸神的财产,"过去、现在和将来"都是。① 只不过,诸神会悉心照料而不会侵犯我们,诸神是我们福祉而非罪行的根源。雅典异方人随后制作了一个神话,说我们每一份子都是整体的一部分,诸神为我们确定的位置最有益于整体和我们自己(903b4 - e1)。实际上,卷十的神学模糊了所谓的私人财产,勾销了"个体",而把每个人纳入整全之中,力图取得极致的美德。认识到我们是神的所有物,认识到自己在宇宙中的位置,并认识到自己与永恒的关联,也就能塑造好自己的性情,从而合宜地对待他人(所有物)和自身。要是人能体认到自己与最高的东西的神圣关联,罪行也就不会产生,或受到很好地约束。从这个意义上讲,卷十的神学连接了最高的东西和最低的东西。

二 年轻人的肆心

在反驳诗人的"神学"前,雅典异方人先谈到了五种肆心罪行,这些罪行导致了不虔敬。雅典异方人认为,在"未谈到的罪行"中,最严重的罪行源于年轻人的放纵(ἀκολασίαι)和肆心(ὕβρις,884a6 - 7)。ὕβρις及其派生词在《法义》中多次出现(23 次),它的含义非常复杂,也是古希腊作品中常见的语词。ὕβρις基本意指过分的傲慢、狂妄,肆意攻击他人的荣誉,以让人感到耻辱和愤怒,或通过炫富获得快乐感,或逾越人神的界限。在《法义》中,经常将肆心与不义(ἀδικία)并提。卷三谈到,如果违反合宜原则,将太大的权力交给低下者或卑下的灵魂,这些人就可能颠覆一切,变得无比放肆,由肆心走向不义。大立法者(μεγάλων νομοθετῶν)应谨守合宜原则。肆心被看作是人的灵魂的自然本性,是灵魂的一种疾病,尤其与年轻人相

---

① 雅典异方人在卷首用三个不同的时态来突显侵犯他人财产的罪行之重,其实也在暗示将谈论永恒的东西:诸神与灵魂。

关。肆心而不负责任的年轻人,不能担当最高的统治者(691c1 - d5)。这可能在暗示,肆心的极端形式便是僭政(另参777c7 - e4)。卷四也指出,人的自然本性根本无法控制人类事务,人一旦成为主宰一切的权威,就会充满肆心和不义。因此,克洛诺斯让精灵统治人(713c5 - e4)。① 就此而言,肆心是人天然就有的性情,处于高位者尤其可能产生。另外,肆心也与财富密切相关,富人容易滋生肆心。在考察政制的起源时,雅典异方人曾指出,在人原初不富不贫的状态中,不会产生肆心和不义(679b7 - c2)。凡是因财富、荣誉等而自我感觉良好的人,灵魂都会让肆心燃烧着,自认为能成为别人的主宰者,这种人会遭神遗弃和报复(716a5 - b5)。不过,过于贫穷也会让女人产生肆心(774c7)。再者,肆心与沉溺于不正当的性行为和快乐有关。墨吉罗斯为自己的城邦辩护时曾表示,斯巴达禁止人们参与会饮这种最大快乐、最为肆心的活动(637a3)。雅典异方人认为,人有三重基本爱欲,最猛烈的、燃烧得最疯狂的且最恣肆的火焰,就是繁殖后代(783a1 - 4)。人在孕育孩子时,应尽量避免做肆心或不义的事情(775d5 - 7)。关于肆心,雅典异方人还有一个典型的说法:教育带来胜利,而战争中的胜利则会让人变得更加肆心,使人恶贯满盈,导致教育的失败(641c2 - 7)。由此可见,胜利、掌权、富裕都会产生肆心,并造成不义和罪恶,过度的爱欲或自爱也会带来肆心。要医治肆心,良好的教育必不可少。②

就卷十而言,年轻人的肆心与放纵、不节制有关。雅典异方人列举了肆心导致的五种罪行,最最坏的是侵犯公共的和神圣的东西,或某个"部落"的成员共有的圣物(884a7 - 885a1)。这里将公

---

① 肆心与不义的对举,另参661e2,662a2,679c1,775d6 - 7,906a8。
② 关于古希腊作品中出现的肆心,N. Fisher 提供了极为详尽的分析,见氏著,《肆心:古希腊中荣誉和羞耻的价值研究》(*Hybris: A Study in the Values of Honour and Shame in Ancient Greece*),Aris and Phillips,1992。《法义》中出现的 hybris 见页 480 - 492。

共的与神圣的对举,似乎表明,神圣的东西与政治有关。雅典异方人没有说这些公共的圣物具体是哪些,但"部落"一词提醒了我们。卷五中规定,即将建立的新城邦应划分为十二部分,分别献给十二位神并以之命名,每部分为一个"部落"。在这样做前曾要求,建一座圣所献给灶神赫斯提亚(Ἑστίας)、宙斯和雅典娜,称之为"卫城"(ἀκρόπολιν,745b4 – e2)。此前还提出,新城邦应该为每位神建立庙宇,圣化雕像、祭坛和神殿(738b5 – c7)。由此可知,公共圣物应是指雕像、祭坛、卫城、庙宇等。这让我们想起一个著名的侵犯圣物事件:在西西里远征前不久,某些肆心的年轻贵族蓄意破坏赫尔墨斯(Hermes)头像,其中政治家阿尔喀比亚德(Alcibiades)被指控为罪魁祸首,①犯有渎神罪,而苏格拉底因与阿尔喀比亚德关系暧昧,则被视为幕后黑手。难道柏拉图将侵犯公共圣物定为最坏的肆心行为,是在暗中为苏格拉底辩护?

　　第二坏的肆心行为是侵犯私人圣物和坟墓。卷九规定,父母若在愤怒中杀死儿女,就不可再与家人共享灶台或圣物(838d2 – 3)。卷十二指出,人人都将视为神圣的土地和家庭灶台献给诸神(955e6 – 7)。因此,私人圣物可能是指家庭的灶台。由于卷十结尾规定家里不可私设神龛,私人圣物不大可能是指私人神龛之类的东西。据说,赫斯提亚是女灶神,崇敬赫斯提亚(家庭的灶台)与崇敬祖先紧密相关。② 而侵犯坟墓同样涉及对祖先的亵渎。尊重祖先与尊重传统和礼法密不可分。

　　肆虐父母是第三坏的肆心罪行,雅典异方人还特意补充说,"除了之前讨论过的情形外"(885a2)。《法义》中异常强调对父母的尊敬。一个人评价父母时要终生说好话,否则会受严厉的惩罚。而且

---

①　可参 Thucydides(修昔底德),《伯罗奔半岛战争志》(*The Peloponnesian War*),trans. by Lattimore,Indianapolis,1998,6.27 – 29。

②　T. Pangle 译疏,《柏拉图的〈法义〉》(*The Laws of Plato*),translated with notes and an interpretive essay,New York,1980,卷五注释21,页527。

要忍受父母的愤怒，平息他们的血气（717c6－d5）。"之前讨论过的情形"应该是指卷九关于伤害父母的法律。如果有人血气过于放纵，竟然敢在疯狂的愤怒中杀死父亲或母亲，而父母没有在临终前自愿原谅他，那么，要是他可以死上几回，也要三番五次地处死（869a2－b7）。卷九似乎有意以关于殴打父母的法律作结。殴打父母者可视为既不害怕天上诸神的愤怒，又不害怕地下的报应，他蔑视古老的说法，好像知道自己一无所知的事情。惩罚这种人死刑还不够，而是需要某种极端的威慑。但这种人灵魂堕落，并不相信冥府中的惩罚，因此在他们在世时，对他们施加的惩罚不应亚于冥府中的惩罚。他们要遭受流放，不得进入圣地，也不许同自由民吃喝、交往。此外，发现殴打父母的各类人若没有施以援手，也要受到相应的惩罚（880e6－882a1）。

在此，肆虐父母是五项肆心罪行的中间一项，虽不是最主要却也是相当醒目的一项，这里有意提及刚刚讨论过的情形，或许是要让我们特别留意殴打父母的情形。卷九在结束殴打父母的话题后，就进入卷十讨论诸神和不虔敬之罪，开头还插入侵犯私人财产的题外话，这无论如何会让我们联想到一个和债务有关的殴打父母的显著例子：在阿里斯托芬（Aristophane）的谐剧（旧译喜剧）《云》（Clouds）中，老农斯瑞西阿得斯（Strepsiades）为避免债务，让儿子斐狄庇得斯（Phidippides）去苏格拉底的"思想所"学习诡辩术，父亲借助儿子的言说技艺拒付了债务，还侮辱了债主，但儿子也通过这套诡辩术向父亲证明，儿子打父亲有理，而且可以用"不义的言辞"证明应该打母亲。在《云》中，阿里斯托芬笔下的苏格拉底用云神和自然科学否弃了宙斯及城邦诸神，这就是苏格拉底被控渎神的最初来源。在这部谐剧里，不义之辞打败正义之辞的理据是，神不具有正义——宙斯肆虐父亲反而得到了好处，成为诸神的统治者。但柏拉图在《法义》卷十中却批驳了自然科学的诡辩，充分证明了诸神的正义，并让奥林波斯山诸神与宇宙诸神并存。柏拉图的这一"神学"论证及有关不虔敬的法律，不仅辩护了苏格拉底，而且对后世思想者产生了深远影响。《云》中的苏格拉底传授诡辩术,而导致败坏青年,使儿子殴打父亲,不尊敬父母并蔑视城邦礼法。儿子甚至试图基于平等原则建立新法律,规定儿子也可以打父亲。《法义》却要求劝谕或严惩肆心的年轻人,对殴打父母者作出了严厉的惩罚,儿女必须严格服从父母,不许忤逆。《云》中的斯瑞西阿得斯欠债不还,还侮辱债主,这其实相当肆心,没有正确对待他人财产,甚至比直接拿走他人之物更可憎。斯瑞西阿得斯借助诡辩术说服债主,为的是自己的利益和贪欲。《法义》则明确处置了债务和侵犯他人财物者,法律序曲的说服、劝谕旨在使人向善,遵守礼法,相信诸神。《云》中的斯瑞西阿得斯一怒之下火烧了苏格拉底的"思想所"($φροντιστήριον$),《法义》卷十则戏仿阿里斯托芬,最终要求将不虔敬者关在"感化所"($σωφρονιστήριον$)。凡此种种,都让我们看到,《法义》卷十也是对阿里斯托芬谐剧《云》的深刻回应。在下文里,我们还可以发现卷十的诸多谐剧要素。

雅典异方人接着说,第四坏的肆心行为在于,无视统治者(行政官员),"带走、拿走或使用"其所有物,但未经说服他们(885a3-5)。卷首提到的是拿走、带走或使用他人之物,这里的对象换成了统治者,两处的句式相当接近。针对统治者的这种行为,是以下犯上,比侵犯邻人的所有物更为有肆无恐。这里并没有具体指出统治者的所有物是什么。公共设施、建筑、军队等都为统治者所有,我们可以设想,要是肆心的年轻人通过种种伎俩使用了统治者的军队,将会发生什么事情。僭政可能会是这类肆心带来的结果。

最后,第五种肆心行为是,肆逆每个公民的政治权利($τὸ\ πολιτικὸν$),如吁求统治者对罪犯采取刑罚($δίκην$,885a5-6)的权利。$δίκην$(单数主格为$δίκη$)也是卷九的第一个语词和主题,还有正义、公正的意思。这里为何突出刑罚(要求正义)而非其他政治权利呢,选举权、财产权不也是重要的政治权利?或许,雅典异方人是为了提醒我们,这是在刑法的语境中讨论神学,是从政治、法律的角度思考神义。另外,刑罚恰恰是对肆心罪行的矫正,肆逆公民的这一政治权利,乃是对公民最大的肆心。

至此,雅典异方人以降序的方式描述了肆心罪行,涉及的或显或隐的对象有:诸神－祖先－父母－统治者－公民。在卷四最初的神学序曲中,要求依次崇敬诸神、祖先和父母(717a6－718a2)。这一神圣的秩序笼罩在世俗秩序(统治者－公民)之上,同时也显示了宗教与政治的紧密关联。雅典异方人最后表示,针对这一切罪行,应该制定一种"共同的法律"(κοινὸν νόμον),但他并没有给出这种法律。我们不清楚,这五种级别不同的罪行,若再加上违反的轻重不同,何以能实行共同的法律。这让人想到,在卷九中,雅典异方人同样规定,对于盗窃,无论盗的东西是大是小,都只要实行一项法律和一种惩罚。对这种不论盗物的大小,不管盗的是圣物还是俗物而一视同仁的法律,克勒尼阿斯深感诧异,他追问,立法者是否应该根据罪行的不同而采取不同的惩罚(857a2－b8)。雅典异方人承认自己如在说梦话,接着就提到了先前有关奴隶医生与自由民医生的比较,立法者也应该像自由民医生那样,运用"接近哲学化的论述",探察灵魂的整体自然本性,教育而非仅仅惩罚公民。雅典异方人甚至说,没有必要立法,而只需探究整体政制,看看最好和最必要的政制如何产生。同样,也可以探究什么是最好和最必要的法律(857b9－858a5)。在卷十里,雅典异方人再次说梦话,要对不同的罪行施以共同的法律。显然,这是在提醒我们,接下来的讨论并非着眼于惩罚,而可能会运用"接近哲学化的论述",探究灵魂和诸神,但这样的探究首先意在教育立法者自身。此外,这也暗示了卷十有关不虔敬的法律,有可能是最好和最必要的法律。

紧接着,雅典异方人提到了抢劫庙宇,这可归为最坏的肆心行为,也曾是卷九刑法的第一大主题。卷九表明,抢劫庙宇是一种难以医治或无可救药的病,驱使人抢劫庙宇的邪念既不属人也不属神,而是人天生就有的某种迷狂(οἶστρος),源于古老的未赎的(ἀκαϑάρτων,或未净化的)不义。要预防这种罪行,必须参与罪孽的洗涤,作为乞援人去能净化罪恶的神庙,此外,还要与好人为伴,逃离坏人,并崇敬高贵和正义之物。只有这样做,疾病才会减轻;不这样做的话,自行了断还更好些。这个序曲之后,法律规定,抢劫庙宇的若是奴隶和外邦人,身上会刻上耻辱的印记,并赤裸着仍到境外;若是公民竟敢对诸神、父母或城邦行如此不可告人的不义,就应视作无可救药,处以死刑(854b1－855a4)。

卷九关于驱使人抢劫庙宇的邪念的说法,存在含混性。这种邪念若不属人,为何又是人天生就有的迷狂;若不属神,为何会是古老的未赎的不义——这种罪不应向神赎吗?或许,这种含混性预示,要提防这一罪行,同时需要诸神和好人。在卷十中,雅典异方人声称,无论暴力地还是偷偷地抢劫庙宇,应当受什么惩罚已概述过(885b1－2)。但我们发现,卷九关于抢劫庙宇的惩罚,并没有区分暴力地抢还是偷偷地抢。雅典异方人再一次不分罪行的轻重,一律处以相同的惩罚。有可能,通过又一次的含混,雅典异方人再度偷偷地告诉我们,以下接近哲学化的论述会涉及诸神和好人(灵魂)、高贵和正义。抢劫庙宇是在行为上对诸神的肆心,但雅典异方人转而明确区分了言辞或行为上肆逆诸神的两种不同方式。言辞上对诸神的肆心基于信仰或思想,与灵魂问题密不可分,这种肆心应受到什么样的惩罚呢?雅典异方人表示,应该在制定一个劝谕($παραμύθιον$)后才说明。$παραμύθιον$包含$μῦθος$(神话,故事),这意味着,这个劝谕中可能会有神话。但在听完这个劝谕前,我们不知道,言辞上肆逆诸神所受的惩罚是否会和行为上的肆心一样,不分轻重和形式,一律以死论处。

三 诗人的"神学"

雅典异方人随之提出了如下劝谕:

没有哪个依法($κατὰ νόμους$)相信诸神存在的人,自愿做过不虔敬的(ἀσεβὲς)事,或无意中说过不法的言论,除非他处于这三种情形之一:要么,我刚刚所说的这点[诸神存在],他不相信;要么,其次,他相信诸神存在,但认为诸神不关心人类;要么,第三,他认为诸神很好求情(εὐπαραμυθήτους),可用献祭和祈祷诱惑(παραγομένους)。(885b4-9)

这段话也存在很大的含混性。"依法相信"可能指按照法律的命令去相信诸神存在,这意味着,法律只命令人们相信诸神,而没有明说诸神是什么。但"依法相信"还可能指相信诸神如法律所说的那样,这就表明法律对诸神作出了规定。此外,依的是什么法、哪种性质的法也没有明讲。前面刚刚提及"共同的法律",我们不禁会想,依的是不是"共同的法律"。在卷一中,雅典异方人不也提过城邦"共同的法律"(或译"公法")?在那里,他将人视为诸神的玩偶,人的各种激情就像相互抵触的绳索,牵扯着人去做相反的事情,但有根金质的和神圣的绳索,即推理的拉力,他称为城邦的公法。而城邦应设定为法律的那种推理,源于诸神或有识之士(644d7-645c1)。那么,"依法相信"诸神存在,是否相当于依据推理相信诸神存在?诸神如为法律所规定,是不是说推理界定了诸神?这样,城邦应设定为法律的那种推理,会来自诸神吗?这会不会诱使人追问,神是什么?不管怎么说,在卷十中,雅典异方人这位有识之士论证了诸神的存在,并驳斥了其他两种不虔敬的看法。

如此看来,依法相信诸神存在的人,很可能不会"自愿"做不虔敬的事,或"无意中"说出不法的言论。也就是说,做不虔敬的事是不自愿的。关于自愿与不自愿、有意与无意的说法,曾是卷九提过"接近哲学化的论述"之后的重要议题,我们必须再次返回卷九。在此,雅典异方人提出了一个令人吃惊的观点:所有坏人都是不自愿变坏的,不义者作为坏人也是不自愿行不义(860d1-9)。因此,一切不义行为、罪行皆非自愿犯下。倘若这个说法成立,将是对刑法的严峻挑战。因为,自愿的犯罪要受到的惩罚,明显比不自愿的犯罪来得重。雅典异方人的观点若要确证,就必须重新界定什么是正义和不义。正义并非如多数人所认为的,在于给予他人东西,不义也不在于夺走他人之物。关键是在做这些事情的人有没有正义的品性。血气、快乐和无知乃是人们犯错的原因。雅典异方人进一步指出,血气、恐惧、快乐、痛苦、妒忌感和欲望在灵魂中的僭政,不管有没有造成伤害,都可称之为不义;而关于什么是最好的意见(即便这种意见在某方面有错),统治灵魂并给每个人带来秩序,就可视为正义(863e5 – 864a8)。这里看起来像在暗示何为真正的正义。不过,雅典异方人似乎有意模糊正义的特性。在总结犯罪的原因时,他不再将无知当作原因之一,而是认为,追求"有关什么是最好的真实意见",乃是行不义的第三种原因(864b7)。关于什么是最好的意见,雅典异方人顷刻之间给出两种截然不同的评价。这促使我们思考意见或真实的意见与正义到底有何关联,无知与不义又有何关系。实际上,真正的正义并不在于给予他人东西或欠债还钱,它与结果无关,是本身就值得选择的美德。真正的正义在于自身灵魂的完善,给予他人依据自然对其而言好的东西(参《王制》[*Republic*]卷一)。但只有智慧者了解灵魂的自然本性,懂得什么对他人最好。智慧者(哲人)才可能获得真正的正义。① 真正的正义即知识、关于何为最好的知识,而非意见,即便是真实的意见;不义也就是无知,亦即各种激情在灵魂中的僭政,推理能力(理性)消失殆尽。从这个意义上讲,行不义才是不自愿的——无知使人违背自身的意愿。② 雅典异方人遮遮隐隐要说的正是这点,只是他的论述始终谨

---

① 参见施特劳斯,《自然权利与历史》,彭刚译,北京:三联书店,2003,页149。

② 关于不自愿行不义,《法义》731c1 – d1 提出的理由是,由于灵魂对人人都是真正最可敬的东西,没有人会自愿将最邪恶的东西放入他最可敬的所有物中,并与它终生相伴。这似乎意味着,灵魂是人人都最看重的东西。但我们无法排除某些人更看重身体的快乐。《普罗塔戈拉》(*Protagoras*)345d6 – 347a5 也提到不自愿做坏事。

守在接近哲学的程度,而非哲学论述本身。或许,在《法义》里,哲学有必要隐匿。

由此可以来理解做不虔敬之事的自愿或不自愿。倘若行不义出于不自愿是因激情的僭政或无知,那么,因肆心而做不虔敬之事也就可以说是非自愿的。但雅典异方人论证行不义的非自愿,是通过重新界定何为正义和不义。说不虔敬出于不自愿,是否也要重新界定什么是虔敬和不虔敬?虔敬是否像正义那样,涉及关于什么是最好的意见或知识?不虔敬是否与无知有关?虔敬与正义、不虔敬与不义又有何关联?我们只需记住,在《法义》的导言《米诺斯》(*Minos*)里,苏格拉底称多数人不虔敬,因为他们在有关诸神和神样的人的言行上犯错。要防止这种错误,必须学会正确褒贬人,学习区分好人与坏人(《米诺斯》318e6 – 319a8)。① 这表明,虔敬在于正确谈论诸神和神样的人,正确事神,如此才不会无意中说出不法的、渎神的言语。问题是,什么样的人才能做到这点?

在这里,雅典异方人没有否定,有人可能自愿做不虔敬之事,或无意中说出不法的言论。相反,有三种情形会导致人们自愿去做或说:不相信诸神存在,或即便相信诸神存在,也认为诸神不关心人类,或者,相信诸神关心人类,但认为可用献祭和祈祷诱惑(收买)诸神,很容易向诸神求情,说服诸神。不虔敬与不义的关联让我们想到,《王制》在讨论正义时,阿得曼托斯(Adeimantos)也曾提过三个几乎相同的"神学"问题。

阿得曼托斯作为苏格拉底的两个主要对话者之一,在其兄弟格劳孔(Glaucon)为不正义辩护后,自己也为不义做了一番演说,最后才提出那三个神学观点。阿得曼托斯首先表示,人们颂扬正义,只是颂扬来自正义的好名声(即正义的结果),而非正义本身。他以赫西俄德和荷马等人的诗为证,表明正义之为好,是因可得到诸神

---

① 林志猛译/疏,《米诺斯》,华夏出版社,2010。

的回报,不义之为坏,则是因会受诸神惩罚(《王制》362e–363e)。这意味着,要真正赞颂正义,需排除诸神的回报和惩罚。此外,阿得曼托斯还提到了诗人和散文中关于正义和不义的另一种说法。那就是,节制和正义虽高贵,却困难而艰辛;放纵和不义则愉快而容易(参赫西俄德,《劳作与时日》287–292 行)。反过来讲,阿得曼托斯要求正义快乐而容易。最令人惊奇的是诗人们关于"诸神和美德"的说法,他们说诸神将不幸和坏生活分配给许多好人,而把幸运分配给坏人(《王制》364b)。阿得曼托斯总结说,倘若诸神不存在或不关心人类事务,就用不着逃离诸神;若诸神存在并关心人类事务,那我们了解和听说的诸神,也只是来自礼法和作神谱的诗人们,而正是他们告诉人们,可以用献祭、许愿和供奉说服并诱惑诸神。如果人们相信这两点,行不义就能获利且免受惩罚,因为可以用不义所得向诸神求情。甚至不用担心在冥府里受罚或殃及子孙,因为,成为诗人和诸神代言人的神子们说,秘仪和赦罪的诸神能应对这一切(《王制》365d–366b)。果真如此的话,对正义的称赞就会让上层人"嘲笑"。在阿得曼托斯看来,只有两种人会自愿行正义,一种人具有神圣天性(θεία φύσει)而厌恶不义,另一种人因获得知识而避开不义(《王制》366c–d)。阿得曼托斯要求苏格拉底彻底论证正义,因为,诗和散文里关于神和人的这些说法,对年轻人的灵魂有着巨大影响,诗人们并没有论证,不义是灵魂中最大的恶,正义是最大的善。要是从年轻时起就将这样的观念灌输给年轻人,他们就能自行提防去行不义(《王制》366e–367a)。在阿得曼托斯看来,诗人们应为支撑不义的"神学"(θεολογίας,《王制》379a5–6)负责,诗人们制作的无异于败坏青年的"神学"。

在神学问题上,《法义》接下来的对话进一步表明了与《王制》的深刻关联。听到这三种观点后,已经沉默许久的克勒尼阿斯愤愤不平地问,"我们该对他们做甚或说点什么呢"(885c1)?对这些肆心的年轻人,克勒尼阿斯首先考虑的是对他们"做"点什么——或许是对他们采取一些惩罚,而后才是跟他们交谈,他把劝谕置于惩罚之后。无疑,这些观点激起了克勒尼阿斯的义愤和惩罚肆心年轻人的渴望。雅典异方人并不如此迫切,他表示,应先听听这些"蔑视我们"的年轻人会"讥笑"地说些什么。于是,雅典异方人构想了一段这些年轻人的"戏谑"(ἐρεσχηλοῦντες)话,和他们展开了虚拟的对话,这种对话成了实际对话中的对话。雅典异方人接连使用了"蔑视"、"讥笑"和"戏谑"这些语词,一方面显示了这些年轻人的肆心,另一方面则表明他是在模仿谐剧。谐剧里充满了讥笑和戏谑,并蔑视各式各样的人物。如此冷嘲热讽的年轻人,会不会是阿里斯托芬笔下的斐狄庇得斯?

这些想象中的年轻人称三位老年人为"异方人",并加上了各自的地名。这种平等的称呼意味着,三位老人不是坐在审判席上审判这些年轻人,这也是雅典异方人对克勒尼阿斯的提醒。① 年轻人承认三位异方人说的是实情,也坦承他们当中的一些人压根不信诸神,另一些人则相信他们关于诸神的说法。这些肆心的年轻人把自己摆得像法律一样高,将自己的要求看成像法律对人们的绝对要求:

> 在你们严厉地威胁我们之前,你们应努力说服(πείθειν)并教导(διδάσκειν)说,诸神存在——你们要举出充足的证据哦,而且诸神好极了,不会受某些礼物的诱引(κηλούμενοι)而背离正义。现在,由于实际上,我们听一些人说过这类和其他事情——他们据说是最优秀的诗人、演说家、占卜者、祭司以及不计其数的其他人——我们大多数人便不去避免行不义,而是行不义后再设法弥补。(885d1-e1)

这些嘲讽的年轻人强烈要求立法者说服并教导他们,这种要求

---

① 参见 T. Pangle,《柏拉图〈法义〉中的政治和宗教:一些初步的评论》(Politics and Religion in Plato's *Laws*: Some Preliminary Remarks),载于 *Essays in Arts and Sciences*,3(1974),页25(中译文见本书页60)。

强烈到近乎强迫的程度。强迫别人说服自己,这看起来便是反讽。他们把三个不虔敬的神学观点更推进了一步,之前并没有提到诸神受诱惑会背离正义,现在甚至表示,可以行不义再设法弥补。戏谑的年轻人要求充分论证神义的存在和诸神的完满性,他们行不义的理据主要来自"最优秀的诗人"——这里显然是指荷马与赫西俄德。在《伊利亚特》(*Iliad*)里,策马人福尼克斯(Phoinix)在劝阿喀琉斯(Achilles)平息血气时说,"人们用献祭、可喜的许愿/奠酒、牺牲的香气向他们[诸神]诚恳祈求/使他们息怒,人犯规犯罪就这样做"。① 这些话充分印证了嘲讽的年轻人的说法。他们也提到了演说家,由于政治家也善于演说,这里的演说家有可能是指政治家。就连占卜者和祭司这些跟诸神最有关联的人,也无法确保神义。可以看到,肆心的年轻人是从城邦的传统权威那里学到这些不虔敬的观念,也就是说,城邦树立的诸神遭到了自身的否定。这也是一种反讽。这种反讽显示,城邦本身不足以支撑神义,神义需要别的东西来支撑。借助反讽,柏拉图用谐剧的方式处理了肃剧(旧译悲剧)问题。② 但是,这种反讽是虚拟人物的反讽,而非立法者本身的反讽。立法者必须一题一说,不能像诗人那样语带反讽。然而,柏拉图的对话却向我们显示了立法者如何恰切地融合诗人的做法,作出"最真的肃剧"。③ 可以说,《法义》卷十是肃剧与谐剧的完美结合。在柏拉图看来,真正的诗人既能作悲剧又能作喜剧,这样才能以整全的方式理解生活,真正解决人的问题。

---

① 参见荷马,《伊利亚特》,罗念生、王焕生译,上海人民出版社,2004,卷九,行499–501。阿得曼托斯就引用过这些话为不义辩护。

② 我们可以想象,如果雅典异方人可当作犯有渎神罪的苏格拉底,那他对诸神存在的论证就谐剧味十足,卷十是不是柏拉图的谐剧呢?

③ 在卷七,雅典异方人表示,"我们"立法者本身也是诗人,创作了最美、最好而又最真的肃剧,因为,立法者构建的整个政制,是在模仿最美、最好的生活方式(817b2–5)。

嘲讽的年轻人进一步要求，自称温和（ἡμέρων）而非残酷的（ἀγρίων）立法者，首先对他们使用说服，而不是采取强制。他们讽刺立法者，关于诸神的存在，即便立法者不比其他人说得动听，只要立法者在真理上讲得更好就行，就足以说服他们。想象中的年轻人最后说，倘若他们的说法得体，就请立法者尽力答复他们提出的请求（885e1-6）。不去避免行不义，而渴望用礼物收买诸神，好放开手脚行不义，这样的年轻人的确放纵、肆心之极。他们知道立法者有温和与残酷之分，却不晓得自己一点也不温和，而是极度野蛮和无教养——ἀγρίων（残酷的）也包含这层含义。这又是反讽之一。他们瞧不起立法者，认为立法者关于诸神存在的说法，定然无法像诗人们的美妙言辞那样悦耳动听，令人心醉神迷，并与自己不义的低下欲求丝丝入扣。但他们又装出一副不在乎言辞的魅力的样子，好像只在意关于诸神的真相，只关心"真理"。其实，他们早已料定立法者难以驳倒无以计数的城邦权威的看法，立法者压根无法说服他们。他们认为自己的说法得体，行不义的渴求得体。嘲讽的年轻人显得道貌岸然、滑稽无比。他们一边诉诸诗人等权威来否定神义，一边诉诸立法者的温和。如果立法者无法驳斥诗人关于诸神的说法，真正确保神义，那他们就可以安然躲过立法者的惩罚。年轻人的请求背后，隐含着诗人与立法者的论争。在卷十中，立法者面对的是诗人们的不义"神学"。

《王制》和《法义》都触及了三个基本神学问题，有必要看看两者处理方式的异同。首先，提出问题的语境不同。《法义》是在刑法的语境中提出，针对的是不虔敬之罪，可靠的神义才能为刑法奠定稳固的根基。《王制》则是在最根本的教育语境中出现——神学问题涉及对儿童、护卫者的教育。诗人们描述诸神的丑陋、争斗、怨恨等等，会对善于模仿的孩子们的心灵产生不良影响。对诸神的塑造应相当审慎。其次，目的不一样。《法义》的神学旨在劝谕肆心的年轻人，让其走向虔敬的、守法的生活。而《王制》中阿得曼托斯提出这些神学问题，是为了追求纯粹的正义。阿得曼托斯对正义的严厉要求，不仅得排除神的惩罚和回报，并驱逐诗人，还得排除神对人的任何作用，以及神关于人类事务的知识。① 《法义》要求的正义没有像《王制》那么严苛。第三，对神是什么的回答不同。探讨哲学的《王制》没有或不用证明诸神的存在，《法义》却大费周章。不过，《王制》的神学将诸神等同于奥林波斯诸神，《法义》则区分了宇宙诸神与奥林波斯诸神。《王制》得出的两个神学原则是，诸神是好的，是好事物的原因，而非一切事物的原因；同时，诸神的样式单一，且不会行骗或说谎。《法义》说灵魂驱动万物，并区分了好的和坏的灵魂，关于诸神的说法显得更为复杂。在神学问题上，两部作品的共同点在于，都涉及神义问题和诗人对诸神的展现，并关注有关诸神的真理，以及诸神与人世的关联。

在《法义》中，雅典异方人几次被其对话者称为"占卜师"，因为他准确认知了过去并预知了未来。在卷十的神学论证里，他看起来像一名先知，在为未来的新城邦制定"神法"。这样的"神法"既关注"属人之善"（身体的健全），又关注"属神之善"（灵魂的完善）。雅典异方人似乎将哲人—立法者—先知集于一身，为祛魅的时代谱写了一部引人朝圣、凝视灵魂的神圣法典，并创制了一种无与伦比的"神学"。这种"神学"是对诗人败坏青年的神学观的反驳，构成了《法义》最高贵和最好的法律序曲。柏拉图将这种序曲看作一种"诗"，亦即最美、最好而又最真的肃剧。这是最优异的立法者作出的最好的宗教诗，在此，多数人和少数人都可获得对自己有益的教诲。在这首宗教诗里，我们将聆听到对诸神和灵魂最深切的咏叹和论述，从而净化我们的血气，压制蠢蠢欲动的肆心。

---

① 参见 Leo Strauss，《城邦与人》(*The City and Man*)，The University of Chicago Press，1964，页90。

最后，衷心感谢各位译者的鼎力支持，张清江为译稿的完成付出了巨大辛劳，特致谢忱。

林志猛

浙江大学哲学系

2012 年 8 月

城邦诸神及其超越

路易斯(Victor Lewis) 撰

张清江 译

> πάντων γὰρ τῶν αὑτοῦ κτημάτων μετὰ θεοὺς ψυχὴ θειότατον, οἰκειότατον ὄν.
>
> 一个人的所有物中,最神圣的是位于诸神之后的灵魂,灵魂最最属己。(《法义》726a2-3)①

一 引言

或许,卷十是《法义》最出名也最声名狼藉的部分,因为,许多人从中发现了确切证据,证明柏拉图隐秘地陷入权威主义,最终背叛了哲学及其导师苏格拉底。格罗特(George Grote)对卷十的论述,最完整体现了这种理解的精神:

> 我们似乎处于一种法律之下,它充斥着中世纪天主教和宗教法庭的迫害精神与自我满足的无谬性。异见者是罪犯,并且是最坏的罪犯之一,即使他除了表明自己的观点之外,什么也没有做。在《斐多》(*Phaedon*)、《苏格拉底的申辩》(*Apology*)

---

① [译注]文中所引《法义》译文,参照林志猛译文,将由华夏出版社出版。

和《高尔吉亚》(*Gorigias*)中,柏拉图描绘的苏格拉底与这种精神之间的矛盾何其惊人!……从苏格拉底的审判,到《法义》的创作,这(大约)四十五年期间,对于直言不讳的反对者,柏拉图由同情转向了相反的情感:厌恶所有异议,用严苛的惩罚维护正统……如果墨勒图斯(Miletus)①活得够长,能读到《法义》,他就会发现,苏格拉底最著名同伴的法令和教诲,充分坐实了他对苏格拉底的指控。②

格罗特展现了他那自由的维多利亚式轻蔑,但是,在柏拉图全集中,没多少东西看起来展现得如此多姿多彩。然而,格罗特的解释为几乎所有后来对卷十的讨论定下了基调。或许,在这一点上,最有趣的例子是巴克(Ernest Barker)。巴克持有温和的自由观点,这使得他在《法义》中,与其说看到了西班牙宗教法庭,不如说发现了伊丽莎白时代的和解。尽管如此,任何形式的宗教迫害思想都令他不舒服,即使它可以和他心目中的大英雄柏克(Burke)的思想相提并论。③ 很多新近的学者都或多或少赞同格罗特。萨拜因(George Sabine)写道,柏拉图《法义》卷十对宗教的讨论,是"他的天才最可悲的产物",使《法义》"声名狼藉,因为它首次为宗教迫害作了理据充足的辩护"。④ 对古尔德(John Gould)来说,《法义》表明,柏拉图拥抱"集体主义"政治,拒绝苏格拉底的"个人主义"。关于这点,卷十的宗教正统是很好的例子。和格罗特一样,古尔德也得

---

① [译注]此人为控告苏格拉底的三人之一,一般写作 Meletus。
② George Grote,《柏拉图与苏格拉底的其他同伴》(*Plato and the Other Companions of Sokrates*),第三版,第三卷,London,1875,页409 – 412。
③ Ernest Baker,《希腊政治理论:柏拉图及其前人》(*Greek Political Theory:Plato and His Predecessors*),London,1978,页422 – 429,亦参406 – 410。[译注]中译本见卢华萍译,吉林人民出版社,2003。
④ George H. Sabine,《政治学说史》(*A History of Political Theory*),修订版,New York,1950,页84 – 85。

出结论说：

> 或许,《法义》的最大悲剧在于,它给苏格拉底方法盖上了厄运之印:柏拉图说,如果有人置身于城邦传统之外,拒绝自行保留自己的观点,夜间议事会就会判处他们死刑,当柏拉图如此描述时,这不仅仅是反讽,更是悲剧,我们仿佛听到了苏格拉底审判的回声。不过,这是下述做法逻辑上的必然结果:将社会的大众利益凌驾于个人或自己的较小利益之上。①

最近,克罗斯科(George Klosko)写道,"在[柏拉图]早期对话中,能够发现理性统治的理想。在《王制》中,这一理想只是被部分否定,而在《法义》中,这种理想让位于通过信仰来统治"。《法义》的制度"依据的那种蓝图,被全盘接受且无可指摘"。"当然,"克罗斯科总结说,"这种制度使《法义》远离苏格拉底省察生活的理想,它所可能做的一切,只是阻止臣民们省察他们的道德标准。"②

如果这就是柏拉图在《法义》中所做的,那确实具有讽刺意味。但是这样吗？在这里,我想直接考察雅典异方人的神学,以及它在《法义》中的作用。至于格罗特及其追随者的解释,我想从有关苏格拉底的一些事情说起。然后,我想探讨雅典异方人为马格尼西亚(Magnesians)城邦勾画的公共崇拜。其余部分用来考察卷十。本研究将显示雅典异方人的方法在其他方面的连贯性,也就是说,通过一些方式,他引人注目地结合了传统与革

---

① John Gould,《柏拉图伦理学的发展》(*The Development of Plato's Ethics*),Cambridge Universtiy Press,1955,页109。

② George Klosko,《柏拉图政治理论的发展》,(*The Development of Plato's Political Theory*),London,1986,页233。

新,这让他的政治科学显得既保守又激进。雅典异方人不仅借用了古典世界极为常见的宗教制度,而且通过多种方式重构了诸神,使诸神一来成为人类行为更合适的楷模,二来成为更合适的哲学沉思对象。这样,他找到宗教,在道德上作为城邦日常生活的支撑,同时也能够超越城邦,以引发哲学思考。正确理解的诸神,既存在于公民之中,也为超越城邦的视域留下余地,由此也揭示了人类达至完善的轨迹。

二 法、正统和哲学:苏格拉底的困境

正如我们已经看到的,很多评论者认为,《法义》卷十的神学讨论及其相关的法律机构,不符合我们看到的苏格拉底的生活和教诲,尤其是《苏格拉底的申辩》中的苏格拉底。争论还在继续,《法义》似乎接受判处苏格拉底死刑的态度。然而,苏格拉底为自己的辩护,并没有依靠反对宗教正统本身的论据。确实,在那里,他对法的态度相当保守。

在五世纪晚期开始的宗教迫害浪潮中,很多人发现了公元前399年对苏格拉底的迫害。这次"基要主义"(foundamentalism)的爆发,也发现了迫害阿那克萨戈拉(Anaxagoras)、迪阿格拉斯(Diagoras)、普罗塔戈拉(Protagoras),甚至可能是欧里庇得斯(Euripides)。[①] 有人强

[①] E. R. Dodds,《希腊人与非理性》(*The Greeks and the Irrational*),Berkeley,1951,页 185-192。亦参 Adcock 的论述,见 J. B. Bury, F. E. Adcock 和 S. A. Cook 编,《剑桥古代史》(*The Cambridge Ancient History*),New York,1927,第五卷,页478;及最近 David Cohen,《法律、性别与社会:古代雅典的道德实施》(*Law, Sexuality, and Society: The Enforcement of Morals in Classical Athens*),Cambridge Universtiy Press,1991,第八章。

调,对于不虔敬的审判具有政治特征。① 现在,我们能剥离出这些问题的大部分,但它们并非不重要,因为有人将《法义》本身视为正统学说对五世纪"启蒙"的反应的最大表现。② 此刻,重要的是检审,在柏拉图讲述的苏格拉底的申辩中,苏格拉底自己对这些问题的解释。

对苏格拉底的正式指控是,他

> 行了不义,因为他败坏青年,不信(νομίζω)城邦信的神,而是信新的精灵之事(ἕτερα καινά δαιμόνια)。那控告就是这样的。③

正是这个指控,陪审团判苏格拉底有罪;正是通过这个指控,苏格拉底被合法地处死。然而,至少在柏拉图的描述中,苏格拉底相信,他的定罪源于不同的指控。在先前的演说中,苏格拉底回应了他所谓的"第一批控告者"(first accusers),这些人多年来一直散播关于他的谣言,苏格拉底害怕他们的敌意远过于阿努图斯(Anytas)

---

① 基于这一看法,可以看到在雅典政治发展的背景中对不虔敬者的审判,这种发展强调某种限度,即不虔敬的指控作为一种手段,用于压制反民主的情绪。参 K. J. Dover,《希腊社会中的理智自由》(The Freedom of the Intellectual in Greek Society),载于 *Talanta*,7(1975),页 24-54。Martin Ostwald,《从民众主权到法的主权:五世纪雅典的法律、社会与政治》(*From Popular Sovereignty to the Sovereignty of Law:Law,Society and Politics in Fifth Century Athens*),Berkeley,1986,第二部分。Richard A. Bauman,《古希腊的政治审判》(*Political Trials in Ancient Greece*),London,1990,尤其是第四章和第六章。Robert Garland,《引入新神:雅典宗教政治》(*Introducing New Gods:The Politics of Athenian Religion*),Ithaca,1992,第七章,认为宗教和政治不能分开。
② 最重要的参 Dodds,《希腊人和非理性》,前揭,第七章。
③ 第欧根尼·拉尔修(Diogenes Laertios),《名哲言行录》2.40([译注]中译本见马永翔等译,吉林人民出版社,2003);柏拉图,《苏格拉底的申辩》(*Apology of Socrates*),24b8-c1([译注]中译本见吴飞译/疏,华夏出版社,2007);色诺芬(Xenophon),《苏格拉底的申辩》(*Apology of Socrates*),10。

或墨勒图斯。这些控告者告诉所有想听的人,"有个苏格拉底,是个智慧的人,是关心天上的事的学究,还考察地下万物,把弱的说法变强"。① 那些听到这个指控的人,相信这样的人是无神论者,他们"不相信/尊敬($νομίζει$)诸神"。② 苏格拉底没法恰当地为自己辩

---

① 《苏格拉底的申辩》18b6 - c1,19b4 - c1。"天上地下的事"可能指所谓的"狄欧皮赛斯法令"(decree of Diopeithes)。该法令规定,任何人如被证明进行这样的研究,可能被控叛变($εἰσαγγελία$)。参普鲁塔克(Plutarch),《伯利克勒斯》(*Perikles*),32。狄欧皮赛斯是一个先知($μάντις$)。归于他的法令,通常被视为对智术师启蒙的正统反应中的关键事件。参 Adcock,《剑桥古代史》,前揭,第五卷,页 478;Ostwald,《从民众主权到法的主权:五世纪雅典的法律、社会与政治》,前揭,页 196 - 198。一些学者认为,这个法令是虚构的,例如,S. C. Todd,《雅典法律形态》(*The Shape of Athenian Law*),Oxford,1993,页 308,注释 22,页 312。

② 《苏格拉底的申辩》19c3。在这个语境中,动词 $νομίζει$ 通常译为"相信",但大多数学者坚持,这个术语的含义显然比这更复杂。这个术语跟 $νόμος$[指法律或习俗]相关,它们来自共同的词根 $νεμ$-,基本含义是"分配"。因而,$νομίζει$ 的基本含义类似于"取得一个人合法分配的东西"。它的含义是实践性的,而非单纯理论性。因而,$νομίζει$ 意味着,参加仪式和献祭。这是诸神赋予的权利,因为它是凡人的命运。参 E. Laroche,《古希腊语 $νεμ$-词根的历史》(*Histoire de la racine NEM - en grec ancien*),Pairs,1949,页 223 - 224,225 - 231。John Gould,《关于希腊宗教的理解》(On Making Sense of Greek Religion),见 P. E. Easterling 和 J. K. Muir 编,*Greek Religion and Society*,Cambridge,1985,页 7。几乎所有当代学者都赞同这一说法,因为几乎所有人都坚持,对城邦宗教来说,信条的观念是完全外来的。例如,参 Garland,《引入新神》,前揭,页 138;Walter Burkert,《希腊宗教》(*Greek Religion*),John Raffan 译,Cambridge,1985,页 275;John Gould,《关于希腊宗教的理解》,前揭,页 7;Jean - Pierre Vernant,《希腊宗教》(Greek Religion),见 *The Encyclopedia of Religion*,New York,1987,vol. 6,页 99 - 118;Christiane Sourvinou - Inwood,《什么是城邦宗教?》(What is Polis Religion?),见 Oswyn Murray 和 Simon Price 编,*The Greek City From Homer to Alexander*,Oxford,1990,页 295 - 322;及 Louis Bruit Zaidman 和 Pauline Schmitt Pantel,《古希腊城邦宗教》(*Religion in Ancient Greek City*),Paul Cartledge 译,Cambridge,1992。(转下页)

护,反驳这些指控,因为做出这些控告的人当时并不在法庭上。有趣的是,正是这些"非正式的"控告者,苏格拉底视之为真正的敌人。钻研天上地下事情的人,应该受到指控,这一点在所谓的"狄欧皮赛斯法令"(decree of Diopeithes)中得到具体说明。这一法令主张,这样的人可以被指控有罪(普鲁塔克,《伯利克勒斯》,32)。显然,正是这一指控控告了阿那克萨戈拉,苏格拉底明确提到,他

(接上页)不过,νομίζει确实包含一种理智赞同的成分。关于这一点,已经进行了很长时间的争论,尤其围绕对苏格拉底的指控。John Burnet 认为,νομίζει仅仅意味着"崇拜",因而,苏格拉底被控为不尊奉者,而非无神论者。参氏著《柏拉图的〈游叙弗伦〉、〈苏格拉底的申辩〉和〈克里同〉》(*Plato's Euthyphro, Apology of Socrates, and Crito*), Oxford, 1924, 尤见 24c1, 26c2;《希腊哲学》(*Greek Philosophy*), vol. 1, London, 1914, 页 180。他的这一观点得到 A. E. Taylor 的支持,参氏著,《苏格拉底杂集》(*Varia Socratica*), Oxford, 1911, 页 7。但 R. Hackforth 认为,它可能意味着"理论上的不信",这主要基于他的如下看法:νομίζει 与动词 ἡγεῖσθαι 同义,后者含义明显为"相信",可见《苏格拉底的申辩》(35d)以及词组 νομίζει θεούς 与 νομίζει θεούς εἶναι 之间的可互换性用法,后者显然意指信念而非习俗。参氏著,《柏拉图〈苏格拉底的申辩〉的结构》(*The Composition of Plato's Apology*), Cambridge, 1933, 页 60-63。J. Tate 支持 Hackforth 的解释,他依据的是《法义》卷十的四段话(885c7, 899c2, 908c4, 909b1),这四段都表明两个词组之间的可互换性。参 Tate,《希腊语"无神论"》(Greek for "Atheism"),载于 *Classical Review*, 50(1936),页 3-5。在《再论希腊语"无神论"》(More Greek for "Atheism")一文中,Tate 提供了希罗多德(Herodotus)(4.59, 5.97, 2.50)、吕西阿斯(Lysias)(6.19, 6.51, 12.9)、阿里斯多芬(Aristophanes,《骑士》[*Knights*] 819)和欧里庇得斯(Euripides,《乞讨者》[*Suppliant*] 732)等文本支撑他的解释,载于 *Classical Review*, 51(1937),页 3-6。Wilhelm Fahr 最彻底地检审了这个问题,参氏著《尊崇诸神:希腊无神论的原初问题》(*θEYΣ NOMIZEIN: Zum Problem der Anfänge des Atheismus bei den Griechen*), Spudasmata 26, New York and Hildasheim, 1969。亦参 Harvey Yunis,《新信条:雅典城邦和欧里庇得斯戏剧中的基本宗教信念》(*A New Creed: Fundamental Religious Beliefs in the Athenian Polis and Euripidean Drama*), Hypomnemata 91, Göttingen, 1988, 页 62-66。

钻研这类事情。① 另一方面，苏格拉底否认他拥有这种知识，或曾公开谈论这些知识。② 这种知识"高于人类"（《苏格拉底的申辩》，20d7 – e2），而他的"属人"知识，来自对神（德尔斐神谕）的明确事奉。因此，他讲述了那个他试图"检验"神谕的著名故事，神谕中说，没有人比他更智慧。③ 他考察了政治家、诗人和艺匠，发现悖谬的是，他的智慧就在于他的无知。这是一种面对整体现实时的自我认识和谦卑，但大多数人并不具备。揭露雅典社会主要权威人物的无知，使苏格拉底成为嫉恨的对象，并由此激发了对他的指控。苏格拉底指出，这些指控"对所有的哲人都可行"（《苏格拉底的申辩》，23d4 – 7）。因此，苏格拉底解释说，对他的指控是出于嫉恨，来自那些不喜欢别人指出他们愚蠢的有权力者。

当转向墨勒图斯作出的明确法律指控时，苏格拉底试图让他们转向他的控告者。首先，他质问墨勒图斯对他败坏青年的指控。苏格拉底问他，谁不会败坏青年？即是说，谁使青年变好？墨勒图斯回答，"法律"如此为之（《苏格拉底的申辩》，24d11）。苏格拉底反驳说："这不是我所问的。"什么人知道法律，能使青年变好？墨勒图斯回答，除了苏格拉底之外，几乎所有的雅典人都能这样做。继而，苏格拉底指出这种情形的怪异之处，并提出，关于灵魂的某些特殊知识，是使每个人变好的先决条件。实际上，苏格拉底一直在践行这种提升。然而，陪审团大大忽略了这一论证。

---

① 《苏格拉底的申辩》，26d6 – e4。关于对阿那克萨戈拉的指控，参 Diodorus Siculus, 12. 39. 2；普鲁塔克，《尼基亚》（*Nikias*），23. 4；及第欧根尼·拉尔修，《名哲言行录》，前揭，2. 12 – 14。

② 当然，作为年轻人，他确实对这些事物感兴趣。参柏拉图，《斐多》（*Phaedo*），96a – 99d。

③ 我译作"考验"的词是 ἔλεγχος，它经常被错误地译为"反驳"（refute）。某种程度上，"考验"保留了这个词开放性的法律意义。比较其在《法义》891a2 的使用。

他们拒绝严肃看待这个论证,而它又出现在申辩的演说中,在此产生了一些重要问题。墨勒图斯宣称,法律使青年变好,苏格拉底并没有质疑这点。在这个语境中,他更感兴趣的是特定类型的人。确实,苏格拉底在申辩中一再重申,他是法律的保卫者,而控告他的对手才是违反者(例如,《苏格拉底的申辩》,31e4,32b4、6、8 – c1,35c5)。这最明显地表现在,苏格拉底提醒陪审团,在阿吉努西(Arginusae)海战之后,他拒绝参与对将军们的非法审判,并拒绝参与抓捕撒拉密斯人雷翁(Leon of Salamis)(《苏格拉底的申辩》,32a – d)。

同样,苏格拉底将自己表现为虔敬的表率,他重申,自己根据侍奉神谕和神的要求,限定其生活方式(《苏格拉底的申辩》,21e5,22a4,23b5 – c1,29d3 – 4,30a2 – 7,30e6,35d5 – 8)。恰恰是他的控告者反对法律和诸神,只有苏格拉底捍卫它们。

在《苏格拉底的申辩》中,苏格拉底没有呈现出的,是对理智自由的响亮捍卫。他完全否认对他的指控:他不是青年的败坏者,而是他们的提升者(尽管这并非是他的职业——他从未因自己的教导收取任何费用);他并不因为遵循自己的"神圣"征兆而不敬神。此外,他指控那些控告他的雅典人不虔敬和不义。更有甚者,他预言,城邦很快就会面对并不轻易打发的真正的无神论者。

因此,在讲述指控苏格拉底的故事中,对于言论自由或政治异见的合法性,柏拉图并没有提供任何直接的事例。他也没有明确反对这些东西,而只是阐明了那些冲突,它们可能出现在处于这种探究与法律之间的社会中。问题在于下述两者间的紧张关系:一边是道德美德本身,及城邦在培育这种美德中所起的作用;另一边是,独自即可为道德美德的任何方案进行辩护的那类探究。对苏格拉底来说,这正是政治问题。与柏拉图其他对话一样,《苏格拉底的申辩》绝不是偏袒一方的宣传小册,这样使用是对苏格拉底自身例证的忽视。①

接下来,我将说明,在某种意义上,《法义》卷十对不虔敬的讨论,是在回应《苏格拉底的申辩》中提出的困境。卷十远非是对苏格拉底论证的否定,而是对它们的完成。这一解释将带领我们到达问题的核心。首先,有必要简单看看《法义》中建构的城邦的基本宗教制度。

三 公共崇拜

与马格尼西亚人的基本政治制度一样,很大程度上,城邦的宗教制度也借鉴古希腊世界的共同之处。② 对它们的描述散布在《法义》的整个文本之中,在某种程度上,这提醒我们,在城邦(πόλις)中,公民制度与宗教制度之间并没有截然的界限。在同样意义上,两者

---

① 参 Willmoore Kendall,《再探民众对抗苏格拉底》(The People Versus Socrates Revisited),载于 *Modern Age*,3(1958–59),页 98–111;Leo Strauss,《论柏拉图〈苏格拉底的申辩〉和〈克里同〉》(On Plato's *Apology of Socrates and Crito*),见 *Studies in Platonic Political Philosophy*,Chicao,1983,页 38–66([译注]中译本见施特劳斯,《柏拉图式政治哲学研究》,张缨等译,华夏出版社,2012)。

② 确实,当代对城邦宗教研究的一流权威,在关于古代的宗教习俗上,不可避免地依赖《法义》作为关键的信息来源。例如,参 Walter Burkert,《希腊宗教》,前揭,页 332–337;R. S. J. Garland,《古代和古雅典的宗教权威》(Religious Authority in Archaic and Classical Athens),载于 *Annual of the British School at Athens*,79(1984),页 75–123;Yunis,《新信条》,前揭,页 29;Christiane Sourvinou-Inwood,《什么是城邦宗教?》,前揭,页 295–322。在较早的论述中,这一点同样正确:库朗热(Fustel de Coulanges)的《古代城邦》(*La Cité Antique*)(1864)就充满了对《法义》的参考(中译本见谭立铸等译,华东师范大学出版社,2006)。

都是公共的。① 之前我们看到了这点,因为,主要官员的选举被笼罩在宗教仪式中,负责评估官员行为合法性的官员(εὔθυνοι[审查者])本身是阿波罗(Apollo)的祭司。在这一部分,值得对城邦公共宗教的其他方面做出简要总结。②

马格尼西亚的主要宗教制度跟任何古希腊城邦的制度一样:节日。在卷二中,雅典异方人解释说,为了滋养人类,让他们在劳作之后得到休息,诸神给了人类节日(653d),并且,节日由仪式中的合唱队的歌舞组成(654a;对比700b)。节日是城邦宗教的主要标志,这点一再被重申(799a-b,816c-d,828a-d)。

宗教行为的习俗,最主要是献祭和节日活动,至少有三个目的。首先,它是一个人正义的标志。诸神需要尊重,因此,虔敬是人类义不容辞的责任。③ 其次,对履行者来说,这些行为有附加的积极效用:使人类似诸神,并因此有助于人自身的幸福(716e)。第三,也是最让人感兴趣的一点,它们促进公民之间的社会团结,因为节日和献祭("分享神圣事物")让他们聚到一起,由此促进雅典人所谓的"某种友谊"(708c3-7,738d4-e2,771d5-e1)。还有一种公共性稍弱

---

① 当然,关于古希腊城邦(πόλεις)中,"公共"和"私人"范畴分离的程度,存在学术争论。最近的 Moses Finley 爵士是否定立场最显著的支持者,例如,《古代世界的政治》(*Politics in the Ancient World*),Cambridge,1983。Mogens Herman Hansen 强烈坚持,无论如何,正是在"自由"这个语词的现代意义上,希腊人是"自由的"。例如,参《雅典是民主政体吗?》(*Was Athens a Democracy?*),见 *Historisk-filosofiske Meddelelser*,59,Copenhagen,1989。不管怎样,雅典跟现代自由民主制不同,因为,宗教(且不说神秘仪式)完全是公共事务。

② 这里,我仅仅想就这些内容做一个粗略的评论。所有这些问题都已详细处理过,参 Olivier Reverdin,《柏拉图的城邦宗教》(*La religion de la cité Platonicienne*),Pairs,1945,第二部分;Glenn R. Morrow,《柏拉图的克里特城邦:对〈法义〉的历史解释》(*Plato's Cretan City: A Historical Interpretation of the "Laws"*),Princeton,1972;及 Marcel Piérart,《柏拉图和希腊城邦》(*Platon et la Cité grecque*),Brussels,1974,第九章。

③ 正义和虔敬的密切关系表明了这一点。

的宗教,跟家神和祖先有关(681d,729c)。但是,雅典人似乎想要将之纳入普遍的公共宗教之中,因为他禁止拥有私人神龛(910c)。

雅典人也指出,要在哪些庙宇中公开崇拜哪些神的问题,应该以传统方式由神谕来决定(738b)。同样,什么样的献祭应该敬拜哪些神的问题也应如此(828a-d)。城邦自身在空间上划分为十二部分,每一部分奉献给一位神(745d),根据一年的月份及伴随的宇宙象征来确定(771a-d,809d,828c)。① 城邦最重要的神殿是赫斯提亚(Hestia)、宙斯和雅典娜的神殿,将建在城邦中心的卫城之中(745b,848d)。雅典人认为,同样重要的是,一年中的每一天,城邦必须看到至少有一次献祭,由行政官执行(828a-b)。另外,城邦还要负责派出观察员(θεοϱοί),参加泛希腊地区(pan-Hellenic)的主要宗教节日(950e)。

对城邦来说,这是更为传统的宗教制度,它们确实非常传统。文本中有很多地方讨论它们,散布在其他话题和制度中,就像宗教习俗已经嵌入希腊城邦的日常生活中一样。就其本身而言,它们并没有激起太多惊愕。直到雅典人探究不虔敬,讨论才变得更不寻常。

早些时候,在讨论谁有责任指控不虔敬的法令时,雅典人曾顺带提过不虔敬(ἀσέβεια)。② 促进在宗教节日上推行歌舞革新的人,可以指控为不虔敬(799b),同样不虔敬的是,将伪造的信息从一个城邦传到其他城邦(冒犯赫尔墨斯[Hermes],941a)。谈得最详尽的不虔敬(作为司法问题),是在谋杀的语境中提到的特别凶残的那类:涉及谋杀家庭成员。在《法义》中,任何一种谋杀都包含宗教

---

① 参 Eric Voegelin,《秩序与历史》(Order and History),第三卷,《柏拉图与亚里士多德》(Plato and Aristotle),Baton Rouge,1957,页 250-253;John G. Gunnell,《政治哲学与时间:柏拉图与政治观的起源》(Political Philosophy and Time:Plato and the Origins of Political Vision),Chicago,1968,页 212-215。

② 在 Trevor J. Saunders 的著作中,这些问题讨论得更为细致。参氏著,《柏拉图的刑法典:希腊刑罚学的传统、争议与改革》(Plato's Penal Code:Tradition, Controversy, and Reform in Greek Penology),Oxford,1991,页 229-230,303-304。

性玷污。① 但是,唯一可以指控为不虔敬的杀人类型是,杀害家庭成员:父母杀死子女(868d),子女杀害父母(869b),配偶杀死另一方(868e),同胞相残(869a)。甚至,为犯有这种罪行的人举行葬礼也被视为不敬(871d)。没有子女也被看做不虔敬的证据(877e)。

当时针对不虔敬的雅典法律,似乎很大程度上指向具体的宗教习俗,亦即,详细阐明仪式的过程。② 但是,雅典异方人似乎更关心保护城邦民众关系的神圣性,更关心让宗教习俗尽可能公开。在卷十对不虔敬更为重要的讨论中,这两个目标都可以看到。尤其重要的,是不虔敬与另一个雅典法律术语肆心(ὕβρεις)之间的关系。雅典人借用了"肆心"这个词,并为自己的目的而使用。

四 戏剧情境

关于卷十及其包含的神学,一个直接的问题是其在《法义》本身中的位置。如许多评论者注意到的,整体看来,《法义》中弥漫着宗教意象,③然而,对神学问题进行持续探究,卷十却是唯一一处。

---

① 关于这种污染招致的各种罪行以及这些罪所必需的净化,《法义》卷九有大量的讨论。

② 雅典法律反对不虔敬的细节,充其量是模糊不清。参 Douglas M. MacDowell 的讨论,《古代雅典的法律》(*The Law in Classical Athens*),Ithaca,1978,页 197 – 200;Todd,《雅典法律形态》,前揭,页 307 – 310;Saunders,《柏拉图的刑法典》,前揭,页 302 – 303。

③ 例如,Voegelin 认为,《法义》本身本质上是一种"宗教诗",见《柏拉图与亚里士多德》,前揭,页 228;施特劳斯观察到,《法义》是"柏拉图最虔敬的作品",见氏著,《柏拉图〈法义〉的论辩与情节》(*The Argument and the Action of Plato's Laws*),Chicago,1975,页 2;同样,Thomas Pangle 提到,"对诸神和宗教的强调……弥漫着"《法义》,氏著,《柏拉图〈法义〉中的宗教政治灵魂学》(*The Political Psychology of Religion in Plato's Laws*),载于 *American Political Science Review*,70(1976)。最近,George Klosko(轻蔑地)将《法义》描述为"一部宗教(转下页)

卷十不是在对话的开头,不是正好在结尾,也不是落在中间。毋宁说,它在全书最后四分之一的开头。换句话说,在结尾的开头。就其位置所关注的主题而言,它处于对下面两种法律的处理之间:刑法与有关商业事务、遗产、孤儿、家庭、非致死性暴力及侮辱的法律。

克勒尼阿斯(Kleinias)将神学描述为,"对一切法律来说,最高贵和最好的序曲"(887c1),在这一卷的后面,雅典异方人提到,神学是一种"序曲"(907d1-2,5)。这让人想知道,为什么对诸神的讨论不应该首先出现。然而,在一个真正意义上,至少就马格尼西亚人本身而言,神学确实首先出现。在卷四,对那些将要居住在城邦的殖民者,雅典人设计了一种"就职演说":

> "先生们",让我们对他们说,"按照古代的传说,有一位神,掌握着一切生灵的开端($ἀρχήν$)、终点($τελευτήν$)和中段,他通过循环($περιπορευόμενος$)完成依据自然的直接进程。① 紧随其后的总是正义女神,她是那些背弃神法的人的报复者。想拥有幸福的人,谦卑而又有序地跟随着她。不过,凡是充满自负的人,或者由于财富、荣誉或与年轻和无知相伴随的好体形而感

(接上页)作品",见《柏拉图政治理论的发展》,前揭,页231;亦参 Andrea Nightingale,《书写/阅读圣书:柏拉图〈法义〉的文学解释》(Writing/Reading a Sacred Text: A Literary Interpretation of Plato's Laws), 载于 Classical Philosophy, 88 (1993),页279-300。

① 后面这个分句很困难。我把 $περιπορευόμενος$ 译为"循环"(revolving),是遵循注释者和伪亚里士多德的(pseudo-Aristotelian)《论宇宙》(*Περί Κόσμου*)(401b)的解释。参 England,尤其715e8 和716e1;亦参 Édouard Des Places,《柏拉图〈法义〉的间接传统(卷一至卷六)》(La tradition dndirecte des Lois de Platon(Livres I–VI)),见 *Mélanges J. Saunier*, Lyon, 1944, 页34-35。[译注] E. B. England 笺注,《柏拉图的法义》(*The Laws of Plato*),两卷本,Manchester,1921。

觉轻飘飘的人,其灵魂都会让肆心燃烧着,并由此认为自己既不需要统治者,也不需要任何领导者,反而认为自己能够领导别人,这种人失去了神,遭神遗弃。一遭遗弃,他就与像他那样的人厮混,四处撒野、捣乱一切。对多数人而言,他似乎是个大人物,但不久之后,他便遭到了正义女神无可指责的报复,给自己、家庭及其城邦带来了彻底的毁灭。"那么,如果事情是这样安排的,在这些事情上,什么是一个善思的人应该和不应该做和想的呢?"(715e7 – 716b1)

克勒尼阿斯赞同这个说法,并强调,每个公民都必须"考虑(διανοηθῆναι)他如何成为神的追随者"(716b8 – 9)。雅典人回答说,蒙神喜悦、追随神的行为(πρᾶξις)是节制(716d1)。奠基这一点的原则,是"古话"所说的"有尺度的同类,惺惺相惜"。神是"万物的尺度",因而,人必须模仿神,这样做的途径是节制(716c1 – d4, 792d)。具体来说,人一定不能崇拜财富或美貌(属人的善),而应崇拜属神的善(尤其是节制,尽管上面提到,无知尤其指向理智)。不节制会助长肆心。

讨论教育时,关于诗人的责任,雅典人已经深入一些细节。诗人的责任很大一部分和他们对诸神的描绘有关。雅典人暗示,传统的描述有缺陷。关键在于,诸神有序并且节制,可以作为公民的表率。对殖民者说的第一件事情,是通过神学告诉他们的。而且,如我们将要看到的,这正是卷十详细讨论的神学。它的对立面涉及年轻、无知和肆心。所有这些在卷十开头都重新出现。

卷十紧接着卷九对罪行的讨论和卷八对身体的讨论。这三部分讨论处理的是,抵制《法义》整部书描述的政制的心理根源。卷八围绕身体的欲望,尤其是爱欲(ἔρος)。卷九关注罪行,尤其是受血气(θυμός)驱动所犯的罪行。卷十开头讨论的罪行源于肆心。肆心本身主要是一种理智现象。让我们更详细地探讨这一点。

五　肆心、血气和不虔敬

884a6 – 7 对主题的首次陈述,就暗示了《法义》卷十的复杂性:"其他的罪行中,最严重的是年轻人的放纵行为和肆心之举(ἀκολασίαι τε καὶ ὕβρεις)。"放纵或无节制行为与肆心相连。当然,在英文中,ὕβρις一词有着非常特殊的含义(无疑与对希腊肃剧的共识有关),指过分的骄傲,不尊重任何界限,甚至那些区分人神的界限。

"肆心"出现在柏拉图关于立法的对话中,这也提醒我们,在雅典的刑法中,"肆心"是一个特殊的犯罪类型。可以用肆心的诉状(γραφή ὕβρεως)来控告攻击(αἰκεία)他人者。然而,肆心与单纯攻击之间的区别并不完全清楚。托德(S. C. Todd)争辩说,肆心极为显著地反映了,对作为(qua)公民的受害者的尊严(τιμή)或荣誉的攻击。"在此意义上,肆心是对共同体的冒犯。"① 在《法义》中,没有针对肆心的具体法令,但有针对单纯攻击(879e – 882c)的法令。

因而,《法义》中的肆心,看上去更是一般的和灵魂的概念,而非法定概念。② 在《法义》中,肆心特别与对他人作威作福有关(761e7 – 762b6,713c7,716a7),尤其是对弱者(927c2、8,874c1 –

---

① S. C. Todd,《雅典法律形态》,前揭,页 270。与其一致,伪柏拉图的《定义》(Definitions)释 ὕβρεις 为"导致耻辱的不义"(415a12)。N. R. E. Fisher 做了百科全书式的解释,见氏著,《肆心:古希腊荣誉和羞耻的价值研究》(Hybris: A Study in the Values of Honor and Shame in Ancient Greece),Warminster,1992。

② "肆心"一词在对话中的使用,Fisher 给出了详细的说明,见《肆心》,前揭,页 453 – 492。页 480 – 492 处理的是《法义》,虽然 Fisher 强调的内容有些不同,但总体上支持我的结论。亦参 Saunders,《柏拉图的刑法典》,前揭,页 270 – 271。

5)。它时常跟缺乏节制相连(777c7 – e4),跟形形色色的其他罪行的兴盛有关(649a5,679c1,641b8 – c5,835e1,837c5,661e2),并且涉及一般的不义倾向(661e2,691c4,775d6)。我们可以发现,肆心关系到几乎所有较为特殊的恶行。这自然表明,肆心是灵魂的一般状态,它在这些特殊形式中显明自身。对政治而言,肆心似乎尤其危险,因为它意味着互敬的缺失,而这意味着不可能共同生活。肆心结合僭政便是特殊的情形(777c7 – e4)。①

在当前语境中,肆心关系到年轻人中普遍的无节制(ἀκολασίαι)。② 根据雅典人的说法,肆心最坏的类型是侵犯圣物(在西西里远征出发之前不久,是肆心导致某些年轻贵族肆意破坏雅典的赫耳墨斯头像吗?)。在这些肆心行为中,尤为严重的是那些侵犯"公共和神圣事物"的行为,第二坏的是侵犯私人的圣物(包括坟墓),第三是冒犯父母的肆心行为,第四是对统治者肆心的放恣,

---

① 在《尼各马可伦理学》1129b19 – 22 中,亚里士多德也将肆心与缺乏节制联系在一起,并将肆心与严重冒犯他人的尊严相连(《尼各马可伦理学》,1115a22,1125a9,尤其 1148b27 – 31。在这些地方,亚里士多德描述了虐待儿童,将其作为特别伤害受害人的一种肆心形式)在 1149b20 – 23,他区分了肆心与血气(θυμός)。在《政治学》(Politics) 5,他重复提到肆心是变革的起因。

② Douglas MacDowell 对肆心概念的总结(《古典雅典的法律》,页 129),强调其自我放纵的一面,这一点似乎特别(但不仅仅)跟年轻人有关:

很明显,它[肆心]的驱动力是年轻人的能量。他们有足够的吃喝,行为如同欢闹的小马。在那些有钱人和有政治权力的人身上,也经常能发现肆心行为。但是,它并不必然局限在年轻人或有钱人身上。肆心最显著的表现是:追求吃喝,性行为,嬉戏胡闹,攻击和谋杀,侵占他人的财产和权利,嘲笑别人,不遵从人和神的权威。一个人的肆心表现在,纵容其坏行为,或充其量只是无厌的行为。因为那是他想做的,根本不考虑别人的愿望或权利。

第五是冒犯"每个公民的政治权利($τὸ\ πολιτικὸν$)，①比如要求公正处罚[的权利]"（885a5-6）。②

雅典人指出，关于纯粹的抢劫庙宇，已经制定了惩罚措施，然而，对于在"言行"上对诸神的肆心，惩罚必须在一个劝谕（$παραμύθιον$）之后进行。劝谕包含以下内容：

> 没有哪个依法（$κατὰ\ νόμους$）相信（$ἡγούμενος$）诸神的人，自愿做过不虔敬的事（$ἔργον\ ἀσεβές$），或无意中说过不法的言论，除非他处于这三种情形之一：要么，刚刚所说的这点[诸神存在]，他不相信；要么，其次，他相信诸神存在，但认为诸神不关心（$φροντίζειν$）人类；要么，第三，他认为诸神很好求情，可用献祭和祈祷诱惑。（885b4-9）

这三个观点对应于《王制》卷二（365d7-366e4）中阿得曼托斯（Adeimantos）勾画的恶人的神学。但在《王制》中，阿得曼托斯想要苏格拉底论证，为何正义本身本质上是好的，此外，为什么任何好的结果都来自正义。好的结果之一是，通过献祭和祈祷，获得来自诸神的好名声。这个要求的意图是引出对纯粹正义的论证。在这里，次级高贵的善处于危险之中。看上去，格劳孔（Glaukon）和阿得曼托斯正是那种活跃的年轻人，他们的肆心会对城邦的幸福造成威胁。克勒尼阿斯和墨吉罗斯（Megillos）自身已经完全过了可能构成这种威胁的年纪，但是，作为新政制的创建者，他们当然必须得关注这个问题，它由富有、聪颖和有抱负的年轻人造成。在前行的时候，

---

① 我把 $τὸ\ πολιτικὸν$ 勉强译为"政治权利"（political right），仅仅是因为找不到看起来不特别别扭的英文译法。此处，England 和翻译者全都依靠对"权利"（right）一词的某种使用，或许，需要一些像"政治性"（politicality）这样的限定，或一个词组，比如"拥有公民身份的人"。

② 或许，这个目录应该对比 701b5-c4 阐释雅典政制的说明。

我们应该记住格劳孔和阿得曼托斯提出的问题及苏格拉底的解决。

接着，为了两位多里斯（Dorian）对话者的利益，对那些肆心和不虔敬的年轻人的反应，雅典人呈现了戏剧性的模仿。他强调，年轻人的说话方式是轻蔑的（καταφρονεῖν，885c2－3），是一种"讥笑我们"（προσπαίζοντας，c3）的方式。他也提到，年轻人的话是一种戏谑的言语。① 因而，这种话有开玩笑或戏谑的一面。甚至有迹象表明，存在嘲笑的轻蔑。这种行为可设想为肆心的表征。看起来，这也是在助长克勒尼阿斯和墨吉罗斯一种自然的敌视。让我们来考察肆心的年轻人的滑稽情形。

首先，这些想象中的年轻人承认，他们有一些人不信诸神，其他人相信诸神不关心人类。之后，他们要求（ἀξιοῦμεν，885c8），在用严厉的惩罚威胁他们之前，尝试说服和教导（πείθειν καὶ διδάσκειν）他们相信，诸神存在。年轻人坚持，要提供充足的证据（τεκμήρια ἱκανά）证明，诸神极好，不会接受贿赂而背离正义之事。年轻人自己宣称，让他们学到这些事情的是诗人、演说家、占卜者、祭司以及无数其他人。出于这个原因，他们大多数人便不去避免行不敬和不义之事，而是在做了这些事情之后，再进行赎罪的献祭。

因而，问题不是简单的无神论。毫无疑问，无神论是一个问题，但在目前的语境中，更为重要的似乎是一种机械的和迷信的假虔敬。因此，更大的问题是，肆心的年轻人不把诸神放在心上。他们倾向于像克法洛斯（Kephalos）一样行动，也就是，按照他们喜欢的去做，很迟才考虑到后果。继而，这位想象中的对话者又一次要求（885e1－2），首先运用说服。尽管立法者并不比诗人、演说家、占卜者和祭司那些人讲得好，只要他们"在真理上讲得更好"，或许（τάχα）就能说服他们。

---

① England 对 885c5 的笺注指出，这句话的力量在于，想象中的对话者的要求"有反讽意味——单单他们的说话方式就是这样，他们说'你无法证明：你只能依靠权威'"。

这些话的滑稽性应该很明显了。这位年轻的对手引用了自己的权威——文化的传统宗教教师：①诗人，可以设想，主要是荷马和赫西俄德；演说家（ῥητόρων），也就是政治家；②占卜者（μάντεων），即先知和预兆的解读者；③还有祭司（ἱερέων）。因此，不虔敬和肆心的年轻人宣称，他们是从城邦本身而非其他什么人那里学到这些信念。④ 雅典人将很快就由此判定，他们的陈述除了滑稽之外，别无所有。

在卷十中，在立法者（实际是雅典人）跟他们潜在的对手之间，包含着一系列戏剧性交流，这些对手由克勒尼阿斯和墨吉罗斯扮演。首先是对"劝谕"的回应。对手承认，那些跟他一样的人，确实持有雅典人描述的那些观点。他要求立法者尽力说服和教导他相信，诸神存在，诸神很好，并且不会被收买。由于很多人说诸神可以收买（在这里，他提到诗人、演说家、占卜者和祭司），就没有令人信服的理由能让他们避免行不义。如果一个人碰巧迷信，他只要保证提供合适的献祭和祈祷就行。最后，他要求立法者告诉他真理，即使对这种真理的表述，不如诗人、演说家等人那样好。因而，注意，在这里无神论本身并非唯一问题。更严重的问题似乎是不义：想要说服想象中的对话者不去行不义之事（885d8），而且，诸神本身关注正义（τὸ δίκαιον，885d3-4）。不义和肆心不是一回事。肆心是在先的恶。不像格劳孔和阿得曼托斯，想象中的对话者想要得到对诸神

---

① 参 Thomas L. Pangle，《柏拉图〈法义〉中的宗教政治灵魂学》，前揭，页1061。

② K. J. Dover，《柏拉图和亚里士多德时代的希腊主流道德》（*Greek Popular Morality in the Time of Plato and Aristotle*），Berkeley，1974，页27-28。

③ Walter Burkert，《希腊宗教》，前揭，页111-114。关于占卜的政治性，参 L. B. Zaidman 和 P. Schmitt Pantel，《古希腊城邦宗教》，前揭，页53，95。

④ 参《王制》（*Republic*），330d4-331b7，及331d9。尤其比较330e1（καταγελώμενοι [嘲讽]）与上面所引段落（《法义》，885c2-5），亦参《王制》365e5-366a3，及接下来直到367a4，关于诗人、占卜者、祭司和法律的讨论。

的具体说明。因而,问题在于,他是否想要一个纯粹外在的说明——可以说是《王制》卷二中格劳孔和阿得曼托斯所要求的说明的对立面?想象中的对话者是否仅仅想要确证,存在神圣的法律实施者,以及一种超自然限制的必然形式?

还有另一种可能。即便是传统神学中的诸神,也在如下意义上构成了一种限制形式:他们确实要求适当的献祭。老克法洛斯心中没有忧虑的原因之一在于他的巨大财富,巨大财富使得大的施予成为可能。而且,就像镀金时代的一些强盗大亨,克法洛斯期盼,通过耗资巨大的虔敬行为超越贪婪的迷梦。诸神是否完全放弃了那些没有克法洛斯的好运或利欲心的人?雅典异方人想象出的年轻无神论者,似乎渴求一个更为"神圣"的神,一个更完美地体现高贵性的神,这种高贵性环绕着真正的优异。这样一位神不会奖赏强盗大亨。此外,他似乎乐意听到关于这样一位神存在的论证。因此,如格劳孔和阿得曼托斯的情况一样,这位想象中的年轻无神论者怀疑城邦的习俗,而且渴求更为完美的正义。

克勒尼阿斯认为,向年轻人说明真相、证明诸神存在的任务很容易完成。他的证明包含两类论证。第一类是通常所认为的设计论论证,从天体美妙而有序的运动出发。第二类是一种更为人类学的论证:"所有希腊人和外邦人都公认,诸神存在"(886a4–5)。①

对于克勒尼阿斯的第二个观点,人们可以回答说,虽然所有希腊人和外邦人都相信诸神存在,但在应该敬奉哪些神、如何敬奉上,他们有分歧。雅典人搁置了这一点。毋宁说,克勒尼阿斯的证据并不充分是因为,它并没有说明这个分歧的真正原因(αἴτιον)。雅典

---

① 施特劳斯,《柏拉图〈法义〉的论辩与情节》,前揭,页141;Pangle,《柏拉图〈法义〉中的宗教政治灵魂学》,前揭,页1061。他们注意到,这里克勒尼阿斯并没有诉诸传统诸神,用Pangle的话说,而是诉诸"可见秩序与可见的'最高物'"。但诉诸"所有希腊人和外邦人"会潜在地涉及传统宗教信念的多样性。

人断言,克勒尼阿斯把肆心和不虔敬的动机,仅仅($μόνον$,886a9)归为快乐和欲望上的无节制($ἀκολασίαι$)。

克勒尼阿斯确信这点为真。雅典人暗示,除此之外还有其他原因,对此,克勒尼阿斯似乎感到惊讶(886b2)。因而,克勒尼阿斯确实认为,唯一的原因是无节制,也就是说,他无法理解一种彻底的无神论,基于真正信念的无神论。因此,他试图用漫不经心的方式,打发掉年轻对手的论证。他似乎认为,他们的滑稽论点所需要的回应,即便不是滑稽的,至少是随意的。然而,雅典人认为,这个问题更加复杂和严肃。雅典人回答说,真正的问题在于,"一种极度的无知($ἀμαθία$),似乎成了最高的见识"($φρόνησις$,886b7–8)。接着,雅典人做了一个独特的解释。

首先,他让我们回到传统,尤其是诗人们展现出来的传统。显然,他心里想到的是荷马,或许更重要的,还有赫西俄德。① 暗示这一点的是,雅典人提到了讲述"诸神如何产生"($θεογονία$,886c5)的神话,并判定这种神话是危险的:他警告说,不容易评判如此古老的作品,"对听众的影响好不好"。但他继续说,"对于服侍和尊敬父母,我绝不会美言它们,说它们有益,或与现实完全相符"(886c8)。在谈到这些古老神话之前,雅典人解释说,由于政制的优异,在克勒尼阿斯和墨吉罗斯的民族中找不到这些陈述。或许,这就是他没有详细讨论它们的原因。② 然而,如果仅仅为了在两个不熟悉其内容的人面前拒绝它们,为什么要提到它们?至少,部分原因必定是,在想象的不虔敬年轻人的挑战中,这些作品涉及其他传统神话。它们

---

① Yunis 提出了更新的神谱,尤其是那些与俄耳甫斯主义(Orphism)有关的神谱,参《新信条》,前揭,页46,注释18。

② 在《王制》卷二,苏格拉底确实详细讨论了他们。如果阅读那些叙述,就很容易发现,雅典人为什么特别关注它们涉及"服侍和尊敬父母"的方面,因为苏格拉底明确引用了赫西俄德对克洛诺斯(Kronos)弑父的解释(377e–378a)。

就是诗人、演说家、先知、祭司以及无数其他人讲述的各种神话。然而,雅典人也提到另外一个原因。

放下关于诸神的古老神话之后,雅典人谈到"我们的新人和聪明人"的论证。① 他们回答了克勒尼阿斯提出的论证,认为星星和大地只是泥土和石头,"不可能关心人类事务"(886d7 – e2)。面对这种攻击,克勒尼阿斯显得有些沮丧。用一种戏谑的不敬说法,克勒尼阿斯轻蔑地漠视肆心年轻人的论点(这是体面的年长在位者不愿意做的吗?),但是,面对第二个更为严肃的论证,他找不到多少可说的。② 因而,我们首先面对的是肆心年轻人的不虔敬行为,其次是他们不虔敬背后暗含的理智动机(885b),接着是一个想象中不虔敬的年轻人轻蔑而滑稽的回应,这个年轻人承认,虽然他们有些人确实是无神论者,但他想要一个关于诸神存在的论证,还有一个反对传统的诗人、演说家、占卜者等人的论证。这些人遵循一种机械宗教,看起来,这种宗教更像是控制神秘的超自然力量的粗糙尝试,而非对真正高贵和神圣的东西的尊敬。因而,年轻人似乎想要一种比他知道的更好的宗教。这跟格劳孔的方式差不多,他要求更纯粹地阐明正义。在这两种情况中,柏拉图让年轻人表达的,是对主流文化的谴责和对更好事物的欲求。而且,两个情况都证明,老一代无法平等对待挑战。这里,"当权者"的回应是克勒尼阿斯从设计论角度所做的拙劣论证,雅典人将之理解为对年轻人的道德谴责。这允许雅典人引进一种更为激进和隐晦的解释。③

上面插曲的两个部分,以一种有趣的方式相互关联。雅典人蔑

---

① σοφῶν翻译为"聪明人",指的是智术师。Diès 把 νέων[新人]翻译为"现代人"(les modernes)。这整个词组包含一种煽动性语调,似乎是在召唤像"现代知识分子"之类的东西,乃至"新奇的自命不凡者"。

② 或许,这个时刻类似于《王制》中的如下时刻:克法洛斯选择离开讨论去参加献祭。然而,克勒尼阿斯没有这种选择。

③ Pangle,《柏拉图〈法义〉中的宗教政治灵魂学》,前揭,页 1062。

视第一种说法,即诗人的说法,原因似乎跟苏格拉底轻视它的理由相同,亦即,悖谬的是,它似乎会导致危险的行为。这些行为可能逐渐削弱任何基于法律的政制的基础(701b5 – c5,717b3 – 718a6)。对于古老的传统观点,雅典人从未给出明确的反驳。他给出的第二种说明,即"新人和聪明人"的说明,至少到目前为止,只是简单地陈述,没有给出任何论证。同样,也没有提供辩驳。当然,在这个意义上,需要更多的说明。人们如何能够知道,星辰和行星仅仅是石头?此外,雅典人几乎不认为克勒尼阿斯的解释是充分的。因而,最初这次交流的结果是一种困惑。一方面,我们看到一种缺乏思考的传统主义,另一方面则是极端推理的理性主义。无论传统还是其更激进的对手的论证都有待商榷。

在讨论的这个点上,一切都是开放的。与不信者的论证一样,关于诸神的传统故事也受到质疑。不过,重点已经从传统转移到新的论证上。目前为止,只是在用一些模糊的术语陈述新的论证。雅典人需要获得对话者的同意,才能更详细地检视那些说法的核心。在回应克勒尼阿斯对他最初暗示的更激进立场的反应中,雅典人做了这件事。雅典人让克勒尼阿斯决定,讨论是否应该继续。在面对不虔敬的时候,他甚至建议一种修辞学的辩护立场,询问是否要为他们的立法申辩(ἀπολογία)(886e7 – 887a2)。接下来,他问到,是否应该完全放弃为宗教立法的事业,"免得我们的序曲比法律还长。"他警告说,需要的辩论会很长,但也指明,他们的目的应该是什么:让那些不虔敬者感到害怕(φόβον),"使他们不舒服;在这些事情之后,我们再进行恰切的立法"(887a4 – 8)。①

克勒尼阿斯的回答表明,这里看起来偏离真正的讨论主题,其实正是利害攸关的地方。首先,他提醒雅典人,在关注诸神的地方,

---

① 这段话很难翻译。大部分译者将害怕和不舒服与887a4 – 5提到的"不虔敬的欲望"联系起来。参England,887a4 – 8,亦参Taylor、Diès和Pangle此处的翻译。

不必优先考虑言辞简短。重要的是说服力($πιθανότητα$),因为,证明诸神存在、诸神是好的并尊崇不同于人类的正义,这将是"对所有法律来说最高贵和最好的序曲"(887b1 – c2)。为什么这是最好的序曲?最简单但说不上最粗糙的解释会强调,在一个基于法律的政制中,非常有用的是一个普遍共享的神的信念,这些神保护正义(其核心问题在于遵从法律)。然而,这种解释强调对不虔敬行为的神圣惩罚。确实,关于这一点,雅典异方人有些话要说,但我们会看到,他说的比我们想象得到的要少。

然而,雅典人现在必须回应克勒尼阿斯。他注意到,克勒尼阿斯的口吻像是祈祷,对论证的继续充满热情。雅典人问到,一个人如何能够不带"血气"(887c6 – 7)谈论诸神呢?似乎无可避免,我们会厌恶和恼怒这些人,他们的强硬迫使这几位老人深入探究这些难解的问题。需要为此负责的那些人,拒绝已渗入家庭和公民生活之中的宗教传统。他们蔑视($καταφρονήσαντες$, 887e8)那些使日常生活神圣化的事物,而这一切都"没有一个充分的论证"($οὐδὲ ἐξ ἑνὸς ἱκανοῦ λόγου$, 887e8)。通过展示这些人的说法,雅典人所做的是创造一种宗教习俗的现象画面。它绝不是一个论证,但可将之视为论证的证据或素材,可以借此建构出一个论证。具体说来,无神论者将他们自己与每一种人类宗教习俗和冲动分开。他们拒绝儿时听到的关于诸神的神话,那些逗乐地和严肃地念咒的神话(887d4 – 5);拒绝祈祷、献祭和美化这些仪式的表演中的共同经验;拒绝父母的示范,他们的父母以"极大的严肃"(d8)"在祷告和祈求中跟神交流";他们无视所有文明中的所有人,在太阳和月亮升落时,进行的仪式和祈祷。确实,他们蔑视(887e8)所有这些东西。这里,雅典人吸取了克勒尼阿斯的最初反应,他拒绝这种反应,并将之转换成对宗教经验的一种总结。这样,雅典人展现出,在何种程度上,无神论者自身脱离了共同体和那些基本的人类宗教经验,这些经验赋予公民、家庭和个人的生活以生命。雅典人基本上挑战了他们的人性。在最低限度上,无神论者成了外邦人。

因而，雅典人设定的任务不只是理智的任务，即说服他们赞成自己对神学主张的理解。他还希望把他们带回共同体。如果像亚里士多德所说的那样，一个脱离城邦的人非兽即神（《政治学》1253a26-29），那么，无神论者就沦为这些种类之一。对肆心的强调表明，他们的错误在于后者。因此，必须提醒他们，他们本身不是诸神，而是诸神的玩偶。对这种肆心的自然反应是血气。①

无论我们对这些人感觉如何，都必须用温和的论证去教导他们，以免双方"立即狂怒——对这些人狂怒，我们某些人是因其贪求快乐，其他人则是出于义愤"。② 必须给那些败坏者（διεφθαρμένοις，888a6）一个开场白（πρόρρησις），但要平心静气（ἄθυμος，888a5）。他重复到，谈话必须温和（πράως），"压制"或"平息"血气（σβέσαντες τὸν θυμόν，888a7），就如同与另一个人对话。

为什么这里突然强调血气？潘戈（Thomas Pangle）认为，在这里血气是核心，因为关于诸神的真正交谈，血气是最大障碍。血气是一种道德义愤的核心，它希望诸神惩罚不义，是公民身份的关键。同样，血气是一种精神—道德品质，需要法典的神圣支撑。③ 它是一种强有力的反应，如果要进行真正的对话，必须克服这一反应。

潘戈的分析很有力。还有另一个因素在起作用，这个因素将血

---

① 因此，这里我不同意 Pangle（《柏拉图〈法义〉中的宗教政治灵魂学》，前揭，页1063）。他写道，血气是宗教的灵魂根源。我不怀疑血气像 Pangle 所说的，是某些宗教冲动的一部分。然而，他的说法似乎忽视了宗教经验的其他方面，比如，雅典人提到的那些方面。在当前的语境下，在我看来，更重要的是，血气是对无神论者反对共同的宗教经验的反应。同样，我不同意 Planinc（《柏拉图的政治哲学》，页193-194），他认为血气作为自爱的基础，是不虔敬的根源。

② 人们可能感到奇怪，雅典人重复进行对无节制的论证，那正是他之前所反对的。在此，他似乎是在为我们绘制一幅画，表现一个人（如克勒尼阿斯）的感受，而非在表明自己的想法。这种冲突的说法，应该被视为理性论证和说服的缺席。

③ Pangle，《柏拉图〈法义〉中的宗教政治灵魂学》，前揭，页1062。

气同一些更为普遍的灵魂现象连在一起。这些灵魂现象在整部《法义》中都很重要,但在卷十中尤其重要。血气与肆心尤为相关。肆心这种社会和政治恶行,似乎比其他所有恶行更为危险。

在《法义》中,对血气的系统讨论限制在某个特定部分(在卷九863b – 864a),然而,相比柏拉图的其他作品,《法义》中对血气的提及更为多样化。血气的语义范围和同根词相当广泛。提到最多的似乎是 $προθύμως$["热情"或"热忱"]的品质,它本身是道德中立的。① $ἀθυμία$[无血气,或者可能是绝望],是 $προθύμως$ 的反面,通常是不受欢迎的品质(731a5 – d5,800c2,801c1,对比 879c4)。潘戈强调,血气常常与愤怒或报复的欲望相连。② 这种愤怒尤其会牵涉血缘关系(629a3 – 6,717d3 – 6),特别是涉及对正义的要求(729e7,731a5 – d5,865d6 – e6,867a – e,873a2)。血气也和男子气(manliness)或勇气有关(659b2 – 694b1,751e1,763c1),甚至与单纯的任性(rambunctiousness)相关(773c8)。

然而,这个词最让人感兴趣的用法,是将之看做一种灵魂的体验($πάθημα$)或灵魂的一部分。在这里,血气通常被认为是快乐的对立面,有助于自我控制。③ 这使得它类似于跟男子气和勇气相关的习惯:血气给人抵制诱惑的性格力量。然而,这个问题很复杂,因为,仍有另一种习惯表明,血气是灵魂的诸多体验($παθήματα$)中的一种,这些体验中也有快乐($ἡδονή$)。在一个地方,血气与爱欲和肆心都有关(649d4 – 7)。而在另一处地方,它和恐惧、快乐、痛苦、嫉妒和欲望相关(863e5 – 864a1)。血气被描述为好争吵的和凶暴的

---

① 例如,646b2,665e9,666a2、b7、c4,676c9,687e2(与祈祷相关),688d7,694b1,697d8,718d8,727b1,746d3,751e1,770b2,859b1、c8 – 9,890c1,907c4,928b1,952c2,961c8 – 9,962e4,968b7。

② 717d3 – 6,729e7,865d6 – e6,867a – e,868a – e,873a2,929a6,931b7,935a – e。

③ 633c8 – d3,635c8 – d1,863b6 – 7,亦参 779a7,807b1,901e4、6 – 7,这些地方,灵魂的软弱与奢侈($τρυφή$)有关,亦参 863b6 – 7。

(863e7 – b4),在很多段落中,血气被视为错误甚至严重犯罪的原因。① 考虑到《王制》中苏格拉底关于血气的说法,②这后一种用法并不难理解。苏格拉底说,血气既非完全理性,又非完全不理性,而是处于其间的某个位置,会受灵魂的其他因素欺哄。

因而,在《法义》中,如果一个人要能承受痛苦,抵制过度的欢愉,血气似乎是一件必备的精神装备。但血气也很危险,是很多暴行的潜在原因。血气是一个道德模糊的品质,一种粗野的人类冲动。与人们对快乐和痛苦的反应一样,必须通过教育驯服它。总之,血气是一种本能,而且像所有本能一样,它或多或少会顺从灵魂的自然潜能的另一个因素——理性和理智。

对蔑视、侮辱和肆心的反应强烈,这正是血气的本性。如我们所见,肆心首先尤其是一种深深的、令人痛苦的侮辱。肆心也通常等同于沉溺于享乐,缺乏节制,对和自己的事务无关的任何东西普遍缺乏尊敬。在本质上,肆心是一种非常严重的自私。在卷十开头,雅典人提到那些肆心的年轻人,不仅在面对快乐时放纵自己,如雅典人告诉克勒尼阿斯的(886a8 – b2),而且,这种无节制看起来确实是他们灵魂肆心的最为常见的特征和表现之一。

因此,肆心不仅仅或单纯与面对快乐时的缺乏节制相关,而且是品性和理智的不足。在卷九,雅典人有关错误和罪行起因的讨论,支撑了这个看法。在那里,他区分了罪行的三种原因:(1)血气,特征是"非理性的暴力"($\dot{\alpha}\lambda o\gamma i\sigma\tau\omega\ \beta i\alpha$, 863b4);(2)快乐($\dot{\eta}\delta o\nu\dot{\eta}$),通过"说服和哄骗"维持"绝对统治"(863b6 – 9);(3)无知($\ddot{\alpha}\gamma\nu o\iota\alpha$,863c1 – d4),它有两种形式,第一种是简单的无知,第二种无知伴随着认为自己有智慧,导致他认为自己知道压根一所无知的事情。这种无知会造成并伴随一个人过度沉溺于享乐。同样,或许

---

① 卷九的刑法典充满着由血气驱动的罪行。864b3,866d5、e3,867a – e,868a – e,869e,874e6,878b7,934d7,935a – e,对比 934a1 – b3。

② 《王制》375a11 – 376c5,439c9 – 441c2,对比《法义》863e5 – 864a1。

是在血气的帮助下,耽于享乐会导致无知。①

六 雅典异方人对无神论者的回应

雅典异方人自己没有直接对付这些"激进的"无神论者,而是重新转向了他称为"小伙子"(παῖς)的年轻人。他用父亲的口吻告诫这个孩子,劝他说,作为年轻人,不应对最重要的事物做如此彻底的评判。最重要、最"伟大"的事情是"正确思考诸神,从而高贵或不高贵地生活着"(888b3-4)。雅典人说,随着时间的推移,很多年轻人的观念将改变。为什么不等等再得出如此重要的结论呢?此外,雅典人补充到,年轻人和他的朋友均非首个相信这些事情的人:"总是有些人,有时多,有时少,会染上这号病(νόσος)。"但是,雅典人碰到的人,到了老年,没有一个还相信无神论(888b8-c3)。

因而,雅典人指出,年轻人的无神论是一个"阶段",可以说,是一种年轻的自负。为什么年轻时要经过这样一种形式的不信,而到了老年则转为相信(至少是一种最低限度的相信)?至少有三种可能。首先,可能是单纯的恐惧:一个人越接近死亡,就会越害怕,就可能出现评判的最纯粹可能性。这起码会让他拒绝彻底的无神论,甚至可能使他变得有些迷信(《王制》330d4-331b7)。同样,如果一个人的无神论确实是由面对快乐的不能自制所驱动,那么,进入老年阶段,随着欲望自身的冷淡,这种无神论也完全会冷却(《王制》329b6-d1)。最后,通过和别人对话,乃至通过自身的反思,一个人也可能拒绝不信,因为它在理智上站不住脚。

雅典人继续说,有些人保留着其他两种心态(πάθη),亦即,诸神确实存在,但不关心人类事务,或诸神确实关心人类事务,但可以被

---

① 参641c2-5:"教育带来胜利,但胜利有时导致教育的失败,因为许多人都由于战争中的胜利而变得更加肆心,又因自己的肆心而恶贯满盈。"

祈祷和献祭说服。"如果我说服你们",雅典人总结说:

> 你们就要等到自己拥有一种关于这些问题的意见($δόγμα$),并尽可能让它变得清晰,同时,你们要研究事情究竟是这样还是那样,并向别人尤其向立法者探明($ἀνασκοπῶν$)。在此期间,你们就不会悍然行任何不敬神之事。无论现在或将来,你们的立法者都应该尽力教导这些事情究竟是怎样。(888c7 – d5)

雅典人这个奇特的回应,应该跟克勒尼阿斯先前的回应加以对比。在那里,这位克里特人只是指出了宇宙的秩序和关于诸神存在的公论(consensus gentium),而雅典人的提议更深思熟虑。克勒尼阿斯的回答,基于大多数时间和地点中大多数人的常识信念。这一回答确实存在一个特定缺陷,因为,就其基于对天体的解释而言,它依靠的论证,克勒尼阿斯本人明显无法展开。说到天空的时候,他仅仅说,"嗯,只要看一下它"。雅典人指出,在那些明显比克勒尼阿斯拥有更多信息和学识,并已经"看一下它"的人中,许多人认为,那里根本不存在诸神。对于某些人,比如克勒尼阿斯,这可能并非问题。这位老人不可能将无神论用于理智的辩护,为犯罪活动或政治阴谋开脱。这就是雅典人必须引入想象中的年轻人的原因。[①]以前,他也用过这种策略(839b)。因而,雅典人对年轻人的回应,就是要审理这种很可能是不成熟的怀疑主义,并将之转换为更成熟的探究形式,即跟法律本身相关的形式。从本质上说,这并没有提供证明,毋宁说是严肃研究这些问题的邀请。作为立法者,在诸神的问题上,雅典人自己也承担了教导年轻人的责任。他像城邦那样

---

① Pangle 比较了《法义》和《王制》后指出,"可以比喻性地说,在《法义》中,克法洛斯从未离开,而他的儿子们仅仅在卷十中出现"。见《柏拉图〈法义〉中的宗教政治灵魂学》,前揭,页 1059 – 1060。

承担了这项责任。

七　多数人的论证

克勒尼阿斯承认,雅典人的回应"非常好",但雅典人不会放松。他提到,虽然可能很好,但他们三人已经落入一种"令人吃惊的论证"($\vartheta\alpha\upsilon\mu\alpha\sigma\tau\grave{o}\nu\ \lambda\acute{o}\gamma o\nu$,888d9)。这种令人吃惊的论证把我们带回智术师们的论证,而且比以前大为明确。但现在最引人注目的是,雅典人将其描述为"多数人视为所有论证中最聪明($\sigma o\varphi\acute{\omega}\tau\alpha\tau o\nu$)的那一种"(888e1 – 2)。

根据这种理论,整个宇宙自发地起源于自然($\varphi\acute{\upsilon}\sigma\iota\varsigma$)和机运($\tau\acute{\upsilon}\chi\eta$)。自然和机运被认为不包括灵魂(889b5)、理智($o\grave{\upsilon}\ \delta\iota\grave{\alpha}\ \nu o\tilde{\upsilon}\nu$,889c5)、①诸神和技艺($\tau\acute{\epsilon}\chi\nu\eta$,c6)。技艺后来出现,仅仅是可朽的。确实,技艺产生的不过是"某些玩物($\pi\alpha\iota\delta\iota\acute{\alpha}\varsigma\ \tau\iota\nu\alpha\varsigma$),并不带有多少真理"(889d1 – 2),只是一些影像($\epsilon\check{\iota}\delta\omega\lambda\alpha$),比如绘画或音乐作品。有些技艺更为重要($\sigma\pi o\upsilon\delta\alpha\tilde{\iota}o\nu$),即那些和自然配合得最为密切的技艺,像医术、农艺或健身术。他们声称,政治术只有一小部分"分有自然",但绝大部分来自技艺。整个立法($\nu o\mu o\vartheta\epsilon\sigma\acute{\iota}\alpha\nu$)不是基于自然,而是基于技艺,其假设并不真实(889d8 – e1)。雅典人被要求澄清最后这一点,在回应中,他给出了论述中最为激进的部分:

> 我的好先生啊,这些人首先断言,诸神的存在源于技艺(而非源于自然),源于某些礼法,这些[神]因地而异,取决于每个群体本身制定礼法时如何达成一致。此外,他们声称,出于自然的高贵之物($\tau\grave{\alpha}\ \varkappa\alpha\lambda\grave{\alpha}$)不同于来自习俗的高贵之物,而且,正义之物压根不是源于自然,相反,人们彼此争论不休,老是改变

---

① 参 England 此处的笺注。变格并未影响文义。

正义之物,他们在某个特定时期所做的任何改变,在那个时期都具有权威性(κύρια),正义之物由技艺和礼法产生,与自然毫不沾边。(889e4-890a1)

雅典人立刻详细说明的,正是这些观念的政治后果:

> 所有这些东西,朋友们呀,都是年轻人心目中的聪明人提出的,这些人便是写散文的个人①和诗人们,他们解释说,最正义的是,无论什么都允许人们用强力来获取。这就是年轻人变得不虔敬的根源,他们认为,诸神不是法律命令他们相信的那样;内乱由此产生,这源于有些人把人引向依据自然的正确生活(βίος)——实际上就是过统治他人的生活,而非依据礼法成为他人的奴仆。(890a2-9)

现在,问题已经清楚的表述为,关注自然与礼法(νόμος)之间的关系。新人和聪明人是"习俗主义者",这里,习俗包括所有的法律和诸神的存在及本性。无神论者的主张导致的后果,简直是彻底侵蚀城邦(任何城邦)的合法性,因为他们的主张,拒绝任何法律依自然是"正确"或"高贵"的可能性。相比《米诺斯》(*Minos*)中苏格拉底对话者的立场,他们的立场显然是一套更有见地的说法。在《米诺斯》中,苏格拉底用了跳棋游戏(πεσσεία)的隐喻来说明,法虽多种多样却有永恒的界线,与自然正义观相一致的道德世界也有其界线。雅典异方人的任务更加困难,因为,克勒尼阿斯和墨吉罗斯虽然可能不像《米诺斯》中的同伴那样极端激进(或有学问教养),但雅典人自己要介绍那些更为老练的反对者的论证。对于这些反对者来说,问题纯粹在于所确定的假设(θέσις)。这种假设对立于与真

---

① ἰδιώτης也有"私人"的含义。Pangle指出,这种含糊性是有意的,见《柏拉图的〈法义〉》,前揭,页534,注释15。

理($\dot{\alpha}\lambda\acute{\eta}\vartheta\varepsilon\iota\alpha$)和自然($\varphi\acute{\upsilon}\sigma\iota\varsigma$)有关的"闪光的第四点"（[译注]指技艺）。看起来，政治暗示很明确。这种观点是忒拉绪马霍斯（Thrasymachos）和卡利克勒斯（Kallikles）的主张。法是弱者的构造，意在阻止强者对他们的专制。自然本性使每个人有意于专制，但只有强者能够实现。上面两段是对所谓"智术师"思想的极为公允的总结，① 总的线索是，宇宙并非理智的秩序或创造，而是机运的结果。人类用以规范自身生活的那些法律，并非出于自然，而是源于技艺。②

看起来，克勒尼阿斯对此论证相当愤慨。这不一定是出于宗教热忱，而可能仅仅是因为，他从未认识到这些观点的意涵，或者从未听过它们被如此清楚地表述。③ 他确实认识到，这种思考方式摧毁了年轻人，无论在城邦的政治生活中还是在私人家庭中（890b1 - 2）。但是，在他表达任何进一步的反应前，雅典人提出了问题：立法者应如何对付那些持有此信念的人？

---

① 这些文本残篇的权威集子，见 Herman Diels 和 Walther Kranz 编，《前苏格拉底残篇》(*Die Fragmente der Vorsokratiker*)，第五版，第二卷，Berlin，1960。比如，比较§82（高尔吉亚），残篇 B31；§85（忒拉绪马霍斯），残篇 B6a（来自《王制》338c）和 B8；§87（安提丰），残篇 B26、B44（11.23 - 36）；及§88（克里提阿），残篇 B25。克里提阿 B25 的恰切归属仍有争议，参 Dana Sutton，《克里提阿与无神论》(Critias and Atheism)，载于 *Classical Quarterly*，31（1981），页 33 - 38。亦参卡利克勒斯（Kallikles）在柏拉图《高尔吉亚》中的演说，481b - 486d。关于智术师运动，有很多二手论述。较权威的论述，参 W. K. C. Guthrie，《希腊哲学史》(*A History of Greek Philosophy*)，卷三，《五世纪的启蒙》(*The Fifth - Century Enlightenment*)，Cambridge，1969。

② 关于上述论点的最近论述，参 Daniel C. Dennet，《达尔文的危险想法：进化与生命的意义》(*Darwin's Dangerous Idea: Evolution and the Meanings of Life*)，New York，1995。Dennet 喜欢的对自然的比喻是，"无心的法则"（mindless algorithm）。

③ 虽然施特劳斯这样认为（见《柏拉图〈法义〉的论辩与情节》，前揭，页145），但这些似乎是克勒尼阿斯自己的观点，在先前的讨论中表述过（626a3 - 5，690b4 - 8，715a1 - 2）。这再一次证明，克勒尼阿斯的视角从战士转向了创建者。

立法者是不是应该通过肉体惩罚或监禁的生硬工具,径直使他的对手屈服？或者是否应该提供劝谕,以试图"驯服"不信者(890c)？克勒尼阿斯强调,雅典人应选择劝谕,劝谕的要旨在于,法和技艺确实源于自然,"或源于某种不低于自然的东西,如果它们是理智的产物——基于正确的论证"(890d5-8)。克勒尼阿斯还说到,他相信雅典人有能力这样做,这基于他自己对雅典人的信任($\pi\iota\sigma\tau\varepsilon\acute{\upsilon}\omega$,890d8)。①

雅典人称,克勒尼阿斯"热情无比"($\pi\rho o\vartheta\upsilon\mu\acute{o}\tau\alpha\tau\varepsilon$,890e1),并指出,这种论证对民众($\pi\lambda\tilde{\eta}\vartheta o\varsigma$)来说将会很长,也很难理解。克勒尼阿斯请求,将这些东西永久地书写成文,可让人反复检审($\check{\varepsilon}\lambda\varepsilon\gamma\chi o\nu$,891a2),并有助于那些学习缓慢的人($\delta\upsilon\sigma\mu\alpha\vartheta\acute{\eta}\varsigma$,891a4)。第一个益处让人想起,雅典人要求年轻的无神论者探询和研究立法者的观点(888c-d),这个益处也强调,他即将呈现的论证为严肃思考提供了机会。② 在整部《法义》中,卷十包含着最为艰深的论证,雅典人的警告表明了这一事实。然而,这个论证被保存在了作品之中,成为进一步思考的试金石。要弄清思考的过程,重要的是确定,这个论证的主张的范围到底有多大。在古希腊"神学"背景中进行论述,范围很广而且有系统,但与大多数宗教的基本文本相比,仍然相当简要。我们将看到,它也包含很多限定。

---

① 这种信任的基础是什么？在前九卷的对话过程中,雅典人已经建立了自己的诚意(bona fides)。雅典人与他的对话者之间的共同基础,似乎是他们共同致力于将优异作为政制的目标,但雅典人费了很大劲,才将同伴对此概念的理解转变过来。

② 因此,他用了动词 $\check{\varepsilon}\lambda\varepsilon\gamma\chi o\nu$。关于此词,参本书第8页,注释3。Pangle 指出,对于克勒尼阿斯的提议,墨吉罗斯的积极回应很幽默。在整个卷十中,斯巴达人仅有两次发言,这是其中之一。这种幽默正是在克里特人提到学习缓慢的人之后。也应当注意,雅典人开始他的讨论时,他坚持要克勒尼阿斯一起分担论证,而非墨吉罗斯(891b8-c1)。

八　物体与灵魂

当然,立刻可以发现,雅典异方人对诸神存在的证明有一个独特之处:这个论证对诸神存在的直接关注,比不上对灵魂存在及灵魂优先于物体的关注。纵览卷十的讨论,我们从中大致可以发现下面一种结构,箭头代表论证的三个步骤的方向:

1. 诸神→灵魂
2. 灵魂→心智
3. 心智→诸神

本质上,这个论证的结构是循环的。它的开端和结尾都是诸神。让我们更细致地探究这个结构的每一阶段。

运动类型

在一个极其密集的段落中(893b5 – 894b1),雅典异方人描述了十种运动类型。① 按照顺序,这些类型如下:(1)球体的环形

---

① 在894c3 – 8,雅典人分别描述了第九和第十最后两种运动类型,这表明,在893b5 – 894b1 的讨论过程中描述的运动类型,应该计为八种。然而,它们并没有被明确标出。学者们已经用不同方式分析它们。我的讨论参照 M. Gueroult 的分析,《〈法义〉卷十与柏拉图物理学的最终形式》(Le Xe livre des Lois et la dernière forme de la physique platonicienne),载于 *Revue des Études Grecques*,37(1924),页 27 – 78。运动的类型列在页 33 – 35。J. B. Skemp 的论述稍有不同,见《柏拉图晚期对话中的运动理论》(*The Theory of Motion in Plato's Later Dialogues*),Cambridge,1942,第七章。他们两人首要关注的是,《法义》与《蒂迈欧》(*Timaeus*)有关自然教导的关系。亦参 A. E. Taylor,《柏拉图:生平及其著作》(*Plato:The Man and His Work*),第三版,London,1929,页 491([译注]中译本见谢随知等译,山东人民出版社,1991)。

运动（περιφορά，旋转，893c8）；① （2）许多位置上的运动（μεταβαίνοντα εἰς ἕτερον ἀεὶ τόπον，893d7-9）；②（3）静止的物体与运动的物体相撞产生的分裂（διασχίζεται，e6）；（4）两个运动的物体相撞产生的结合（συγκρίνεται，e6）；（5）生长（αὐξάνεται，e6）；（6）衰亡（φθίνει，e7）；（7）生成（γένεσις，894a2）；（8）毁灭（ἀπόλλυται，a7）。另外两种运动单独讨论，分别是：（9）能够推动他物的运动（894b8），（10）能够推动自身和他物的运动（b10）。第十种运动实际上是最重要的，因此雅典人建议，应该将其重新编为第（1），而第（9）应该重新编为第（2）（894c10-895a3，895b3-7）。推动自身的运动，是"所有运动的起因"（ἀρχὴν κινήσεων πασῶν），③并因此是"一切变化中最早和最强的"（πρεσβυτάτην καὶ κρατίστην μεταβολήν，895b3-6）。

运动与灵魂

这时候，雅典人向克勒尼阿斯暗示，拥有这种力量的诸元素的混合物，必须认为是活态的。由此，他让克勒尼阿斯赞同，自身运动的力量等同于灵魂。正如论证进一步指出的，运动意味着生命，生命意味着灵魂。关于这种运动，人们可以提出很多问题。首先，雅典人以土、水、火为例开始他的论证。要点似乎是，比如说，如果火运动，它必定是活态的，如果它是活态的，则必定有灵魂。火确实运动，但它是活态的吗？它有灵魂吗？

---

① England 对 893c7 的笺注指出，这里，雅典人意指类似整个宇宙运动之类的东西，因而是 897c 讨论心智的运动的预兆。Skemp 也这样认为，参《柏拉图晚期对话中的运动理论》，前揭，页 100。

② Gueroult 认为，这指的是像行星运动之类的东西。参《〈法义〉卷十与柏拉图物理学的最终形式》，前揭，页 33。

③ 雅典人对 ἀρχή［起因］的使用，存在某种（有意的？）含混性。ἀρχή 既可以指"起源"的时间含义，也可以指"统治"的政治含义。参 Gregory Vlastos，《〈蒂迈欧〉中的无序运动》（Disorderly Motion in the *Timaeus*），载于 *Classical Quarterly*，33（1939），页 80 及注释 5。

雅典人的意思似乎是,他所指称的土、水、火和运动的混合物,其本身是天体,但他未曾直接说出。阿那克萨戈拉说过,行星由土构成(886d,及《斐多》97b‑98c)。此处,雅典人暗示,这可能是真的。但是,一旦考虑到行星确实以有序的方式运动,而不像普通的石头,就没有必要遵循论证中的"无神论"暗示。此外,雅典人用"如果"($\dot{\varepsilon}\acute{\alpha}\nu$, $\varepsilon\iota$ $\ddot{\alpha}\nu$ 的缩写,895c4)限定整体事物。在克勒尼阿斯的回答中,这一限定似乎也以"一旦"($\ddot{o}\tau\alpha\nu$, $\ddot{o}\tau\varepsilon$ $\ddot{\alpha}\nu$ 的缩写,895c8)得以保留。因而,整个交流并不清晰,有一种试验的性质。雅典人总结说,灵魂必定是运动的起因,因此必定优先于物体,而这是"依据自然"的(896c3)。

灵魂与心智

现在,雅典人将心智($\nu o \tilde{\upsilon}\varsigma$)的作用重新引入讨论之中。先前在无神论者论证的语境中提过它,无神论者坚持,心智并非先于物质(889c5,892b4),而自然在性质上是随机的。换句话说,之前的论证试图分离自然与心智。现在已使克勒尼阿斯同意,"依据自然",灵魂统治物体(896c2‑4;对比 892c2‑5),之后,雅典人将二者重新关联起来,但是以一种更为复杂的方式。

雅典人这样做,靠的是提出一种灵魂运动的等级秩序。灵魂驱动天上和地上的万物,乃是通过自身的运动。这些运动被称为:意愿($\beta o \acute{\upsilon}\lambda\varepsilon\sigma\vartheta\alpha\iota$)、探察($\sigma\kappa o\pi\varepsilon\tilde{\iota}\sigma\vartheta\alpha\iota$)、监管($\dot{\varepsilon}\pi\iota\mu\varepsilon\lambda\varepsilon\tilde{\iota}\sigma\vartheta\alpha\iota$)、企望($\beta o\upsilon\lambda\varepsilon\acute{\upsilon}\varepsilon\sigma\vartheta\alpha\iota$)、正确和错误的意见、欢欣、痛心、勇敢、胆怯、憎恨和欲求,以及所有与这些相关的运动。这些运动控制着物体特有的第二等运动,比如生长、衰亡、分离和结合(即上面讨论的十种运动)。这些反过来又控制物理属性,像热、冷、重、轻、硬、软、亮、暗、苦、甜(896e8‑897b1;对比 892b4‑9,896c9‑d3)。雅典人总结说,灵魂运用这一切,而且,"它总是将心智($\nu o\tilde{\upsilon}\varsigma$)*作为助手,引导(通过教

导或训练,παιδαγωγεῖ)万物走向正确和幸福之路"(897b1—3)。①当灵魂与无知(ἄνοια)结合时,就产生相反的情况。

这里让人印象深刻的是,雅典人的言辞类似于他在《法义》卷一中对正确立法的指示。在关于立法的另一种解释中(雅典人表示,这种解释由克勒尼阿斯给出),雅典人指出,克里特法律的恰当目标应该是正确(ὀρθῶς),让使用者幸福(εὐδαίμονας,631b5;对比683b1—4,710b7,713e1—3,716a3,718b2—4,742d7—e1,790b4—6,858d6—9)。接着,他区分了属神的善与属人的善,"所有属神的善向领头的理智(心智)看齐"(631d4—6)。

再者,这个讨论还有另一方面让人印象深刻。雅典异方人一再将自己的解释表述为有条件的:"如果确实如此"(896a5);"如果灵魂明显比物体古老"(896c6);"如果灵魂确实先于物体产生的话"(896d2—3);"如果我们确实打算将灵魂定为万物的起因"(896d8)。他以另一个["如果"]作结:

> 你这让人吃惊的家伙(我们应该这样说),如果天体和天体里一切存在物的整个轨道和运动(φορά),与心智的运动、旋转和谋划有着相同的本性,并以相似的方式运行,那么,显然我

---

① 有星号标记的地方,我省略了文本中有很大争议的一个词组(在 Budé 和 Burnet 的译本中,都是 897b2)。England 在 897b1 考察了各种说法。两种最常见的说法,一是 Burnet 的 θέον ὀρθῶς θείοις,Pangle 将之译为"从正确的意义上讲,神是指诸神","神"指 897b1 的 νοῦς[心智];二是 Diès 的 θέον ὀρθῶς θεός,他(把 θέον 与上面的 νοῦς 相连)将之译为"神的理智,本身就是真正的神"(l'intellect divin, est ellemême vraiment divine)。Trevor J. Saunders 特别提供了更有洞察力的说法:"这些都是灵魂所使用的工具,不管灵魂是否忠于神圣的理性(说真的,灵魂本身就是神),是否引导万物朝向适当和成功的结果……"选择其中一种说法而非另一种,或如 Taylor 那样两种都不选,我不认为有多大危险。重点似乎载于 νοῦς[心智]与灵魂的关联,以及两者与神圣的关联。

们应当肯定,最好的灵魂照管着整个宇宙,并驱动宇宙沿着那样的路径行进。(897c3-8;对比892a7,c5-7)

克勒尼阿斯赞同这一点。雅典人(而非克勒尼阿斯)提出了另一个明显的问题:"心智运动的本性"是什么(897d3)?

心智运动

但是,雅典异方人无法径直向克勒尼阿斯展示心智运动的本性——这将如同直视太阳,由此使"正午变成夜晚"。他们必须通过影像(εἴκον,897e1),间接地观看心智(νοῦς)的运动。① 这里的回响很显著,它不仅让人想起《王制》戏剧核心的高潮部分,在那里,苏格拉底无法径直向格劳孔和阿得曼托斯展示善,而且让人想到,在《斐多》自传部分的解释中,苏格拉底转向λόγοι[故事]。因而,雅典人选择一种第二好的说明:不是直接的解释,而是基于类比和影像。他成了"言辞中美丽影像的匠人"(897b3-4),也就是诗人。他给克勒尼阿斯的解释——很可能,这个解释也会赋予马格尼西亚的公民——并非完全理性的哲学解释,而是诗化解释。雅典人告诉克勒尼阿斯,对于"凡人的眼睛"来说,心智既不是可见的(ὀψόμενοι),也不是完全可知的(γνωσόμενοι ἱκανῶς)(897d10-e1)。他没有提到凡人的心智或思想(参898e2-3)。他使用的是什么影像?

那是一个凸缘上转动着轮子,旋转——这就是雅典人关于心智

---

① 雅典人将自己对理智运动的解释,明确描述为一种影像(εἰκών),记住这一点很重要。在讨论亚里士多德对这一段的批评(《论灵魂》407a)时,England(898a8)提醒我们注意这一事实:"通过一个固定旋转的球体这一'影像',柏拉图试图描述心灵的活动。亚里士多德对这一尝试的批评,忽略了如下事实:它只是一个影像,而非真实的描述。"Solmsen似乎也忽略了这一点,见《柏拉图的神学》,前揭,页138。

运动($νοῦ\ κινεῖσθαι$)本性的影像(898a3-6,b2-3)。对凡人的眼睛来说,为什么这是能够想象的最为恰当的心智影像?从雅典人对心智运动的描述中,能够得到的强烈感受是同一性:这种运动"依据相同的东西","以相同的方式","在相同的位置","围绕相同的东西","朝向相同的东西",并"依据某个比例和秩序运动"(898a8-b1)。① 影像的本质在于,它暗示了永恒、完善和不变。同样,运动的规律与任意或随机相反,而后两者正是多数人归于天体和行星运动的属性。非任意或非随机的运动有法则,法则意味着心智。

循环运动的影像,并非仅仅出现在卷十的这个部分。在对未来的殖民者的第一次演说中,雅典人鼓励他们模仿神明。根据"古代的传说",这位神"依据自然循环($περιπορευόμενος$)"(715e7-716a2)。他也提到星辰与天体的运动,强调它们按照循环的路径,做着有规律的运动(822a6-8,817e8)。在某一处,雅典人也提到"神圣事物的循环($περίοδος$)"(809c7-8)。同样,雅典人提到季节的变换是整全的"循环"(771b6-7,对比809d1-7)。有序的循环运动永恒持续,是完善性(形象的)诗意表现。只有完美者永不需要改变。雅典人似乎暗示,如果某物完善,它必定是诸神。因此,虽然是间接地,但此种方式的描述传达了这一点,正如苏格拉底关于善的影像,间接传达了苏格拉底对善的理解。

关于这一影像的实质,李(Edward Lee)提出了另一个相似的假设。② 李强调,在一定范围内,整体同时完全集中于一个中心点,而这个中心本身并非对象,因此,"影像传达的是一种强烈感觉,对充

---

① 亦参741a-b和England在898a8的注释;及Solmsen,《柏拉图的神学》,前揭,页147,注释20。

② 《理性与旋转:柏拉图晚期作为理智模型的循环运动》(Reason and Rotation: Circular Movement as the Model of Mind [$νοῦς$] in Later Plato),见W. H. Werkmeister编,*Facets of Plato's Philosophy*, Phronesis Supplementary Volume II, Assen/Amsterdam, 1976,页70-102。

分集中却又完全分散的(或'非固定的')意识的感觉"(同上,页81)。他总结说:

> 心智类似旋转的球体,因为,它是一个"到处"进行的活动,因此,要确定其"对象",不是从任何特定的、固定限制的角度出发,而是以一种极其普遍的、无预设的不受限方式进行。旋转的球体是一种完全客观、纯粹"绝对"的影像。(同上,页82)

李的说法似乎不肯接受概念思想的限制,但这是我们唯一应该期望的——考虑到在讨论心智运动时,雅典人自己选择了影像,而非说理(λόγος)。基于这一看法,影像想要传达的,我们可以称为心智对实体原初真相(unmediated truth)的"热望"(aspiration)。因而,对于雅典人思考运动所用的任何希腊术语,尤其是ἔρος,热望是恰当的翻译。而且,正如《王制》中的情况一样,雅典人讨论这个问题时极为谨慎。因此,心智运动是一种对有关整全的真理的欲求。

关于诸神与天体之间的准确关联,雅典人(有意?)含混。雅典人诱导克勒尼阿斯说,星辰和天体是灵魂,此时,关于它们的灵魂与形体之关联的本质,雅典人留下的是含混:灵魂能够居住在形体之中,能够利用一些外在的物质力量,或者能够拥有一些非特定的"极其惊人的力量"(898e8 – 899a4)。关于星辰和天体是诸神的清晰感受,也具有内在的含混性。它们是否是真正的诸神,或者它们是否是神的特殊启示的显现(899b),这一点并不清楚。

九 诸神的本质

解决了诸神存在的问题之后(899b),雅典人转向包含在第二和第三个命题中的诸神本质问题：诸神不关心人类事务，可用祈祷和献祭说服。在这两种情况中，雅典人主要关注的似乎是，以一种特殊方式思考诸神的伦理意味。应当记得，单纯从诸神存在，雅典人自己区分出了这些思考诸神的具体方式（888c）。他暗示，这些问题并非同等重要。最重要的是诸神存在，及相应的灵魂优先性。

神意

相信诸神，但否认他们对人类事务感兴趣的问题，在很大程度上似乎源于个人经验：尤其是看到恶人的亨达。这种现象是一个"丑闻"（scandal）（该词原文 $\sigma\kappa\acute{\alpha}\nu\delta\alpha\lambda o\nu$ 的原来意思是"绊脚石"），妨碍人们去信仰。无论如何，这一解释出现在雅典人向虚构的年轻人新做的另一个演说中。在这个演说中，他认为其对话者具有最好的动机。雅典人谈到，由于与诸神有某种相似性，想象中的年轻人相信诸神存在（899d6-7、900a7-8），但人们认为恶人享福这一事实（尽管事实上，雅典人保证他们并不幸福，899e1-2），以及不正确的诗人们宣称他们幸福（e3-4），都会促使他走向不虔敬。看到罪犯带着荣耀和财富得享天年，僭主们通过不虔敬行为获得他们的位置，同样"令人不安"（$\tau\alpha\varrho\acute{\alpha}\tau\tau\eta$，900a2）。年轻人不是因为相信诸神会支持这些事情，而接受诸神的存在，但他们坚持，诸神"轻视且不关心人类事务"（900b2-3）。雅典人打算，首先通过论证（$\lambda\acute{o}\gamma o\iota\varsigma$）"驱除"（$\dot{\alpha}\pi o\delta\iota o\pi o\mu\pi\acute{\eta}\sigma\alpha\sigma\vartheta\alpha\iota$，900b5）这种不虔敬，而后再通过"神话的咒语"（$\dot{\epsilon}\pi\omega\delta\tilde{\omega}\nu\ \mu\acute{u}\vartheta\omega\nu$，903a10-b2）来驱除。让我们依次考虑。

雅典人展开的所有论证，都关涉美德、属神的善及其相反的东西。在这个意义上，我们可以说，诸神占有它们。如果诸神以前面展现的方式存在，他们为什么忽略人类事务？雅典人考虑了两种可能：首先，诸神根本没有德行，而是邪恶的。具体地说，他们粗心（$\dot{\alpha}\mu\acute{\epsilon}\lambda\epsilon\iota\alpha\nu$）、懒惰（$\dot{\alpha}\varrho\gamma\acute{\iota}\alpha\nu$）、放纵（$\tau\varrho u\varphi\acute{\eta}\nu$），而且"懦弱"（$\dot{\varrho}\alpha\vartheta u\mu\acute{\iota}\alpha$，900e10，901c1，e4-7）。显示出这些特征的诸神，类似于"无刺的雄蜂",不是我们期待的神圣形象(901a3 – 5)。① 确实,对这些看法,克勒尼阿斯一个也不想要。

第二种可能是,诸神缺乏恰当照管人类事务的理智(902a)。最骇人听闻的是第三种可能,诸神有力量和知识照管人类事务,但由于"面对快乐或痛苦时的某些弱点",他们不这样做(902b1 – 2)。所有这样设想的诸神,在某个重要方面,都不符合这一政制下公民的期待。如果诸神存在,无疑,他们不会次于他们的"所有物"($\kappa\tau\acute{\eta}\mu\alpha\tau\alpha$,902b8)——人类。克勒尼阿斯承认,坚持这样一种信念"既不虔诚也不真实"(903a5)。

然而,还有一种可能性,雅典异方人没有考虑到。可以设想这样的诸神:不邪恶,不无知,也不放纵,但完全脱离人类事务。这让人想起亚里士多德的"思考自身的思想"(《形而上学》(*Metaphysics*),12.8 – 9)。人类事务完全不值得完美的神圣存在关注。这个语境让人回想起,早些时候,在卷七中,雅典异方人对墨吉罗斯的失态(faux pas)。大体上,卷七是《法义》的正中间。正是在那里,柏拉图显明的可谓是对政治的彻底重估。这一重估依赖于严肃的和游戏的辩证法。这种辩证法在柏拉图哲学中共同的主题,在《法义》中非常显著。政治主要是机运($\tau\acute{\upsilon}\chi\eta$)和时机($\kappa\alpha\iota\varrho\acute{o}\varsigma$)支配的领域,在这个领域中,人们迫不得已,犹疑地以完全有限的方式与必然抗

---

① Diès 和 Pangle 在此处的注释中都指出,"无刺的雄蜂"这个短语来自赫西俄德,《劳作与时日》(*Works and Days*),304。这个短语也让人想起,《王制》卷八讨论无所依托的乞丐时,也把他们比作无刺的雄蜂(552a – d),还有《王制》卷九,不费力气就满足欲望的僭主也被称为雄蜂(572e – 573a)。Pangle 认为,在此考虑到了整部《劳作与时日》,因为这部著作讲述了劳作作为一种惩罚,如何由闲散的诸神分配给人类。但无论如何,在赫西俄德的描述中,宙斯的形象是一个积极行动的神。他分配名誉和恶名(4 – 5),行使统治(18),评判正义并相应地惩罚(5 – 9,36,47 – 49,239 – 334),掌管雨水(415 – 416,488,对比《法义》761a,779c)和季节的变换(564 – 569),同时,他的意志"无可逃避"(105)。

争。雅典异方人说，人类事务（τῶν ἀνθρώπων πράγματα）"不值得多么严肃对待，但又必须严肃对待它们，这并非幸运之事"（803b3-5）。雅典人接着说，严肃（σπουδαῖον）之事才应该严肃地（σπουδάζειν）对待，非严肃之事则不必，"依据自然，神值得完全神圣地严肃对待。"人类被设计为"神的某种玩物，对人来说，这确实是最好的事情"（803c2-6）。这一段让人想起，在亚里士多德《尼各马可伦理学》（Nicomachean Ethics）中，有相似的一段话："因为，如果说政治和明智是最高等的科学，那将是荒唐的，因为人不是这个世界上最高等的存在物"。① 宇宙中最好的东西比人更神圣。

因此，一切有关法律和政制的讨论，似乎都陷入了黑暗和怀疑之中。如果雅典人在此否定了他所致力的整个工程，那确实很奇怪。"严肃性"（seriousness）和"严肃地"（being serious）分别是希腊词σπουδαῖον和σπουδάζειν的翻译。相比英文简单的 seriousness，这两个希腊文拥有更复杂的语义范围。它们也意指热情、认真、急忙、繁忙、值得尊敬、努力、党派感或忠诚（作为στασιωτής［党徒］的忠诚），诸如此类（Liddell 和 Scott，前揭，στασιωτής词条）。Seriousness 涉及承诺、努力和紧张。有时候，它是可笑（γελοῖος）之事的反义词。在当前的语境中，它以一种看起来辩证的方式，涉及游戏或孩子气（παιδία）。② 人们想说，诸神严肃、成熟、慎重、有力，而人类及人类事务就是孩子般的东西。因而，《法义》的政制包括两个方面：由于它是政治的，它在传统意义上是严肃的；然而，由于它指向不断教育公民——这种教育的最重要形式是合唱队中的歌舞——它的目的和基础是一种游戏：诚然，不是可笑的游戏，但仍然是一种游戏。比

---

① 《尼各马可伦理学》，1141a20-22。［译注］中译本见廖申白译注，商务印书馆，2006，页175。

② 参 Friedrich Solmsen，《亚里士多德理想城邦中的闲暇与游戏》（Leisure and Play in Aristotle's Ideal State），载于 *Rheinisches Museum Für Philologie*，107（1964），页193-220，尤其页207-210。

如,可想想卷一那个难以理解的部分:雅典人指导克勒尼阿斯如何安排法律。雅典人说,"好东西"是双重的,有些属人(健康、美貌、力量和财富),有些属神(睿哲、明智、正义和勇敢——四枢德):"……应该告诉公民,给他们另一个等级的东西,乃是为了这些善,在这些善中,属人的向属神的看齐,而所有属神的善向领头的理智看齐"(631b3 - d6)。此外,雅典人认为,人是诸神的玩偶,"要么是为了当诸神的玩物,要么是出于某种严肃的目的——对此,我们一无所知"(644d7 - e1)。关于人类事务的中心问题,以及它们在整个宇宙中的位置,这些都是奥秘。确实,面对宇宙这个巨大的奥秘,人类事务相当渺小,与大全的关系也模糊不清。这里我们想起,在凝视"无限空间的永恒沉默"时,帕斯卡尔的焦虑。这种感受是平静(ataraxy)的证明吗?

虽然既有严肃也有游戏,但游戏似乎拥有某种优先性。罗森(Stanley Rosen)写过这样一段话:"作为人类,我们当然被迫严肃地考虑,什么东西不值得严肃对待……这是哲学与政治的区别。哲学是高贵的游戏,而政治不得不严肃对待"。① 对话行为本身,即三个老人的谈话,被雅典人描述为一种游戏或玩乐(685a7,769a1,对比723e1)。他们的游戏指向整体的优异及其领头的理智,出现这一切的语境是城邦的恰当法典,城邦要致力于培育这些东西。神圣始终涉及理智和睿哲。无论如何,诸神是整个政制及其法律的目标。

一般的观点误解了严肃和游戏之间的关系。在卷七中,雅典人将这种观点表述为,进行"严肃的事情是为了玩乐的事情"(802d2 - 3)。也就是说,战争是为了和平。然而,大多数人视战争为严肃之事,战争是斯巴达人生活方式的核心内容(参 625e -

---

① Stanley Rosen,《柏拉图的〈会饮〉》(*Plato's Symposium*),第二版,New Haven,1987,页 31。这里也可考虑《王制》中的开放场景,那里苏格拉底玩笑式地被迫陪同玻勒马霍斯(Polemarchos)及其朋友回家吃晚饭和交谈。看上去,这个场景是自然影像,其本身是政治哲学的处境。

626b），也是所有政治生活的压倒性事实。但是，这个主张内在需要强力和权力的终极优势，也需要"好胜"（φιλονιχία）的价值性或严肃性。在整个对话中，正是这种观点，雅典人努力证明其错误。有关人类事务的严肃性，这是最后一次交流。关于因政治生活的强有力争论产生的棘手之处，它告诉我们的跟任何其他柏拉图作品一样多。因为，墨吉罗斯（少有的爆发）回应雅典人对人类事务的讨论，就像自己受到侮辱一般："异方人哟，你在每个方面都贬低我们人类"（804b5-6）。"不必惊讶，墨吉罗斯哦，但请体谅我。因为刚才我说话的时候，我是转向神，并在那种体验的支配下谈话。所以，如果你们喜欢，就让我们的种族不是低等的，而是配得上某种严肃性"（804b7-c1）。这是对墨吉罗斯义愤的最终妥协，从中可以感受到顺从。

因而，人类事务配得上"某种严肃性"，但不是非常严肃。① 人们会不会责备，诸神不愿意过多干涉仅配得上"某种严肃性"的造物的事务？记住这次交流，就可以解释卷十中墨吉罗斯的几次缄默。只消说，雅典人使这样的诸神敞开了可能性，尽管他不鼓励公民以这种方式思考诸神。可是，这些神并非完全不活动，因为在某种意义上，他们确实有责任照管整个宇宙。即使我们设想诸神以有些冷淡的方式照管，诸神仍然是活动的，仍对最重要的事情负责。因此，我们可能发现，自己的责任是一个更大、更为高贵的事业的一部分，本身只有有限的严肃性。

陈述完这些论证，现在，雅典人提供了神话的咒语，它以一种柏拉图喜爱的形式出现——判决的神话。判决的讨论安排本身就很有意思，因为它涉及对大全的神圣照管（ἐπιμέλεια）。② 雅典人强调，诸神照管大全的拯救、美德和幸福（903b4-d1），在大全的共同善

---

① 参 Gunnell 的讨论，《政治哲学与时间》，前揭，页 221-223。
② 关于这个讨论，Stephanus 版本的译文在三页纸中，不下八次用了这个词或其变格。

中,每一个体都赋有大全分配给他的职责。神被比作一个下跳棋的奕手(903d5-6),把人分配到适合他们性情的位置上,由此确定他们的命运。因而,在这里,人类并非玩偶,而是诸神游戏中的棋子($πεσσοί$)。再一次,人类事务被视为不是完全严肃的,但与最严肃的事物相连。

说服

决定这个争论的问题也是伦理的:不义者的礼物和祈祷可向哪类神求情? 他们岂不会是不完美的诸神,鼓励人类从事卑劣的行为? 他们会是有德之人能够赋予赞美的诸神吗?

雅典人首先提醒克勒尼阿斯,诸神是统治者($ἄρχοντας$),掌管($διοικήσοντας$)天体(905e2-3)。如果诸神是统治者,那么,他们可以比作人类的统治者,但是哪种统治者呢? 雅典人提出若干可能性,全都强调斗争和紧张:马赛队的驭手,船只的舵手,军队的将领,"为照料身体而与疾病作斗争"的医生,或农夫,"提心吊胆地等待庄稼通常难以生长的季节"。这些斗争和冲突的意象是必要的,因为雅典人指出,"天体里充满许多好东西,也有许多坏东西",而后者的数量更多,因此,"这类永恒的斗争会持续下去,需要高度警惕($φυλακῆς$)"。同时,"诸神和精灵是我们的盟友,而我们终归是诸神和精灵的所有物"(905e5-906b1)。雅典人再次运用了战争意象,即一种善恶力量之间的天上决战(896e)。[1] 人类与诸神结盟,同邪恶战斗吗? 具体谁是敌人?

原来,敌人就是恶习本身。"不义和肆心,加上不明智,毁灭了我们,而拯救我们的是正义和明智,还有睿哲——这些品质居住在诸神注入灵魂的力量中,但有些人也可以清楚地识辨出,有一小部分居住在我们里面"(906b1-4)。雅典人继续说,有野兽般的灵魂,靠不义之财为生。他们企图用奉承话或咒语($ἐπῳδαῖς$)说服看门

---

[1] 参 Pangle,《柏拉图〈法义〉中的宗教政治灵魂学》,前揭,页1076。

狗和牧羊人,以便他们能沉溺于自己的贪婪($\pi\lambda\varepsilon o\nu\varepsilon\xi\acute{\iota}\alpha$, 901c1, 3),而不用遭受苛责。这是一种"瘟疫"和"疾病",它在诸城邦和政制中被称为"不义"(901c3-6)。一些人认为,对于通过祈祷和献祭赎罪的不义之举,神应该加以原宥。这些人相信,诸神愿意从不义之财中获得不义的回报。雅典人说,这就像狼从它们掠夺的羊群中,分一点儿肉给看门狗,狗便驯服了(906c8-d6)。这样的神是不道德的,甚至更坏——无疑,他们无法为人类行为提供好榜样。

这一暗示对克勒尼阿斯起了作用。雅典人返回与最初的人类原型的类比,而对这一类比的反讽式扩展,克勒尼阿斯以一种虔敬的义愤加以回应:呼吁要肃静($\varepsilon\dot{\upsilon}\varphi\acute{\eta}\mu\varepsilon\iota$! 906e11)。因而,观点很简单:人们确实不会认为,会受坏人的礼物打动的那些神值得人们赞美,更不用说崇拜了。照雅典人的看法,当前雅典社会关于神圣崇拜的观念,适合接受贿赂的神圣护卫者。然而,无疑,如果诸神像上述那些永远完美的灵魂,这就是荒谬的。确实,克勒尼阿斯认为,这样的想法是"不能容忍的言辞"($o\check{\upsilon}\tau\varepsilon\ \dot{\alpha}\nu\varepsilon\kappa\tau\grave{o}\varsigma\ \lambda\acute{o}\gamma\omega\nu$, 907b1),并把该想法和相信它的那些人描述为不仅不虔敬,而且是"最不虔敬的"。他重复了三次"不虔敬"这个词的变体(907b2, 3, 4)。说完这些话,雅典人形式上结束了论证。确实,或许是因为克勒尼阿斯强烈的义愤反应,雅典人开始有一点后撤。

后退一步,雅典人承认,他带着热情($\pi\rho o\vartheta\upsilon\mu\acute{\iota}\alpha$, 907c4-5),热切地($\sigma\varphi o\delta\rho\acute{o}\tau\varepsilon\rho o\nu$, 907b10)说出这些论证。他也承认,这是出于好胜心($\varphi\iota\lambda o\nu\iota\kappa\acute{\iota}\alpha$, 907b10, c2),但是要战胜"坏人"。确实,看起来,这种热切由一种渴望驱动,渴求阻止这些人通过向诸神的诉求,为他们的坏行为辩护(c2-4)。因而,血气并没有平息(参888a5-8,亦参本文第五节),这或许是因为,在关注这种问题上,不可平息血气。雅典人特别将肆心行为与不虔敬联系起来,而血气是面对肆心的自然精神反应。血气是正当的义愤,雅典人没有否认血气在其政制中的位置。当然,这种义愤本身也会导致无意的不义行为。有时,共同体对异见者的义愤,不是会导致迫害和不宽容吗?有时,血气不也会导致宗教审判(auto‑da‑fé)、断头台、涂柏油和粘羽毛①及私刑处死吗？这里，雅典人对血气力量的提示，直接导向他讨论不虔敬的实际惩罚。

十　惩　罚

对不虔敬的基本惩罚是监禁，但不虔敬者将和其他囚犯隔离。雅典人解释说，城邦将有三座监狱：一座靠近市场，关的是普通犯人，另外两座监狱为那些不虔敬的罪犯准备。一座靠近高级公共官员的夜间议事会($νύκτωρ\ συλλεγομένων$)会址，称为"感化所"($σωφρονιστήριον$,908a5)。② 另一座在某个偏僻和荒芜之地，"它的名称是个与惩罚有关的术语"。因禁在感化所中的，是真诚的不信者，而偏僻之所拘禁的，是那些欺诈成性的伪君子和宗教骗子。③

让人感兴趣的正是第一种类型，即诚实的不信者。因为，至少就有些人将卷十视为柏拉图背叛苏格拉底的解读来看，苏格拉底大体可归入这种类型。犯人被安排在感化所，为期五年。在此期间，他们不能同任何人说话，除了议事会成员。雅典人强调，这些犯人"不理智($ἄνοια$)，但没有坏脾气或坏性情"(908e6‑7)。议事会成员将"探望他们($ὁμιλοῦντες$)，以训诫并拯救他们的灵魂"(908e6‑909a5)。如果五年后，有人"看起来变得节制，就应该居住在节制的人当中，但

---

①　[译注]涂柏油、粘羽毛，是古代欧洲的一种私刑处罚方式，将受刑人全身涂上灼热的柏油，再粘满羽毛。

②　施特劳斯和 Pangle 都指出，这个词是阿里斯多芬《云》(Clouds)(1.94)中赋予苏格拉底"思想所"($φροντιστήριον$)的名称。施特劳斯，《柏拉图〈法义〉的论辩与情节》，前揭，页155；Pangle，《柏拉图的〈法义〉》，前揭，页535，注释42。这再次表明，那里发生的与其说是惩罚，不如说是哲学讨论。

③　雅典人给出的例子是：占卜者、术士、僭主、煽动家、将领、利用私人秘仪的密谋者以及智术师(908d3‑7)。

如果没有，他就应该再次受到判决，处以死刑"（909a6－8）。

这是雅典人告诉我们的全部，从中可以发现几个问题。首先，监狱本身的名字：感化所（Moderatorium）。这表明，囚犯的问题在于缺乏节制（moderation）。确实，能否被释放的标准是，他们是否看起来节制，并因此适合居住在节制的人当中。在这个语境中，节制的含义是什么？上面讨论过，肆心是不虔敬的动机因素，肆心的重要性提示了一种可能性。节制正是肆心的对立面，尤其是面对诸神的节制。节制表示对人的必死性的意识，以及对人自身智慧局限的意识：不全是非苏格拉底的态度。这引出了进一步的问题：在感化所中将发生什么。

雅典人根本没有描述感化所的内部工作情况和氛围，但人们很清楚，囚犯不可能在里面敲打岩石或制作车牌。我们能够获得的一些信息是，存在议事会成员的说教和劝诫。说教暗含某种对话性质，并表明不信神者将他们的想法置于议事会的审查之下。有可能，许多谈话的主要内容，正是雅典人向克勒尼阿斯和墨吉罗斯展示的那类论证。一些无神论者或异教徒可能改变，一些可能只是从城邦和法律的角度，认识到他们公开言说的不良后果，也就是说，他们将在言语方面变得"节制"。还有其他人，可能对以前观念的有效性产生怀疑，换言之，成为真正的不可知论者，在言语和思想上都变得节制。同样可以设想，对某些这类问题，议事会成员也可能克制自己的理解。与囚徒的谈话，或许会使囚徒相互之间打听议事会的质询，由此将诚实的怀疑者纳入哲学探究的体制化实践，这一实践由夜间议事会建立。

最后，有些人拒绝收回或嘲讽他们的观点，他们的情况如何呢？显然，五年之后，他们会和变得节制的囚犯一样，受到判决。那些被判定没有变得节制的人，显然不会释放。[①] 他们是否会受无限期监

[①] 这是 England 的看法，见 907a7。亦参 Saunders，《柏拉图的刑法典》，前揭，页 309－310。

禁？我们不知道。那些被释放之后重犯不虔敬之罪的人,将重新受审判。如果证实第二次犯罪,就会处以死刑。这个严厉的惩罚,不是用来处置监禁在"惩罚之地"的骗子,而只是用来处置那些累犯的怀疑者。显然,这种人的不虔敬或许还有他们的肆心,已经无药可救。关于这里的思考,雅典人没有给出更多的信息。苏格拉底会归为这种类型吗？

看起来,至少从他在《苏格拉底的申辩》中为自己的辩护来看,苏格拉底不大可能被控违反雅典异方人制定的法律。① 像《法义》中描述的那些公开的不虔敬行为,苏格拉底从未犯过,也从未吐露那里禁止的异端邪说。如果雅典受制于雅典异方人设计的法典,苏格拉底绝不会被控不虔敬。即使他受控告,对他的惩罚将是,将生命的最后几年用于跟一些人进行哲学对话,这些人的明确任务就是,研究苏格拉底终生致力于探究的那些问题。

十一　结论

对那三个标志不虔敬的论点,雅典异方人已经证明了其反面吗？严格来说,答案必定是没有。他所做的是在言行上展示,对于一个像他们三人一直在讨论的、目标指向美德的政制,不虔敬意味着什么。灵魂必然优先于物体,因为美德基于灵魂。一再重复提到,灵魂比物体更伟大,更值得尊重（697b,726a）。灵魂、美德与属神之善的特征,必定显示为先于属人之善,当然也先于纯粹外在的善,比如财富。这意味着城邦必须能够显示,灵魂先于物体,比物体更有权威。我认为,这就是为什么诸神存在的证明,实际上是证明灵魂对物体的优先性,因而也是证明理智对物质的优先性。法律和

---

① 参施特劳斯,《柏拉图〈法义〉的论辩与情节》,前揭,页2,对比 Yunis,《新信条》,前揭,页72。

政制的整个秩序,基于美德的优先性和公民所受的美德训练。政治是照管灵魂的技艺,因此也是照管美德的技艺。所以,归于诸神的荣誉,乃是归于美德、灵魂的健康及政制本身的荣誉。不虔敬者是肆心的,最终是不义者。他们大大危及政制及其追求的目标。如果不能使他们认识到这一点,就要把他们当作罪犯监禁起来,或送往一种"再教育训练营",在那里,城邦的最高官员更能够评估他们不信的本质和含意是什么。

同样,第二个不虔敬观点也损害了城邦的共同善,因为看起来,它效仿一种完全分离的诸神形象,这种分离用一个现代希腊语词来说是 ἀπραγμοσύνη[闲散]。这对城邦很危险,因为这要求所有城邦公民保持警惕,认识到法律对公民的公私生活具有权威性。如果没做到这点,那么,政制就不再追求属神之善,而开始腐朽。虽然法律的统治只是第二好的标准,但雅典异方人认识到,第二好的标准反映了人类境况的一些实质,尤其是在政治生活——即城邦多数人的生活——的情境下观察的时候。因而,不可接受诸神不关心人类事务的观点,因为这意味着人类事务并不重要,不值得严肃对待。事实上,它们配得上"某种严肃性",虽然并非"完全神圣的严肃性"。

最后也是最简单的,认为诸神会屈从于坏人的说服,会导致暗示,恶习可以得到奖赏,法律本身会支持恶行。这个论点当然会削弱法律的权威,并因此削弱城邦及其政制制度的合法性。然而,不仅如此,雅典人的论证大大攻击了那种机械的互易(do ut des)宗教习俗,①这种习俗跟后来异教的出现有关。雅典人又一次转向了灵魂本身,并将虔敬等同于正义,正义等同于整个美德,而两者都等同于幸福。这种等同并非是证据,也不能说,雅典人在《法义》中对它们给出了详细论证。

不过,神学的位置揭示了政治生活的诸多本质界限,尤其是一个致力于美德的政制下的生活。这样一种生活紧张而又充满风险,

---

① [译注]互易是指付出为了求得回报。

大多数现代政治学者拒绝这种政治。这种拒绝有其自身的风险。雅典异方人概述的那种政制也涉及风险,柏拉图似乎很清楚这点。关于哲学探究与得体政治之间的紧张,没有人比苏格拉底的朋友,《书简七》(Seventh Letter)的作者体会得更深。柏拉图不是政治的浪漫派。《法义》揭示了政治的各种可能性和风险,这种政治的目标是人的优异。然而,《法义》即便在卷十中,也不是单纯关于神学的论述,只是考虑诸神,《法义》的探讨超越了城邦自身的视域。对第二好的政制下的公民来说,他们追求真正优异和高贵,而诸神成了渴望的目标。因此,对于诸神的真正严肃探究,卷十提供了起点。在这个意义上,《法义》确实是柏拉图最虔敬的作品。

我们必须说,卷十包含功能主义者和正统的元素,但这二者都服务于城邦对超越自身的诸善的开放性。雅典异方人已经设法将哲学引入城邦,既通过参与法律的书写,也通过夜间议事会制度。可以说,哲学有助于城邦,但也可以说,城邦有助于哲学。不管怎样,没有清晰的方式分开哲学与神学,至少在雅典异方人所使用的这两个术语上。《法义》设计的政制,保留了哲学与政治之间的张力,城邦与其超越者之间的张力。就此而言,在政治哲学史上,《法义》代表着真正非凡的插曲之一。

一旦我们将《法义》作为整体,以它自身的说法来检视,就会发现,功能主义或正统这类范畴的价值非常有限。《法义》的神学论述有功能的维度。城邦的公共崇拜意在促进社会团结,确实,信仰灵魂的优先性支撑着城邦最宏大的抱负,亦即促进人的优异。研究灵魂和诸神的本质,这在城邦的位置上举足轻重,然而,这也是为了他们自身的利益。在某种意义上,诸神成了城邦的目标,激励城邦追求一种自我超越。同样,也存在正统的因素,因为,虽然城邦的权威神学是推理的,而且在有条件的模式中阐述,但仍(公开地)禁止某些信念。在这个意义上,神学既是城邦的基础,又是其目的,同时也是一项持续的事业。对现代政治思想而言,这产生了深刻的挑战。

《法义》中的政治与宗教

——一点初步反思

潘戈(Thomas L. Pangle) 撰

张清江 译

对于"现代"政治社会的本质,尤其是现代自由或"开放的"社会,任何全面的或理论的反思,都预设清晰理解了这种政治和社会制度与其他制度之间的区别。否则,我们进行科学理论化的每次尝试都仍然目光狭隘,甚至主观盲目。但是,我们马上会遇到一个方法论上的困难,关于诸多不同类型的最重要政治制度的知识,我们只能通过历史追忆获得。若借助一流政治科学家或理论家的作品获得这一解释,就能减少部分困难,大大提高追忆效果(使追忆更为精细)。单凭这个原因,柏拉图的《法义》就应该成为政治科学家的首要兴趣,对于非自由参与的共和主义(城邦)的诸目标,《法义》提供了详尽分析。

此外,关于这部作品对我们现代社会科学家的重要性,我们只要认真阅读《法义》,就会马上认识到另一个同样重要的原因。这部对话有一个关键主题(即便不是它的中心主题),那就是,探究政治活动与宗教——包括宗教信念、制度和仪式——之间的最好关系。今天,少有历史反思足以使人确信,宗教对政府干预的需求与政府对宗教干预的需求之间,存在截然不同的看法,这些看法最为清晰地区分了现代政治社会与大多数早期的政治社会,尤其是区分了自由共和政治与早期的共和制或民主统治的政体。

通过系统处理宗教和政治这一最重要的主题,柏拉图为我们提供了对前现代社会最异质的特征的分析。这种分析从一种视角出发,没有遭受扭曲的风险,这些扭曲反映了现代偏见。因此,可以恰切地期望,对于我们理解现代政治独有的或与众不同的特征,柏拉图的《法义》会成为最具启发性的资源之一。以下内容代表着尝试从字里行间获得启发的第一步。

首先,有必要从整体上简单提一下《法义》。《法义》是一部发生在克里特岛上的对话。对话者是一名叫克勒尼阿斯(Klinias)的克里特人,一名叫墨吉罗斯(Megillus)的斯巴达人和一个匿名的雅典异方人。三者都是老人,代表中道(moderation)及对传统和老年的尊重。这为整部戏剧定下了基调。雅典异方人取代了柏拉图对话中苏格拉底通常所处的位置。① 另外两个对话者来自当时被认为统治最好的城邦。② 作为老年人,作为得体和中道政制下的好公民,他们有所保留和勉强地追问或讨论不熟悉之物。对话由对酒的讨论引入,其主要目的之一就是打消这种顾虑,使他们敞开讨论比自己的政制中更好的东西(参施特劳斯,《什么是政治哲学?》,前揭,页30 - 32)。

墨吉罗斯这位最年长者(712c)③的特点是"言简意赅",但由于熟悉雅典人(642b),他不像大多数斯巴达人那样沉默寡言。他很少说话,除非讨论到斯巴达的事情。在一个重要地方,雅典人贬低了人类取悦神明的行为(804b),而正是此人表示不赞同。在这里和其他地方,雅典人表明,比起克勒尼阿斯,他与日常政治生活联系得更紧密。

克勒尼阿斯是三人中的第二年长者(参照892d),他说的远远

---

① 亚里士多德称他为苏格拉底(《政治学》[*Politics*]1265a12)。《克力同》(*Crito*)和《苏格拉底的申辩》(*Apology*)中的思考似乎表明这一点正确,参施特劳斯(Leo Strauss),《什么是政治哲学?》(*What is Political Philosophy?*), The Free Press,1959,页33 - 34。

② 参《克力同》52e5;亚里士多德《尼各马可伦理学》(*Nicomachean Ethics*)1102a11,《政治学》1273b25。

③ 《法义》的所有引文出自 J. Burnet 的版本,Oxford,1959。

多于斯巴达人墨吉罗斯。毫无疑问,这部分是因为他是他们所讨论的新政制的立法者。这个身份让他比墨吉罗斯拥有更广阔的视野,更大的革新愿望。但除此之外,大体说来,他看起来更加理智。

对话始于雅典异方人对克里特和斯巴达法律的探究(624 – 625)。雅典异方人表达了自己的看法,认为就快乐的节制而论,尤其有关饮酒快乐的节制而论,克里特和斯巴达的法律不如雅典的法律(634a 以下)。之后,对话转而探究善法和善法的恰当目的。他们视这个恰当目的为美德和有关美德的教育(631b – e, 641b – c, 643d – 644b)。诱导对话者检审了政治社会的起源之后,雅典异方人又引导他们发现,法律起源于更为根本的东西,即政制(πολιτεία)。政制由城邦中的统治集团建立,其特性与目的都由统治集团决定。统治者的品性决定整个城邦的生活方式。因此,对政制的抉择决定了城邦追求的目标和法律的特性(689e – 701b;亦参625a, 711b – 715c)。最好政制的问题引导了有关最好法律的对话。

在第三卷结尾,克勒尼阿斯表明,他是负责建立克里特新城邦的十个克里特人之一。克勒尼阿斯请求雅典人和墨吉罗斯跟他一起讨论新城邦的最好法律。结果,在谈话中,《法义》成了雅典人对完美城邦法典的展示。《法义》中的城邦与《王制》中城邦的关系得到了清楚表述(739c – e):十全十美的城邦没有私人财产,而《法义》中的城邦存在私人财产,因而只能是第二好或第三好的城邦。然而,这位雅典人谈到,最好的城邦仅适合于诸神或神子。因此,《法义》的城邦是最好的城邦,不需要人的行为如同诸神。于是,《法义》是柏拉图最"现实的"作品,或真正的政治作品。

《法义》中出现的政制是混合政制,其中寡头制的比重大于民主制(712d – e, 715b, 756c – d)。但它是一种贵族制,因为它的目标是美德。与此目标相连是《法义》最显著的特征。确立的原则是,法律必得有"序曲"——必须不仅仅是本质上不自由和专横的法律或命令,而且是适合贤人的理性劝谕(719c – 723d, 857d;对比《王制》327)。

即便是随意阅读《法义》,人们也能获得这样的印象:在对话中,诸神及与神圣相关的事物频繁出现,并在政制中起到重要作用。《法义》是唯一以"神"(god)一词开篇的柏拉图对话。对话本身发生在三个人走向神社(sacred cave)的路上,对话几乎取代了对神的敬意,而神本该是这一天赶路的最初目的(尤参625b和643a)。雅典异方人给克勒尼阿斯的法律当然不是神或诸神启示的法律。但是,根据雅典人的说法,这个法律从神圣支持中获得了大部分权威。着眼于这一特性,阿维森纳(Avicenna)甚至说,《法义》是一部关于预言的作品。① 在这个政制中,为什么诸神如此重要?该政制要求的是何种神圣信念?

虽然雅典人最终留出空间对诸神进行一定的探讨,但他的法律所需要的虔敬和信仰,基本上不立足于公民们理性探究的结果。毋宁说,这种信仰立足于传统和公认的意见,它不是理性的信仰。这一事实的依据在于,雅典异方人否认,法和对法的接受会是完全理性的。他暗示,不可能有"开明的"或理性的社会。尽管将法定义为变成城邦共同决定的推理(λογισμός)(644d),但雅典人马上指出,推理必须混合非理性才能成为法律:他对比了理性与激情对人的影响,两者是一条柔韧的金绳索与许多坚硬的铁绳索的对立。为了引导人的行为,理性必须受助于铁绳索或者说非理性的激情,因为几乎所有人的理性都受欲望误导。僭主或不义的生活并不比守法的生活更快乐(661 – 663),但由于大多数人的欲望和终有一死(ends),他们并不清楚这点。此外,除非说服人们相信,看不见的诸神保护他们今世的生活,并在死后提供一种可忍受的生活,否则,他们可能会感受到威胁,而不能为了共同利益牺牲自己的安全(645a,790e – 791d,828d)。雅典异方人甚至说,虽然理智(nous)的统治高

---

① Avicenna,《论理性科学的分支》(On the Divisions of Rational Sciences),收于 Medieval Political Philosophy: a Sourcebook, Lerner 与 Mahdi 主编,The Free Press,1963,页97。

于法的统治,但试图脱离法律进行统治的人,无法克制让共同利益从属于其私人利益(875a－e)。因此,对于旨在美德和共同利益的法律,人的爱慕在很大程度上必须依赖于有点非理性的习惯和习俗。古老的和传统的习俗必须得到尊重。稳定最为重要,千万不能提倡普遍的革新(656c,772b－d,797a)。必须依靠称为羞耻感的恐惧,引导人同低级的欲望斗争,并遵守法律和习俗(645a,729a－c)。儿童和年轻人尤其需要遵从这种羞耻感,因为年轻人的激情最强烈(659d,663b,729a－c)。如果相信礼法(nomoi)有着神圣起源,或者至少相信礼法为诸神赞许和认可,羞耻感就会加强,传统就会获得巨大权威。如果在过去的某个时候,诸神设立礼法或建议设立礼法,那么,祖先就更靠近诸神,甚至可能是神子;父母也更接近诸神,并且因为年龄和经验,更了解古老的传统事物。因此,尊重诸神就跟尊重老人和父母紧密联在一起(717a以下,762e,854d,879b－c)。

因此,用不着吃惊,我们会发现,《法义》最长的序曲是反对不敬虔法律的序曲。这是整部书所致力的唯一法律。考虑到我们上面概述过的政治要求,我们就不能期望,雅典人会给出有关诸神的完全真实的描述。但我们将看看,在他心目中,哪些公认的意见适合于可能最好的政制。在古代哲人中,这位雅典人对最好城邦应有的信念的阐述,是我们今天能看到的唯一以完整形式呈现出来的阐述。在政治哲学的传统中,唯有卢梭(Rousseau)给出了另一个这样的阐述(《社会契约论》[*Social Contract*],第四卷第八章)。在这一点和其他一些重要方面,卢梭回到了对城邦(polis)之优越性的古典理解。他看到,法律和义务需要神圣的支持。他的有益术语"公民宗教"(civil religion),①强调城邦关于诸神的观点的政治品性。卢梭首先将公民宗教区别于基督宗教,其次区别于"人类的宗教"(la

---

① 这个术语显然源自瓦罗(Varro)的术语"公民神学"(civil theology):奥古斯丁,《上帝之城》(*City of God*),VI 5 以下。

religion de I'homme)。这些区分并非来自柏拉图,但并不与其思想不相容。大体说来,《社会契约论》的公民宗教信条跟卷十雅典异方人要求的信念相同:"全能的、睿智的、仁慈的、先知而又圣明的神明之存在,未来的生命,正直者的幸福,对坏人的惩罚,社会契约和法律的神圣性……"(页335)①稍后,我们会指出卢梭和雅典异方人的分歧之处。

卷十的直接背景是《法义》的刑法典。讨论了对抢劫庙宇、叛国、谋杀和其他各种暴力的惩罚之后,雅典人转向对年轻人的肆心(hubris)的惩罚,尤其是对肆逆诸神的惩罚。雅典人为什么选择这种语境讨论神学,原因并非显而易见。②

为什么雅典异方人对诸神存在的证明出现在刑法典的语境中?或许最简单的原因是,好公民视诸神存在为理所当然之事。犯罪者挑战法律,挑战法律背后的诸神,正是他们迫使城邦面对诸神存在的问题。但根据语境,在刑法典的结尾,雅典异方人也指出,为了支撑刑法,城邦迫切需要详细说明诸神的本质。正如雅典人经常提到的,只有抓住罪犯,城邦对罪行的惩罚才有效。由于城邦及其行政官无法洞察人的内心,不能指望他们能侦破所有罪行(更不用说,他们有时可能判错了罪)。如果要让刑法典真正公正,使潜在的罪犯感到恐惧,惩罚所有的犯罪者,并满足好公民的道德义愤,那么,就必须运用今生或来世的神圣惩罚加以强化(870e,871b,872e,880e,881a,还有913d,917a–d,931e,958d–959c)。③ 因而,这个语境是

---

① 所有的法文引用都出自《社会契约论》第四卷第八章,页码依据1960年的Garnier版本。[译注]中译本见何兆武译,商务印书馆,2005,页182。

② 一些学者认为,这个语境的古怪,乃是《法义》没有经过最后润色的一个标志。比如,参Maurice Vanhouette,《柏拉图〈法义〉的政治哲学》(*La Philosophie Politique de Platon dans les Lois*),Louvain,Presses Universitaires,1954,页14,17。

③ 参见Jules Simon,《柏拉图和亚里士多德的神义论研究》(*Etudes sur la Theodicée de Platon et d'Aristote*),Parist,1840,页269。

理解卷十的钥匙之一：[诸神存在的]证据首先是为了支持刑法典。三个证据中的核心证据是，诸神惩罚不义者，存在冥府。

雅典异方人着手讨论不敬虔时说，年轻人的肆心源自三个错误观念：(1)诸神不存在；(2)诸神存在，但不关心人类；(3)诸神存在，并关心人类，但可以收买。从这三层区分中，卷十的计划显现出来：雅典人将按照这个顺序，逐一驳斥这些观念。然而，在第一个驳斥之前，有一部分致力于清除某些障碍，以便自由讨论诸神。接下来，我们将试图揭示第一部分的部分意图。说到不敬虔的年轻人时，雅典人指出，他们的观念涉及他们的肆心和放纵（$\mathit{\dot{\alpha}κολασία}$, 884a6）。对于他们的观点，雅典人不屑一顾。此后，克勒尼阿斯问，应该对这些人"做甚或说点"什么（885c1）？在关于惩罚的讨论中，这是他第一次提问。他在沉默了九页之后开口（876a – 885c），问这个问题，并在"说"之前提到"做"，这些都表现出某种义愤和惩罚这些人的渴望。他没有建议对三种不同的不敬虔观念给予不同惩罚（对比他在857b的疑问）：在他看来，这三种全都同样糟糕。

此后，雅典人要求，首先听听那些"戏谑和轻蔑"的年轻人们会对他们说什么。或许是为了稍微缓和一下克勒尼阿斯，雅典人指出，这些年轻人称呼老年人为"异方人"（strangers）。由此提醒克勒尼阿斯，他们现在并非坐在审判席上审判这些年轻人。不敬虔的年轻人诉诸理性序曲的原则，要求展示他们何以错了。他们指出，众多权威，包括那些据说最好的诗人都教导，诸神可以收买。由于这种权威性，大部分年轻人接受了这种教导，而另一些人则完全拒绝这些神明。正如雅典人所指出的，对诸神的传统看法需要澄清。然而，他并没有以自己的名义提出这个问题。因为，正如克勒尼阿斯不耐烦的评论所表明的，对于诸神本性的问题，他只能逐步获得一种冷静的思考。

在对不敬虔观点的这一刻画中，雅典异方人向他们展现了大部分带有不义欲望的年轻人（他没有提到相信诸神但不信神意的人，这些人后来被呈现为正义者——899d6以下）。他没有指明，这些年轻人有任何关于诸神的成熟观点。因此,克勒尼阿斯对他们相当蔑视,并受引导为诸神的存在提供证明。

克勒尼阿斯的证明并非立足于奥林波斯诸神,而是基于天体诸神(heavenly gods)和事物的自然秩序。由此,克勒尼阿斯为卷十设定了基调:除了两个"以宙斯的名义"起誓之外(891c7,895d1,对比904e4),没有提及任何奥林波斯诸神的名字。在《法义》早些时候,雅典人说到过诸天体的神圣秩序(820a 以下)。虽然克勒尼阿斯可能回想起这一点,但他避免提及奥林波斯诸神,似乎并非因为他是"哲人式的"(philosophic)。毋宁说,这看起来表明,克勒尼阿斯意识到,不敬虔者认为关于诸神合理性和正义的传统表述存在困难,这种看法含有某种真实性。① 审慎的人被要求论证诸神存在时,会转向可见秩序和可见的"最高物"。而且,可见秩序的合理性使各民族之间产生某种一致性,而这种一致性又会加强合理性的表象。② 在卷十中,雅典异方人揭示的关于天体诸神的自然神学,就出自对话中非哲人的克勒尼阿斯的常识(尤参886d4)。

此时,雅典异方人给了克勒尼阿斯若干意外的第一个。雅典人指出,克勒尼阿斯的证明不充分,因为他低估了无神论者。克勒尼阿斯相信,无神论者全都受不能节制快乐和欲望所驱动。雅典人说,克勒尼阿斯的这一信念并不正确。与最初给人的印象相反,此处雅典人表现了对无神论者之论证的尊敬。在雅典,通过某些诗人和散文家的作品,这些有力量的论证为人所知。雅典容许这些作品的存在。对克里特人和斯巴达人来说,由于"政制的优异",他们不清楚这些论证(886a11)。

---

① 参 636d 宙斯拐走伽倪墨得斯(Ganymede)的故事。
② 常识性的合理性、认为天体是诸神的一致性,见《苏格拉底的申辩》26d,《克拉底鲁》(*Cratylus*) 397d,《厄庇诺米斯》(*Epinomis*) 987a;亦参《申命记》(*Deuteronomy*) 4:19;西塞罗,《论神性》(*De Natura Deorum*) II ii;阿里斯托芬,《和平》(*Peace*)406。

对无神论的这些论证，斯巴达人和克里特人一无所知，因为存在审查制度。由于雅典人称赞了审查制度，我们就被迫想知道，对这种令人堕落的论证，他为什么想引入最好政制的法典之中。部分原因可能是，新城邦公民的教育对音乐和诗歌的强调，远远超过斯巴达或克里特的教育（尤参680c）。因而，他们会更多地接触这些危险作品。但是，跟斯巴达和克里特一样，新城邦拥有严格的审查制度，也会像其他任何克里特城邦一样孤立。要恰切理解雅典人为什么引入这些论证，必须考虑卷十后面的内容：最终，在雅典人的引导下，在一个非常理论或哲学的层面上，克勒尼阿斯及其城邦遭遇到了反对法律的论证。雅典人的兴趣超越了仅仅为大多数人的刑法典提供支持。他想要帮助城邦保卫自身，不仅能面对那些最常见、当前最严重的攻击，而且能面对那些在原则上最严重的攻击，以及那些可能引诱少数最有理智的年轻公民的攻击。不过，他关注的不单是防御法律受攻击。他希望让城邦的意见尽可能真实，尽可能合乎事物的自然本性。雅典人引入并试图反驳这些论证，表明他自己愿意接受呈现在所有"序曲"中的形式严重的风险：为法律给出理由，会削弱法律纯粹专断的特征，并鼓励公民沉思这些理由的正当性（尤参888c9）。

雅典人决定面对无神论者的严肃论证，因而，没有一个逐步、广泛的准备，他不可能带领非哲人的克勒尼阿斯和墨吉罗斯进入这种理论讨论之中。对论证本身的长篇引介本身就是这样的准备。

雅典异方人决定直面对公民宗教的严肃反对，这是《法义》的公民宗教与卢梭《社会契约论》的公民宗教之间最显著，可能也是最重要的区别。在表述公民宗教的信条之前，卢梭说，"公民宗教的教条应该简单，条款很少，词句精确，无需解说和注释"（页335）。①毋庸置疑，卢梭认识到，"解说和注释"需要哲学或某种接近哲学的东西出现在他的最好政制中。他并不希望，最好政制的实现要依赖

---

① ［译注］中译参卢梭，《社会契约论》，前揭，页181－182。

于哲学或理论智慧在那个政制中的出现。因而，卢梭从人类宗教（"真正的宗教"——页331-332）中区分出了公民宗教。与卢梭的这一对比有助于我们认识到，雅典异方人理解的公民宗教的目的，不仅仅是一种"社会性的感情，没有这种感情，一个人就不可能是良好的公民，或忠实的国民"（页334）。① 可以说，雅典异方人试图使公民宗教越来越接近人类宗教。

---

① ［译注］中译参卢梭，《社会契约论》，前揭，页181。

《法义》中的宗教政治灵魂学

潘戈(Thomas L. Pangle) 撰
张清江 译 林志猛 校

引 言

我们转而密切注意柏拉图的《法义》,这为何如此重要？研究这部古代作品,何以有助于我们应对现代民主制的困境？我们发现,自己是富有而强大的政制中的公民,这些政制控制着庞大的动态社会。但变化步骤的加快,运动感的增强,伴随着目的感和方向感的急剧下降。我们可能会公开质疑,我们的财富和自由是为了什么。什么类型的男人和女人,什么样的生活方式,才应该是这些自由和财富的"使用者"？20世纪的西方社会,盛行一种自由主义。这种自由主义想要把这类目的问题,纳入私人的亚政治(subpolitical)领域或"社会的"决断。考虑到这点,发现如下情况便不足为奇。为了应对这种困境,人们开始大量思考替代自由民主制的问题。但是,这种思考并不限于进行革命性变革的党派,也不应当局限于此。事实上,这种思考是政治哲学的恰当任务。而依据定义,政治哲学几乎是非党派的。对替代方案的研究——反思其优点、长处和短处、未来可能的改善,或当前民主制的危险——如果要产生真正的政治知识,只有靠一种开放和富有想象力的理性实验精神的指引,而非采用信守(commitment)的态度。对于人类的需要——政治的、社会的或个人的需要,我们感到好奇。在当今政治世界中,这些需要可能没有得到满足,甚至可能没有被发现。不过,在现代语境中,能否不用冒着产生更大不满的危险满足这些需要,对此,在研究开始之前,我们无从得知。或许,对替代方案的哲学探究,只会让人更加清楚,在现代技术化的大众社会中,所有政治热望都存在根本的局限。另一方面,我们的目标是理解最好的东西。很可能,对这个目标来说,这种研究会有些帮助。朝着这个目标前进,至少能确保我们公共生活的些许改善。

如果决定要严肃探究共和制对自由主义的替代方案,那么,我们必然会走向历史研究,因为,唯有这些研究向我们展露了共和主义的整个范围。这个范围远远超过当今的种种体系——自由主义、民意和马克思主义体系——的界限。如今,或许历史上最有吸引力的共和政制——几乎每个时代都有其仰慕者——乃是古典城邦。我们很容易产生怀疑,在某些城邦(poleis)中,人们拥有经验并运用了能力,而在今天的社会生活中,这些经验和能力的匮乏,导致了我们的大部分挫败和无目的性。然而,正是这个激起我们强烈兴趣的怀疑,可能遮蔽我们的视野。我们渴望找到某种具体的东西,我们觉得,在今天的公共生活中,这种东西正在消失。但与此同时,我们也很容易忽略城邦的一些因素。我们很快就会发现,这些因素不讨人喜欢。不过,看起来最陌生的那些特征之所以如此,只是因为我们无法理解它们。而这种不可理解性,可能正是最确定的标志,表明这些特征是政治生活的因素,而我们却忽略了它们。在思索古典理论家赞扬而我们反感的东西时,或许,我们会发现灵魂与政治相关的地方,发现灵魂的需要,而对我们今天来说,这些都只能模模糊糊地看到。

正是出于这些考虑,我们转向研究柏拉图的对话。关于最好的城邦,柏拉图的对话包含着最细致的经典介绍。我认为,政治科学家们极少研究《法义》,并且即使研究,看起来也相当生疏,主要原因就在于,过于强调遍布这部作品的诸神和"宗教"。柏拉图笔下的主要对话者(一位上了年纪的"雅典异方人")提出的法律,肯定不是受神启;但同样确定的是,这些法律的提出,始终考虑到神。在柏拉图作品中，只有《法义》在字面上以"神"这个词开篇。对话的场合，是在三位老人前往神社的朝圣之旅上。看起来，对话取代了对那个神社之神的敬意（参625a，643a）。① 如果把这延伸，与《王制》（Republic）对比，人们可能会比喻说，在《法义》中，克法洛斯（Cephalus）从未离开，而他的儿子们仅仅在卷十中出现。我们越多读《法义》，就越倾向于认为，对柏拉图来说，政治科学与某种神学密不可分。② 这一点的全部意义会对我们显露无遗，一旦我们将这一看法与现代共和理论哲学根源所持的宗教观加以对照。无论人们考虑的是现代性理论的第一波（斯宾诺莎［Spinoza］、洛克［Locke］、孟德斯鸠［Montesquieu］），还是第二波（康德［Kant］、黑格尔［Hegel］、马克思［Marx］），很明显，"神学—政治问题"，或从实际来说，宗教对政治影响的减弱，被视为政治科学关键的初步任务。确实，无论发起启蒙运动的思想家，还是使其变得激进的那些人，他们批判的矛头主要是对准犹太—基督教的政治神学。同样真实的是，在同"黑暗王国"的斗争中，他们经常援引希腊和罗马的哲人作为盟友。他们发现，异教徒在反思政治与宗教的关系时，更加关注政治。就此而言，他们是正确的。但是，不用依靠库朗热（Fustel de Coulanges），只要细心阅读经典文本本身，我们就会发现，启蒙运动将神学与政治理论分开，归根结底是针对古典思想的，也针对中世纪或圣经的思想。

现代观点认为，当公民从宗教的"神话"中"解放"出来时，政治生活才会变得更健康。柏拉图对这种看法的拒绝，不逊于阿奎那。

---

① 如无特别说明，出处依据Stephanus对柏拉图《法义》和其他对话的标码。所有引文皆为笔者所译。笔者用的是John Burnet的版本，《柏拉图全集》（Platonis Opera），五卷本，Oxford，1907。

② 阿维森那（Avicenna）甚至说，《法义》是一部关于预言的作品，参《论理性科学的分支》（On the Divisions of the Rational Sciences），见Ralph Lerner和Muhsin Mahdi编，Medieval Political Philosophy: A Sourcebook, The Free Press, 1963，页97。

但是,他为什么要这样做? 柏拉图的理由,肯定不同于基督教的理由,甚至也不会跟卢梭一样,①虽然这一切理由可能共享某个共同的基础。要找出柏拉图的理由,更令人满意的做法是,找出他对下述问题的解释,即他所理解的政治与宗教间的最好关系是什么。而通过《法义》卷十呈现的戏剧性交流,柏拉图正是要告诉我们这点。密切关注这个部分的戏剧,对于柏拉图政治理论中我们可能最陌生的特征,我们就有希望发现柏拉图(灵魂的、政治的和超政治的)理由。如果做到这点,我们甚至可以引入一种新方法,对治本世纪某些最严重的政治疾病,因为,如果柏拉图正确的话,所有现代思想就都忽略或曲解了政治生活的一个绝对根本的维度。

对于我们接受或拒绝《法义》作为一个整体的教导,卷十的主题很重要;而克勒尼阿斯这位未来的立法者自称,卷十的讨论是"一切法律最好的序曲"(887c1)。考虑到这些,实际上,忽略前九卷,从第十卷开始,也就并非不合适。尽管如此,我们必须留意当前的语境。雅典人在详细阐述刑法典行将结束之际,为"公民宗教"做了辩护——乍看起来,就柏拉图对神学最广泛的处理而言,这个位置非常奇怪。② 但事实上,这个语境是神学解释的关键之一:卷十中三个证明的主要功能,就是支撑刑法典。卷九经常提到,只有抓到罪犯,刑法典才有效。但行政官无法洞察人的内心,因此也就无法查明所有罪行(更不用说,他们还可能惩罚无辜者)。如果要恰当地震慑潜在的罪犯,并让公民们相信,刑法典确实是正义的,那

---

① 笔者已试图阐明,卢梭在《社会契约论》(*Social Contract*)中对"公民宗教"的看法,不同于柏拉图在《法义》中的看法,见《柏拉图〈法义〉中的政治与宗教:一些初步反思》(Politics and Religion in Plato's *Laws*:Some Preliminary Reflections),载于 *Essays in Arts and Science*,III(1974),页 19 – 28。

② 根据 Vanhoutte 的看法,这个语境的特殊性,是柏拉图没能恰当修订这部作品的明证。Maurice Vanhoutte,《柏拉图〈法义〉的政治哲学》(*La philosophie politique de Platon dans les Lois*),Louvain,1954,页 17。

么,在今生或来世,必须有神圣的处罚。① 卷十的核心论证是,证明冥府(Hades)的存在,诸神在那里惩罚不义者。神学的这种惩罚特性,其进一步的"灵魂学"含意很快就会出现。

就目前而言,更重要的是要注意,在这里,雅典人的兴趣不止是阻止普通民众的犯罪。他关注的是一小群人:不虔敬而又肆心的年轻人。他甚至认为,这些人背叛了生活。通过向这些年轻人演讲,雅典人在对话之内又创造了一个对话。目前为止,前一个对话的参与者,年纪都非常大。看起来,雅典人的神学意在挽救那些年轻人,不虔敬败坏了他们的心灵。他们的不虔敬有三种类型,基于三种错误的看法:(1)诸神不存在;(2)诸神存在,但不关心人类;(3)诸神存在,且关心人类,但可以收买(885b6-9)。从这三重区分出发,卷十的计划是:以此顺序,雅典人逐一反驳这些信念。然而,在进行第一个反驳之前,有一部分内容致力于清除某些障碍,这些障碍阻挡着所有对诸神的论证。

驳斥无神论者的序曲

885c1-886a5:放弃宙斯

雅典人以一种恰当的轻蔑口吻,介绍了那些肆心的年轻人。听到这个介绍,年老的克里特治邦者克勒尼阿斯,打破了九页纸的沉默(876a-885c),愤怒地问,"该对他们做甚或说点什么"。雅典人用一个安慰性的称呼回答他,并提议,先来听听他"预想"那些"讥

---

① 参865d,870e,871b,872,874,880-881,913d,917a-d,931e,958d-959e;参 Jules Simon,《柏拉图和亚里士多德的神义论研究》(*Etude sur la theodicée de Platon et d'Aristote*),Paris,1840,页269;Victor Martin,《柏拉图〈法义〉卷十对无神论者的谴责》(Sur la condamnation des athées par Platon au Xe Livre des Lois),载于 *Studia Philosophica* II(1951),页105-106。

笑并蔑视"他们的年轻人会说什么。雅典人呈现的年轻人称老人们为"异方人",这是冷静地提醒克勒尼阿斯,他们不是坐在审判的位置上。年轻人要求,用理性的劝谕说服他们,而且,他们把自己的罪行归因于最优秀的诗人、演说家、占卜者和祭司的影响,这些人全都教导说,诸神可以收买。雅典人小心翼翼,没有以自己的名义说一句话,但他已经提醒克勒尼阿斯,所有传统的神学权威都面临着巨大困境(参636d,886c,941)。同时,我们开始认识到,雅典人想要教给我们的是他自己的神学修辞技艺。有没有可能,雅典人在神学上的真正对手,不是年轻的叛逆者,而是年老的守护者?

雅典人将不虔敬者的第二个特征描述为,大部分年轻人有着不义的欲求和不成熟的理论(他没有提持有这种重要意见的那群人,参899d6以下)。因此,克勒尼阿斯非常蔑视他们,并提供了诸神存在的证明。但没有任何反抗,他就放弃了对荷马诸神(Homeric gods)的辩护,反而将论证基于大地、太阳和其他天体之上,奠基在这类事物的自然秩序之上。因此,受诱导的克勒尼阿斯设定了卷十的基调:除了两处"凭宙斯"的起誓之外,再未提及奥林波斯诸神的名字(891c7,895d1;对比904e4)。虽然克勒尼阿斯可能回想起,雅典人先前谈到的天体甚至"行星"的神圣秩序(820a以下),但他避免提及奥林波斯诸神,并不一定是源于"哲学",乃至源于不信奥林波斯诸神。因为在这里,克勒尼阿斯表明,无论哪个民族,一个审慎的人要论证诸神存在,都会转向可见的秩序及可见的"最高物"。这一步的合理性,在所有民族间产生某种一致性,而这种一致性又强化了合理性的表象。①

---

① 对比887e2-7;《苏格拉底的申辩》(Apology of Socrates),26d;《克拉底鲁》(Cratylus),397d;《厄庇诺米斯》(Epinomis),987a;西塞罗,《论神性》(De Natura deorum),II,ii;阿里斯托芬,《和平》(Peace),406;尤其是《申命记》(Deuteronomy),4:19。亦参Edwin Bourdieu England笺注,《柏拉图的(转下页)

天体诸神的自然神学,源于非哲人的常识。①

886a6 – 887c4:"城邦的申辩"

接着,雅典异方人给了第一个意外(还有好几个),让克勒尼阿斯觉得惊讶。不同于一开始给人的印象,雅典人开始表达对不虔敬者论证的敬意,并否认说,他们的动机全都很恶劣。他突然告诉克勒尼阿斯,由于不熟悉雅典人众所周知的某些著作,导致克勒尼阿斯低估了年轻人的深刻推理,这些推理支撑着不虔敬的年轻人的论点。不经意间,克勒尼阿斯就已经陷入对这些推理的反驳之中。在这里,雅典人称赞说,由于"政制的优异",对于无神论的有力论证,斯巴达人和克里特人一无所知(886a11)。这迫使我们想知道,他为什么要把这些败坏人的论证,引入克里特新政制的法典之中。雅典人似乎既是年轻人的败坏者,又是他们的拯救者(参680c,634d – e)。雅典人的公民神学意在捍卫一些意见,这些意见对产生好的公民关系必不可少。但是,为了推动城邦意见走向真理,他宁愿冒险

(接上页)《法义》》(*The Laws of Plato*),两卷本,Manchester,1921,887e2。William Guthrie 的讨论,没有考虑到《法义》的这些章节,也没有考虑到《苏格拉底的申辩》中那节,参《希腊人及其诸神》(*The Greeks and Their Gods*),Boston,1955,页211 – 214。

① 篇幅有限,不容过多展开,我们应注意的是,在克勒尼阿斯的证明中,看不到所有神奇、神秘和神圣感——奥托(Rudolf Otto)称之为"敬畏感"。这种缺席是卷十的整体特征。这种缺席是否表明,在尝试理解"宗教经验"及其暗含的全部政治学意味时,柏拉图存在缺陷?我们现在不考虑这个问题。要回答这个问题,除了其他方面以外,需要连贯地反思"神圣"与柏拉图的苏格拉底谈到的"精灵"之间的对比(参885c3)。奥托在讨论歌德的魔鬼概念时,为这种反思初步做了准备,《论"神圣"》(*The Idea of the Holy*),John Harvey 译,London,1972,页150以下。在此可考虑,Gershom Scholem,《论卡巴拉及其象征》(*On the Kabbalah and Its Symbolism*),New York,1965,页88以下;Hans Jonas,《诺斯替宗教》(*The Gnostic Religion*),Boston,1963,第10章,尤其页250 – 255。

削弱这种辩护。统治城邦的睿智的父亲们,有着克勒尼阿斯和墨吉罗斯那样的天性,没有渐进和广泛的准备,他们就无法面对这种挑战。在某种程度上,论证的长篇导言本身,就是这种准备的典范——未来拥有像雅典人这样天性的人,要倾听并学习追随这个典范。

支撑那些不虔敬的年轻"雅典人"的最重要的作品,不属于古代诗人,而是属于"新人和聪明人",这些人宣称,天体不过是石头和泥土。当然,这些人及其学生并没有暗示,诸神可以收买。不知不觉地,我们几乎已经丢下了"大多数"不虔敬的年轻人(参885e),转而将注意力集中到一小部分激进的无神论者身上。面对这种对立,克勒尼阿斯表现出某种惊愕,这也可以理解。

因而,此刻,虔敬的雅典老人第一次提出他们放弃的建议。他问道,他们是否应该在法庭上为自己申辩($ἀπολογέομαι$),反对无神论者控告他们说,作为城邦的代表,他们正在行"可怕之事"?或者,他们是否只要简单地设立惩罚,不用多费力气?这种提问方式给人的印象是,无神论者正站在道德乃至法律的制高点发言。对于讨论的进行,雅典人只提到一个问题:这个讨论必会相当长。雅典人以如下方式呈现了这种处境:他希望克勒尼阿斯能鼓励他继续讨论——在"聪明人"及其学生的法庭前,继续为"城邦申辩"。①

对于演讲所需要的长度,雅典人表达了自己的预计。这样,他诱导克勒尼阿斯提醒他们想起,序曲所有公认有活力的形式,乃是适合自由民的冗长而理性的劝谕,而非适合奴隶的草率言辞(仅仅是法律)(719c – 723d,857d)。继而,克勒尼阿斯满怀激情地描绘

---

① 此处可参柏拉图的整部《苏格拉底的申辩》,施特劳斯(Leo Strauss),《什么是政治哲学?》(*What is Political Philosophy?*),Glencoe,1959,页32 – 33。Diès对这节的评注天真可爱,见柏拉图,《全集》(*Oeuvres complètes*),卷12,A. Diès编译,Paris,1956,页144。

了信仰诸神的政治需求。他两次提到"劝谕",但不再提"真理"。①雅典人准备面对并且试图抑制的,正是这种虔敬的激情。

887c5–888d6:"血气"

在整个卷十最长的演说中,雅典人没有继续他的证明,而是恳求老年人和年轻人的节制。这篇演说内容的更伟大之处在于极富有同情心地提议,老年人应该平息自己的"血气"(θυμός)。(θυμός最初意指怒气,或更宽泛地讲,指"血气":717d,731a 以下,863b,866d,934d)。雅典人注意到,克勒尼阿斯的言辞充满热情(πρόθυμος),好像在召唤祈祷。之后,他要他们考虑,如何能平心静气(μὴ θυμῷ,887c7;ἄθυμος,888a5)地谈论,并平息血气(σβέσαντες τὸν θυμόν,888a6)。② 因此,雅典人指出,关于诸神的"对话"(888a6),最大的障碍就是血气。他急切的关注似乎说明,血气是我们所谓"宗教热忱"的核心。看起来,反驳无神论者的序曲不止是神学修辞的典范:通过戏剧,它探究了这种修辞之所以必要的灵魂学原因。

雅典异方人为什么要暗示说,血气是灵魂的元素,是宗教热忱的根?柏拉图的"宗教灵魂学"如何把宗教激情的根追溯到怒气或血气上?他为何要这样追溯?我们先考虑,怒气依靠什么达到其目标,即惩罚。让我们回忆一下,我们对这种神学语境的评论。记住当前这段话,我们意识到,人们求助诸神,首先是要支持刑法典,这一事实不只是出于立法者想要抑制坏人的愿望,那甚至不是主要原因。所有正派公民的道德义愤,迫切需要诸神报复不义行为。立法者服从这个政治灵魂学的事实。在《法义》前面的内容中,我们知道,作为道德义愤的根源,血气实际上是好的公民身份的核心:"一

---

① 对比 887b6 c3 与 885e7,并参 England 对后面那节的评论。

② 在这次演说中,θυμός及相同词根的词共出现五次(887c6,c7,888a4,a5,a6),使得这里成为柏拉图提到θυμός最多的地方之一。《王制》有两个地方提到最多,第一处正是发生在详细阐释神学之前(《王制》375a–376c)。

个尽其所能帮助长官进行惩罚的人,是城邦中的伟大之人,完美之人,应宣布这个人是美德的胜利者……"(730d5 - 7)。现在,我们看到,雅典人把这种惩罚的欲望,放到狂热的虔敬者心中。①

但就连这也只是情况的一部分,因为惩罚的欲望只是柏拉图所谓的血气的一部分。首先我们需要回到表面,看看雅典人在这里做了什么。在一个充满激情的演说中,对于年轻的不信者身上怒气或血气的论证,雅典人用实例证明了它的力量。他表明,否定诸神暗含着否定生养和教育自己的父母——而且,不仅是他本人的父母,还包括世界上所有的父母。雅典人的演说没有提到传统的奥林波斯诸神,显然,他无视先前告诉我们的事实。确实,他似乎在说,世界各地崇拜的诸神,都只是天体。他甚至说,"即便拥有一丁点理智的人也会承认,没有哪一个充分的论证"能否定其父辈的诸神(887e8)。接着,雅典人继续用这种尖锐的语调宣布,那些不信者仅仅是受"贪图快乐"驱动(888a3)。

雅典人并非"随便说说"。毋宁说,对于克勒尼阿斯以及所有发现并沉思此问题的人,他正在揭示义愤的盲目力量,义愤会支持人们顺服于父辈的诸神。在血气的全部活生生的力量中,雅典人把它带到我们面前。这样,他让我们完全意识到,必须克服什么。如果想要理解虔敬、血气与家庭间的联系——如果想要完全理解,在何种意义上,血气是诸神的来源——那么,我们需要根据柏拉图对血气的其他说法,来反思这段话。

根据《王制》的说法,血气是灵魂的三部分之一,不同于理性和欲望。它最初被理解为怒气,但它表现为一系列现象,包括自命不凡、好竞争、喜欢荣誉、勇敢和羞耻,或者是这些现象的来源。由于苏格拉底坚持城邦与灵魂间的平行,《王制》对血气的分析就有点

---

① 参 William James,《宗教经验种种》(*The Varieties of Religious Experience*),New York,1964,页341:"从实际来说,上帝的最重要属性是其惩罚的正义。"

含糊不清。在城邦中,血气位置很高,这歪曲了对灵魂中血气位置的讨论。① 要达到本真的理解,我们最好跟随柏拉图的暗示,从分析怒气简单而平常的形式入手。② 怒气紧随着挫败的欲求。我们欲求某个好东西,朝那个好东西前进,然后受到了阻碍,此时,一种情感就会出现,它鼓动我们克服障碍,实现欲望。逃离恶的过程中受到阻碍时,我们也会产生这种情感。这种情感就是血气。血气首先是一种要战胜的冲动,或者,按阿奎那的说法,它是对很难获得的好东西的回应,这种回应服务于欲望。③

这种情感的第二个要素,是一种自我意识。在朝欲求的好东西前进时,我们的注意力集中在欲求的对象上:我们容易忘掉自己。不过,一旦受到阻碍,我们就痛苦地意识到,对象与我们自己是分离的。我们开始意识到自己的匮乏,并开始不仅直接关注实现目标,

---

① 参施特劳斯的讨论,《城邦与人》(*The City and Man*),Chicago,1964,页 110 - 112,129,138;Alan Bloom,《柏拉图的〈王制〉》(*The Republic of Plato*),New York,1968,页 353 - 358,375 - 378,436。

② 参《王制》,439d - 440a,尤其是 439e5。勒翁提乌斯(Leontius)的奇怪例子,应当结合考虑色诺芬(Xenophon)《居鲁士的教育》(*Cyropaedeia*)(I,iv,24)中居鲁士的故事,以及其他类似的战争故事。亦参亚里士多德,《论灵魂》(*On the Soul*),432a24 以下。

③ 参《神学大全》(*Summa Theologiae*),Ia,题 6,第 2 篇,题 81,第 2 篇,Ia IIae,题 23,第 2 篇;《亚里士多德〈论灵魂〉评注》(*Commentary on Aristotle's On the Soul*),803 - 806。要恰当理解《王制》有关血气的教导,有必要考虑各主题的顺序,这些主题构成了城邦中血气首次出现的语境:(1)"猪的城邦";(2)受挫的欲望;(3)战争与血气;(4)神学(《王制》369 以下)。对于柏拉图所谓的血气,William James(页 210 - 211)有一段话做了特别生动而有益的概括。然而,他没有把这一洞见跟他的基本论题联系起来。在他对种种宗教经验的讨论中,这只是其中诸多不足之一。James 写道,在克服更不用说认识进路的狭隘上,似乎没有多少进展。例如,参 Donald Capps,《当代宗教心理学》(*Contemporary Psychology of Religion*),载于 *Social Research* 41(Summer,1974),页 362 - 383;Geoffrey E. W. Scobie,《宗教心理学》(*Psychology of Religion*),New York,1975,第 4 章。

而且甚至会更关注要把自己恢复到好的状态。在努力克服恶或进行报复的时候,这种强烈的自我意识会进一步发展。我们很容易忘记最初欲求的对象,带着一种不同于单纯自爱的自我意识,转而全神贯注于新目标,因为血气及其不公正感,很可能导致我们拿生活去冒险。在自尊的意义上,血气引起了自爱。对自己的尊重,一开始是跟"敌人"比较,但很快就变成了与其他所有人和事比较。

血气的第三个要素是一种神秘的倾向:欲将全部责任归于挫败欲望的那个东西。血气甚至会拟人化无生命的东西——脚趾碰到了椅子,我们会有回踢它的冲动。在《法义》中,刑法典包括对动物和石头的惩罚(873e – 874a;对比《出埃及记》[Exodus] 21:28 – 32)。从自尊那里,这种归咎获得了额外的刺激,因为对我们来说,相比盲目的机运造成的伤害,那些有意的伤害更加重要。这三个基本要素不同程度地保留在血气更为复杂的显现情形中:在克服危险的勇气中,在克服卑鄙诱惑自傲的坚定和羞耻感中,以及在为了成为第一,驱动一个人克服所有障碍的荣誉感中。

在荣誉感和热爱荣耀中,自尊最清晰地显明了自身。如果聚焦于作为第二个方面的自尊,我们会看到,这种激情也会延伸至财产,延伸至某人拥有的东西。这个事实最显著地表现在《王制》有血气的战士身上,他们就像"有理性的狗",热爱他们的同胞公民,憎恨外邦人。在讨论这些时,亚里士多德受到引导而认为,血气是"一种力量,我们因此而相爱($\varphi\iota\lambda o\tilde{\upsilon}\mu\varepsilon\nu$)"(《政治学》[Politics],1327b38 – 1328a17)。很明显,这意味着,对于自己所有物的热爱,起源于血气。血气的这种表现,很难与欲望分开。我们暂时可以说:看起来,在所爱之物的吸引下,纯粹的欲望或爱欲($\check{\varepsilon}\varrho\omega\varsigma$)让我们忘记了自己;对某个所有物的爱越深,似乎就越涉及血气。一个标志在于如下事实:我们更容易向朋友和兄弟发怒,而不大可能向还没有接受我们的爱人发怒。我们的爱要求,付出应该得到回报,爱的这种角色来自血气(《政治学》1328a1以下;《法义》717d)。对所有物的这种依恋,要求相信存在诸神,诸神照管我们的城邦、家庭和财产。与诸神为盟,人们就能克服宇宙其他部分的敌意或冷漠,并将其打上不可磨灭的标记。① 这种信念表明,每个个体的行为对诸神都很重要。这形成的观念是,诸神跟人一样,都有血气,均关注自己的所有物;并且,诸神拥有的东西,包括人以及会受人影响的东西。这是如下观点的基础:诸神要求每个人为自己的行为负责,并相应地给予惩罚或奖赏。

血气的这个自尊部分,要求每个人控制自己的行为,因此,它与第三部分——归咎全责的倾向——密不可分。更重要的是,血气的拟人化倾向是人的如下能力的巨大源泉:人会想象,作用于自身的自然力量,乃是要负责任的存在者的行为。②

雅典人强调,无神论者背叛了全世界的所有父母、所有家庭,此时,他指出了以上这一切因素(亦参 886c 和 890b 提到的乱伦的威胁)。雅典人要克勒尼阿斯平息血气时,他是在要求克勒尼阿斯平息一种非理性的渴望:自己的民人无比重要。由此开始,他努力要为克勒尼阿斯和其他人引入的可能性是,诸神或最高物不会为人类的不义所动,并且不屑于人类事务。③ 这样,他就为我们准备了一种公民神学,在很大程度上,这种神学解开了诸神与对所有物的热爱之间的联系。对于雅典人要求的平息血气,另一种说明方式是,他要求克勒尼阿斯对如下可能性保持开放:人的最高善有如诸神的最高善,别人无法带走,或者,这种善不取决于我们要将其占为私有财产。

最终,血气中还有另外一个因素导向虔敬。血气所激发的世界

---

① 或许,这里更准确地注意到了神学的语境:它打断了对意在保护财产的刑法典的讨论(884a,913a 以下)。在某种程度上,《王制》的神学与《法义》的神学间的差别,是由于两部作品中财产地位的不同。

② 例如,可考虑《伊利亚特》(*Iliad*,卷 21 行 233 以下)阿基琉斯(Achilles)与河的关系。(参《王制》391b,及 Bloom,页 356)

③ 在讨论用于描述恶的恰当语言时,亚里士多德(《修辞学》[*Rhetoric*],1408a16 - 17)指出了两种对诸神的可能态度的基本来源。描述肆心的恰当语词是怒气,而对于不虔敬(ἀσέβεια),用厌恶描述是合适的。前者暗含着伤害,后者则含有蔑视的意思。

观,总是与痛苦而明显的事实相冲突。因此,它容易变成一种肃剧的世界观,正如荷马笔下的阿基琉斯(Achilles)表现的那样。根据雅典人的说法,《法义》中的政制是"最美的肃剧"(817b)。然而,血气自身可以用希望的形式,承受这种世界观。激情用怒气或勇气回应当下或临近的阻碍,从远处看,它同样也是用希望回应这种阻碍。① 血气作为希望,甚至可以包括对来生的希望,或者对今世的神圣介入的希望。雅典异方人使用的词语ἄθυμος[平心静气],其含义之一是"胆怯"。雅典人要求克勒尼阿斯不带血气进入论证,因此,就不要抱着一颗满怀希望的心。

很难说克勒尼阿斯在多大程度上理解了雅典人这里的意思,更不用说他对《法义》的其他部分的理解。至少可以说,可疑的是,克勒尼阿斯作为新城邦骄傲的立法者,在甚至不知道用其他情感代替它们的情况下,能否克服其富有血气的情感。② 更让人怀疑的是,听到这个序曲的公民们,能否克服自身的血气。在这整个讨论的结尾,雅典人清楚表明,就连他自身也没满足自己的要求。他说,论证是不充分的,因为"无论如何,我们以某种方式非常热切地说出这些论证,乃是因为我们渴望战胜坏人……正是由于这些问题,热情(προθυμία)促使我们以青春般的活力谈话"(907b10 - c5;对比890e1)。那么,对整个论证的解读,必须着眼于如下事实:雅典人坚持作为"对话"的基本要素的那些条件,并没有完全得到满足。考虑到好公民的热血激情无法泯灭,在阐释公民宗教时,雅典人就不能抛掉真正的宗教激情。相反,他自身必须产生一定的血气,在某种

---

① 以令人印象深刻的清晰,阿奎那阐明了怒气("易怒的性格")与希望之间紧密的灵魂学关联。参《神学大全》,Ia,题82,第5篇,Ia IIae,题23,第2,3,4篇,题25,第3篇;《亚里士多德〈论灵魂〉评注》,806。

② 参890e1,在那里,雅典人再次用"热情无比"描述克勒尼阿斯。确实,克勒尼阿斯不得不使用他自称在对话中采取的腔调,思考卷十的这一部分及其他部分(《厄庇诺米斯》980d)。

程度上,这种血气符合城邦的脾气。表明这一点的,不仅是当前说话的口气,还有他使用的誓言——愤怒谈话时的特征(参922d)。相比《法义》的其他部分,在卷十中,雅典人发誓最频繁。① 在严格的公民神学与真正的哲学神学之间,《法义》的神学处于中间的位置。

对自我的热血情感,不仅仅是老年人的障碍。雅典人转向一个典型的年轻无神论者,告诫他"首先"记住"一件重要的事情"——他的论证并不新颖。仅仅是热爱真理而非欲求自己的独创性,使一名年轻人有资格"对话"。然后,雅典人力劝他等待年岁带来的上等智慧。在之前对他们表达的劝诫中,老年人可能受到了伤害,对所有这些伤害,雅典人由此提供了慰藉的药膏(参888d6 克勒尼阿斯的反应)。然而,老年人的权威减弱了。年轻人不是被告知要被动地服从法律的意见,而是要去"探究"(ἀνασκοπῶν,888c9)。对于雅典人和无神论者共享的共同基础而言,这只是第一个标志。

888d7 – 890a9:前苏格拉底的"自然"科学

现在,《法义》最具理论性的部分开始了。我们看到,严肃的无神论者,他们的信念来自对万物"生成"的全面解释,这种解释基于自然、机运与技艺的区分。② 关于这些术语或这个区分如何出现,

---

① 卷十中的发誓在891c,895d,905d。在《法义》其他地方,雅典人一共发誓六次(662c,683e,691b,720c,721a,858c)。这里也要注意,雅典人有短暂的近乎羞耻的感受(886a7)。与雅典人相反,在卷十中,克勒尼阿斯从未发誓(在《法义》其他地方,他共有五次誓言——660b,715d,814b,821c,965e)。这是一个信号,表明克勒尼阿斯不如平常那样充满热情,或者说,他的血气虽然没有消失,但比其他时候已经平息很多。

② 注意,我们将要探究的这段话,代表着当时对前苏格拉底哲学的唯一解释。前苏格拉底哲学只是以残篇的形式留给我们。关于前苏格拉底哲学的道德和政治意义,最好的讨论见施特劳斯,《自然权利与历史》(*Natural Right and History*),Chicago,1953,第3章([译注]中译本见彭刚译,北京:三联书店,2003)。亦参施特劳斯,《城邦与人》,前揭,页14 – 17。

雅典人并没有讨论,但根据描述的顺序来看,"聪明人"首先认识到技艺所造之物(人造物)与非技艺所造之物的二分,然后注意到,非技艺所造之物在时间上居先,因此在等级上也居先。技艺对材料所做的任何改造,都受限于特定材料和艺匠原有的特征。因此,非技艺所造之物更加真实,是"最伟大、最好的东西",而技艺所造之物则是"次要的东西"(889a4-8)。非技艺所造之物"源于自然"。但是,必须进一步分析"自然"。为技艺划界的事物本身,"产生"于更为基本的东西。火、水、土、气是最基本的东西,它们是仅有的不用称之为"生成"的东西,而只要说是"存在"的东西(889b1-2,对比889a7)。①

在此,基本意味着在因果效力或责任上居先。在我们倾向于称为最深刻的原初描述中,并没有说无神论者称这四种元素为"最早的东西"。只有在谈到自然的产物与技艺的产物之间的关系时,他们才用了"最早"这个词(889a7)。这是否意味着,无神论者并不必然认为,这四种元素在时间上居先?他们是否可能认为,例如,某种天体一直存在,永远在生成和灭亡,而不曾存在过一段时间,只有"纯粹"而未混合的四种元素存在(参亚里士多德《论灵魂》[*On the Soul*],405a28以下)?假如是这样,那么,在最基本的意义上,"自然"就不意指四种元素,而是"四种元素永恒的生成和毁灭活动"(或者,也许可以更慎重地说,"与四种元素有关的生成和灭亡")。

在这里,对于自然,雅典人并没有给出这种或其他任何定义。相反,在指出这种可能性之后,又过了好几页(891b8-c5),雅典人才给出一个定义,这样,他就掩饰了那种可能性。那个定义很清晰,对它的解读,很容易诱惑我们回到最初的陈述。表达这个定义时,

---

① 无神论者把万物归于这四种元素,看起来,雅典人是在农业的背景中(水、土、太阳、风——845d)处理某种接近这四元素的东西。对农业的兴趣,相比眼前可以看到的,雅典异方人与前苏格拉底哲人可能还有更多共同之处。参889d6,施特劳斯,《色诺芬的苏格拉底言辞》(*Xenophon's Socratic Discourse*),Ithaca,1970,页195-196([译注]中译本见杜佳译,华东师范大学出版社,2010)。

雅典人明显很犹豫,这无论如何不能消除那种诱惑。他的话是:"说这些话的人冒险表示,火、水、土和气在所有东西中居首位,他冒险以自然来命名这些东西"(891c1-3)。这个定义加深了一种印象,即无神论者将这些元素严格地定为在时间上居先,并认为它们是未混合的存在物——但"最早"这个语词意指的居先含义模糊不清。雅典人一开始的定义,暗含着对无神论者观点的最充分表达,随后,在最终描述无神论者对自然的定义时,雅典人又稍微退回到最初的定义上:"他们的意思是说,自然是与最早的东西有关的造物"(892c2-3)。他所表达的定义,都不全然是误导。但奇怪的是,在提出生成行为或元素运动可能永不止息上,雅典人似乎有些勉强,而且奇怪的是,他想要把因果关系上的居先,等同于时间上的居先。很快,这个原因就会显露。

这四种元素以运动物体的形式存在,尤为自然,它们没有灵魂。这意味着,至少可以说,它们没有我们视为明确属人的所有特性——它们对"人类"漠不关心。它们移动、结合,有时候组成混合物,即新的物体。当无神论者说,元素的存在"依据自然和机运"时,他们似乎指的是,元素(即自然)运作或移动的方式:四种元素的运动,以及由这种运动产生的混合物,纯粹是随机的。无神论者说,这种随机性的存在"源于必然性"($\dot{\epsilon}\xi\ \dot{\alpha}\nu\dot{\alpha}\gamma\kappa\eta\varsigma$,889c1)。按照这个说法,他们的意思是,随机性源于四种元素的不变的运动属性。每个元素都会有某些永恒的属性,比如速度和质量;而火的运动,不可能突然变成水的运动,或者突然间完全耗尽自身。但是,尽管这样界定运动和混合,它们仍旧是随机的,因为相比可能生成和灭亡的其他无穷的混合,没有一个特定的混合有更多或更少的必然性。根据无神论者的看法,万物都是这样混合的物体,因此,要解释生命的出现,就不需要新的东西(889c4)。

每一种混合都有自身具体的特性,虽然它随机产生也不永恒。考虑到稍后使用的表达风格,我们可以称这些特性为其特殊的"自然本性"(889d5以下)。在最基本的意义上,自然亦即元素的活动,并不关心任何混合物的存在或消失、繁盛或衰败。但每种混合物特殊的自然本性，会为对其自然的好和坏提供一个标准。从各元素的角度看，混合物的所有情形，都同样的自然，也同样源于机运。但从某个混合物的角度来看，某些情形符合自然的功能，因而，这些情形是自然的；然而，其他一些情形并不符合其自然功能，因此它们的发生源于机运。

人属于后面这些混合物之一。但人不同于所有其他存在者，因为，人的特征在于，有能力通过技艺塑造自身和环境（889c6 - d1）——因此，不同于其他物体单调的方式，人的方式惊人的多样；因而，与真正源于自然的造物相比，人造物的能力似乎又不同（889d1 - 3）。最显著的例子是，人通过技艺创造出某个城邦的生活方式。那时的城邦强烈主张，对于人的自然本性而言，这种生活方式是唯一好的方式。无神论者蔑视技艺，因为它与自然对立，这种蔑视的根源在于技艺的欺诈或自欺的力量。技艺可以分为自然的技艺和非自然的技艺。关于非自然的技艺，雅典人让无神论者特别指出绘画和音乐（889d3）。他们说，这些技艺改变了事物的表象，为的是让人们相信，这些事物并非是它们真正的样子。它们能给人带来贫困、恐惧和忧虑这些本不该有的东西——对于人成功的运转来说，这些东西绝不需要。这些技艺能够做到这点，很大程度上，是通过创造人或物的形象，乃至完全虚构的存在物的形象——这些存在物未曾存在过，但我们害怕或渴望去模仿它们。这些技艺的产物并不指涉或模仿任何存在物，因而，它们是任意的。从人的自然本性来看，这些技艺结果证明是机运的问题。不过，也会有"严肃的"或自然的技艺，这些技艺遵从并根据事物的自然作品（即混合物）运作。例如，医术调理人类身体，要着眼于身体的真正需要和自然本性（889d6）。

但在无神论者看来，政治术乃至立法术，都不是自然的技艺。在此我们发现，无神论者攻击所有法律的有效性，以及所有政治生活和政治热望的自然性。在这更为宽泛的攻击中，否认诸神只是最直接让人震惊的部分。如雅典人所呈现的，关于诸神的争论，直接并必然导向对"自然正义"（τὰ δίκαια φύσει，889e7）是否存在的争论。

为什么是这样？在何种程度上是这样？为什么正义的自然基础,会随着公民诸神的自然基础而确立或倒塌,反之亦然？要理解这些,我们应提醒自己注意雅典人先前对法律和"政制"的分析(625a6 - 7,689e - 701b,712b - 715c,886b11)。① 根据他的论证,法律并非基本的政治现象。法律获得其秩序和方向,取决于构成城邦统治集团的人的类型。这个决定设立并限定了"政制"。有权威的集团的生活方式,决定了整个城邦要遵守和献身的生活方式、具体的美德和优异。在每种政制中,关于诸神或最令人敬畏之物的信念,无论从传统中接受了多少内容,都会被转换成这种政制中道德的最高表达(890b6 - c2):诸神是"像法律所说的那样"(885b4,890a6,b7,904a9)。我们将会看到,雅典人自己似乎认为,在某些城邦中,关于诸神的意见,可能是关于人和宇宙之自然的真理的观念;政制越正义或越与自然一致,其观念在一定程度上就越真。无神论者的批评之所以那么有穿透力和深刻,原因在于,他们否认每个政制有关正义和恰当生活方式的观念的一切真实性。就像我们今天经常听到的说法,这些观念不过是"意识形态"。对于了解事物真实样子的方式,城邦并不知道。

无神论者说,在每个城邦中,对于何为正义,都有永无休止的争论。每个城邦都在不断修改法律,即使是其最基本的法律和政制。城邦依据对正义的看法立法,但给出每一个这种看法的是相同的权威(889e7 - 8)。对于法律和正义之物的随意性,这个明显的标志指向了关于它们的真理。关于何为正义或高贵的每个决定,本质上都可以追溯到偶然的环境,这些环境排除了对何为正义的其他概念的考虑,也可追溯到以下环境:它们使某个人或某个群体变得最强大,从而可以维护自己的利益,对别人施加意见。

---

① 有关诸神的争论与否认法律和政治的自然基础之间的关联,起初似乎迷惑了克勒尼阿斯。参他在889e2 的反应及雅典人的回应,"天啊"(即因为你的无知——对比831c1 和886a6)。

但在大多数情况下,这样描述法律的建立,并不足以证明,非随意的、理性的立法是不可能的,这种立法基于依据自然对城邦中所有人好的东西。无神论者拒绝自然正义的核心,必须依赖对人自然好的分析。雅典人在这里的表达,几乎看不到下述分析。"正义"等同于"共同的善"。因而,正义有一个真实或自然的基础这一看法,就取决于如下主张:对人真正好的东西可成为共同的,对整个城邦都一样。无神论者否认,对人自然好的东西可成为共同的。这依据的论断是,人像所有其他事物那样,是运动着的无灵魂的混合物。除了身体之外,每个人什么也不是;对人好的东西就是对其身体好的东西。而按照雅典人之前某个时刻承认的,身体有快乐和痛苦,这是无法分享的,至少像城邦那么大的群体无法分享(739c－d)。①令身体愉悦的诸善,只有在如下意义上才能"分享":它们最终可以分配给每个人,让每个人用尽或享受。但它们无法被一起分享,乃是在如下意义上:它们的乐趣,如看落日,不需要分配和分割,因此也就不会引起争夺。

根据对人类之善的这种分析,我们看到,在每个城邦中,大部分人遵守法律,因为他们受到蒙蔽,认为法律代表某种共同善,比许多诱人的私人之善更重要。事实上,政制及其法律几乎一直存在,为的是某种私人之善——为的是某个阶层的联盟或某些个人。私下获利的那些人,可能意识到也可能没意识到如下宣称的欺诈性,即政制的存在是为了共同的善。②

---

① 这表明,为何无神论者的理论立场平心而论可等同于如下观点:善是身体的快乐。886a9,888a3,908c2。

② 很可能,着眼于战争,整体公民会形成自利的联盟以反对其他人。这是克勒尼阿斯最初对斯巴达和克里特的解释(625e－626a)。但是,按雅典人的看法,这种理解并不足以支撑城邦关于共同善的宣称。这种联盟仅仅坚持,只要不利于敌对的个人或团体逃跑就行。这个联盟并不支持,城邦宣称有权牺牲公民的财产和生命。它根本无法为城邦的神圣感提供依据:没有什么东西让这个团体——"我们的"团体——比其他团体本质上更好(626－30)。

至此，在详细阐明对手的观点后，雅典人在论述中打了一个岔：他暂停了论述，而称呼他的两位对话者"我的朋友们哟"（890a2 - 3）。① 由此，他提醒他们记住那项政治工程——就我们所知，这是他与他们之间友谊的唯一基础——并要他们集中注意力，为接下来的继续讨论做些准备。在这个打岔之前，他们刚刚听到了对事物自然本性的一个论述，这种论述与所有政治生活几乎完全对立。现在，他们将听到一种政治教诲，具有从关于自然的教诲中得到的建议或命令。得出这些政治结论的人，是"年轻人心目中的聪明人（ἄνδρες）"（ἄνθρωποι，对比 891c8）。目前并不清楚，这些人是否是建立自然哲学的那些人，或者，他们是不是重复了别人建立的自然哲学，并增加了一套政治教诲。但是，据说这些人包括诗人，②还有"散文家"（890a4）。紧接着这种政治教诲的不是一种"败坏"吗？或者，至少是一种有问题的推论，来自思想家关于自然的看法？确实，自然哲人们否认立法术有任何自然状态，但他们承认，政治术有"一小部分"[分有自然]（889d）：通过参与政治生活，并利用受蒙蔽的民众没有认清共同善的虚伪，有人增强了自身的安全，就此而言，政治依据自然是好的。但是，"年轻人心目中的聪明人，即诗人和散文家们"走得更远。他们说，依据自然，存在某种正义。"最正义的是，无论什么都允许人们用强力来获取"；"依据自然的正确生活方式，实际上就是过统治他人的生活，而非依据礼法成为他人的奴仆"（890a4 - 5, 8 - 9）。我们注意到，强者统治弱者这一自然法则的"技艺"，是模仿或符合宇宙中较强物体的运动自然地支配较弱物体的运动。显然，这种政治活动的最终目标，是要颠覆现存的政制，代之以公开的僭政（890a7）。

在解释这些人的观点时，雅典人毫不费力地模糊了多种不同的

---

① 我将这个观察和下面部分看法归于 David Bolotin。
② 尤其是诗人品达（Pindar），他似乎教导雅典人，强力有权依据自然行统治（690b - c, 714b - 715a）。参 England 对 890a5 的注释。

无神论者和无神论观点。通过这种方式,他向我们指明了各种类型的对手,而这恰恰是在他迫使我们聚焦于政治上最相关或最活跃的类型的时候。当然,最后描述的无神论者不会相信,哲学生活乃至纯粹的私人生活先于政治生活。卷十从未提到哲学或哲学生活。更奇特的是,在描述他们的观点时,雅典人从未提到"善"或"好的东西",但他提到了"高贵之物",甚至提到"出于自然的高贵之物"(889e6)。这里,他也没有提到快乐(对比 886a9,888a3,908c2)。我们不得不问,无神论者是否认为,统治的高贵性仅仅是达到私人(身体)快乐和私人之善的手段;或者,他们是否为了自己的利益,才为统治的高贵显赫和公开的荣誉所吸引。如果是后者的话,他们的善似乎就取决于服从"服务城邦"和"共同善"的观念,而他们宣称,这些观念完全是错的。这是苏格拉底反驳卡利克勒斯(Callicles)和忒拉绪马霍斯(Thrasymachus)的大致方向。但在这个讨论中,雅典人只是暗示了这么一个问题,因为他更感兴趣的是面对智术师有关诸神的观点和对自然的解释,该解释是无神论者的基础和支撑。

890b1 – 893a9:苏格拉底式的"灵魂"学

对无神论者论证的描述,让克勒尼阿斯有些目瞪口呆。虽然克勒尼阿斯之前预告,论证会"相当棘手",但现在他说,这个论述"着实摧毁了年轻人,无论在城邦的公共生活里,还是在私人家庭里"(890b1 – 2)。雅典人没有试图安慰克勒尼阿斯,相反,他告诉克勒尼阿斯,他所说的是事实,并再次问他们是否应该放弃。此前,雅典人曾问道,"我们该说什么,我们该做什么呢",现在,演说刚结束,雅典人在卷十中首次单独提到克勒尼阿斯的名字,他问,"你认为立法者应该做什么呢?"(886e6,890b3 – 4);克勒尼阿斯被赋予了对付无神论者的责任。使用词语"做"而非"说",表明了整个谈话的特征——雅典人更多地致力于问,他们是否应该停止交谈而建构惩罚措施,而不是问,他们是否应该继续努力说服无神论者。这样,他引导克勒尼阿斯更强烈地鼓励他们继续。看到那种精密论证的全部严重性和复杂性之后,克勒尼阿斯认识到,单纯的惩罚无法避开这么强有力的攻击;在还有反驳对手的希望时,他不能让雅典人放弃。但是,不同于第一次建议放弃时所说的话,雅典人这一次不再坚持说,有希望驳倒无神论者:他们的"做法由来已久"(887a5 - 6,890b4)。

克勒尼阿斯的回答表明,雅典人成功地让他平静下来,而没有打破他进行反驳的希望。雅典人还让克勒尼阿斯注意到,自己亟需帮助。然而,克勒尼阿斯没有丧失警觉,他看到,标准必须是"自然,或某种不低于自然的东西";而且,他明白,雅典人的论证将针对法律和技艺跟心智(νοῦς,890d6 - 7,对比886a2 - 4,889c5)的关系。但是,雅典人并不满足仍"热情无比的克勒尼阿斯"(890e1)。他提出了一个新的难题:要采取法律序曲的形式进行复杂的反驳论证,民众会很难听懂。雅典人"再次"(但用更强的说法)提醒克勒尼阿斯,论证需要"长篇大论"(890e1 - 3)。

关于论证长度的问题,克勒尼阿斯前面已经回答过一次,并认为它不是问题,因而,他用略带责备的提问,首先对此做了回应,这个提问让我们想起开启整个对话的全部精神。在对话一开始,雅典人就讨论了醉酒的问题。通过提醒他们禁止的快乐,或许还有年轻人的违反,这一讨论让两位年老的斯巴达人和克里特人松了口风,进行了所有三种"代偿性饮酒"。① 这里,雅典人使克勒尼阿斯必然回想起起初的那些讨论,并由此重振言辞和思想的自由及活力,这些都是对话开始时产生的。

然后,克勒尼阿斯开始处理新的问题,亦即,向民众讲述这类论证的困难。他欣然承认,大多数公民中有很多人不够理智,无法理

---

① 参施特劳斯,《什么是政治哲学?》,前揭,页 31 - 32。亦参 Eric Voegelin,《秩序与历史》(*Order and History*),六卷本,Baton Rouge,1956,卷三,页 240 - 241。

解关于诸神的论证,但他认为,序曲以成文的方式存在,可供学习缓慢的人反复研究。克勒尼阿斯承认,对许多公民来说,公开宣布的最重要序曲——所有法律的最好序曲——是难以理解的。因此,他让雅典人摆脱了一种局限,其他一切序曲也具有这种局限(参718b以下,857b以下)。克勒尼阿斯很有绅士派头,蔑视多数人,雅典人正确地依靠了这点,从而使城邦关于最高事物的意见,可能超出大多数人理解的层次。雅典人对诸神作出的这种辩护,为什么不能在民主制中进行?最明显的原因之一在于,克勒尼阿斯承认这种不平等的天性。

克勒尼阿斯说,制定成文的序曲可供学习缓慢的人研究。话刚说完,柏拉图就让墨吉罗斯说了几句赞同之辞。在卷十中,这是墨吉罗斯仅有的几句话(891a8,b7)。《法义》并不像许多学者认为的那样,缺少风趣。①

抛开多数人甚至墨吉罗斯之后,雅典人觉得,要比以前更强烈地唤起他与克勒尼阿斯间的"伙伴关系"。利用对自然的清楚定义,他继续重申了无神论者的立场,这我们已经讨论过。他还补充说,根据这种理解,"灵魂"是后来出现的,源于那四种元素(参889b5)。他继而说,凭宙斯起誓,他们已发现曾从事自然研究的所

---

① 要全面理解卷十,需要更进一步考虑墨吉罗斯的角色。在整部《法义》中,与其"简洁"话语的数量和长度相比,他的重要性完全不成比例。但在卷十中,他占有特殊的重要性。这表现在,雅典人在此向他做了温和的申辩(891b2-6),并且,雅典人在卷十相对频繁地提到他(在888d和899c,雅典人称"墨吉罗斯和克勒尼阿斯";在891b单独称墨吉罗斯;在900c称"克勒尼阿斯和墨吉罗斯"。我相信,在《法义》余下的内容中,雅典人有13次一并提到他们两人,有6次单独提到墨吉罗斯)。之前显示,正是墨吉罗斯而非克勒尼阿斯有能力让雅典人离开人类事务,走向真正的神圣之物(803b-804b)。墨吉罗斯更接近这类人,他们将成为统治的多数人,建构新城邦的"政制"。通过让墨吉罗斯接受关于诸神的讨论(即便他无法理解),雅典人确信,大多数公民也可以接受这种神学。

有那些人的错误根源(891c7)。为反驳无神论者,雅典人一开始提出的论断没有任何支撑,除了热情的誓言之外。在提出任何论证之前,他要保证听者有一种确信感。但是,论据明确的论断,不需要誓言的支撑;而且,正如克勒尼阿斯的回应所表明的那样,这个论断的含义根本不清楚:首先,还没有告知我们"灵魂"的含义是什么。雅典人说,要解释这点,不得不采用"颇为陌生的论证方式"。克勒尼阿斯完全理解雅典人需要帮助;此外,他还有雅典人的保证:已经发现无神论者错误的根源。现在,他不可能让反驳停止。带着可以理解的勉强,克勒尼阿斯称雅典人为"你这神奇的家伙",然后,他同意说,雅典人可以走出立法的领域,采用"陌生的论证"(891e1 - 3)——我们可以补充说,陌生不仅是对多数人而言,也针对立法者本身。结果证明,一开始说服克勒尼阿斯把自己排在多数公民之上的那个标准,现在同样让他把自己排得更靠近多数人,而非雅典人。事实证明,哲人与所有非哲人的区别,远比治邦者—缔造者与民人的区别更加重要。在这个城邦中,(除了有些可能被挽救的年轻人之外)有没有人知道,城邦诸神是谁?

采用"陌生的"或哲学的语言,雅典人开始他的解释。他说,无神论者没有正确理解,什么是"万物生成和毁灭的第一因"(891e5 - 6)。然而,他没有接着说,什么是第一因。相反,他提出,他的前辈们没能理解自然,是因为他们没能理解灵魂,"曲解了碰巧成为灵魂那种东西,灵魂所拥有的力量,尤其是,曲解了灵魂如何产生"。他说,"灵魂是最早的东西,在一切物体之前产生,特别地,灵魂是一切物体变化和重新排序的主要原因"(892a2 - 7)。因此,他还是没让我们明白,其他"最早的东西"可能是什么,这些东西可能不是生成的,也可能导致物体(甚至可能包括灵魂)的生成。① 造成不满的更大原因在于,雅典人始终无法定义"灵

---

① 当然,根据雅典人的看法,灵魂不是造成物体变化的唯一事物:毕竟,岂不是物体引起物体的变化?

魂"。我们怀疑,他意指某种有点类似人的灵魂的东西(参891e7,886b1)。而在后面几行,我们听到,意见、监管、理智、技艺和法律是"与灵魂同类的东西",此时,我们的怀疑似乎得到确证。但是,如果这五种东西只是"同类",它们就都不是灵魂。在这里,灵魂可以主要理解为激情(ἔρος[爱欲]和血气)吗?① 对激情的曲解——不仅是对理智、技艺或法律的曲解——会是前苏格拉底时期误解自然的根源吗(参967a – c)? 无论如何,如果灵魂先于物体,那么,与灵魂同类的东西就先于属于物体的东西。关于灵魂之外最早的东西,尤其是关于什么可能是灵魂生成的原因,雅典人忽略了其含混性,他断言,技艺与理智的行为,必定是"伟大而公正的行为",而且,"这样说几乎是最正确的(σχεδὸν ὀρθότατα):灵魂尤为自然。"

但这一切与诸神有什么相干? 雅典人论证的精髓似乎在于:某种类似我们称为人的"灵魂"的东西,具有使用技艺和理智的能力,它在时间上居先,因此在高贵性和因果效力上先于无神论者称为自然的所有物质现象。因此,相比无神论者,下述这种城邦更接近真理:它敬畏某种类似于人的灵魂的东西,认为这种东西最古老、最有力量。一旦城邦尊崇能促进灵魂之善的技艺和法律,而非尊崇服务于身体之善的技艺,这样的城邦也就更接近真理。于是,很多问题取决于,是否"有人可以证明,灵魂是早于物体的存在物"(892c6)。

但是,即使完成证明,也不能完全为城邦辩护。首先,如果城邦真的敬畏灵魂,它就必须知道何为灵魂;其次,如果城邦宣称要致力于并促进共同的善,而这一宣称的理据基于灵魂,那就必须证明,灵魂的善符合共同的善。顺便提一下,其结果是,一旦我们确定什么是灵魂、什么对灵魂好,那么,对于评判哪种技艺、法律和意见更好和较坏,我

---

① 对照 R. Hackforth,《柏拉图的〈斐德若〉》(Plato's Phaedrus),Cambridge,1972,页76:"值得注意的是,在《斐德若》和《法义》这两部对话中,灵魂的运动功能都很突出。唯有在这两部对话中,激情(情感)和欲望明显归因于无形体的灵魂。"

们就获得了一个自然标准。必须承认,雅典人此时很难将注意力放在后面这些问题上。他聚焦于灵魂在时间上居先的问题。确实,他似乎认为,所有技艺、法律、意见、理智和监管,都同等地"与灵魂同类"。

如果提到源于无神论者的区分,我们可以说,无神论者把机运作为自然的主要部分,并且诋毁技艺,而雅典人则视技艺为自然的主要部分,并对机运闭口不谈。不过,就雅典人与其对手之间明显的一致之处而言,仅仅这样说并不公平。对雅典人来说,正如对无神论者和柏拉图的苏格拉底来说一样,关键问题在于,"什么是自然",自然被理解为第一因或基本的起因。不同于柏拉图的苏格拉底,而与某种(夸大的?——参上述)无神论观点一致,雅典人认为,第一因是时间上最早的东西:等级上居先等于时间上居先。雅典人、无神论者与城邦之间是一致的,而与苏格拉底对立,为了更清楚地表明这点的含意,我们可以说,这个命题是"最古老($πρεσβύτατον$)的东西最好"。① 与此密切相关的是,非苏格拉底式地遗忘了既不生成也不毁灭的永恒之物。雅典人告诉我们,灵魂以及与灵魂同类的东西(包括理智),全都是"生成"的(892a4-5)。他接受的看法是,"自然是与最早的东西有关的生成物"(892c2-3)。从总体上看,卷十没有提及诸样式(Ideas)。②

---

① 关于用"更古老的东西"或"最古老的东西"($πρεσβύτερα$ 或 $πρεσβύτατα$)代替"最早的东西"($πρῶτα$),参 892b1,c6,895b5,896b3,c6-7,尤参《厄庇诺米斯》980d。

② 换句话说,"什么是灵魂?"这个问题从未真正提出,而是被"灵魂如何生成?"这个问题所取代。然而,雅典人无法完全避开 $εἶδος$ [样式]一词,见894a8,895c5。Lutoslawski 认为,卷十忽略了诸样式,因为整部《法义》都没有提到(因此,这表明柏拉图思想的重大转变)。但 Victor Brochard 断然驳斥了这种看法。不过,Brochard 没能充分解释,为什么卷十从未提到诸样式,别处却有提到或讨论(尤其是 965b,967d)。见 Brochard,《柏拉图〈法义〉中的样式论》(Les Lois de Platon et la théorie des idées),见 *Etudes de philosophie ancienne et de philosophie moderne*,Paris,1954,页 151-168,尤其页 163-164。

在最终开始反驳无神论者之前,雅典人提出了最后一个难题(892c9 – 893a7)。克勒尼阿斯已经领略了"陌生的"论证,但雅典人现在明确指出,在关于诸神的"对话"中,克勒尼阿斯无法起到积极作用。他和他的斯巴达朋友,只能默默地倾听,而匿名的雅典人要单独进行对话,既代表匿名的无神论者说话,又要回应无神论者的问题,直到完成关于灵魂的优先性的"整个"论证。因为从事这种论证,就像渡过一条湍急的河流——对于缺乏力量的老年人来说,这很危险。老年人身体的衰老,是阻止他们渡过这样一条河流的恰当理由。而通过聚焦于他们的衰老上,河流的明喻就柔化了雅典人对老年人的攻击。毕竟,对城邦必不可少的,不是老人的身体优势,而是老人的灵魂优势。但事实上,警告老年人不要涉入的,并非某条河流,而是某个论证。这个论证只有雅典人能够提出(参England 此处的注释),也只有雅典人靠他年轻灵魂的力量才能掌控:灵魂最古老,因而是最好的,对于这个论证,只有最年轻的灵魂才能为之辩护——雅典人的灵魂向新奇事物开放,并渴求这些事物(对比 888c1 以下)。

雅典人这里的言辞是戏剧的高潮,该戏剧为关于城邦诸神的理论辩护铺平了道路,这一辩护基于自然之上。同时,立法者的准备向我们证明了为何这样的辩护必不可少,也展露了公民神学的作用是什么。现在,我们明白,那个目标不止是满足公民的政治和灵魂(富有血气的)需要。就专注的公民而言,这个准备的部分会让他们开始自我意识到那些需要;就"年轻的灵魂"而言,不管他们的身体有多衰老,对于权威政治意见的真实性,这种准备和神学都会唤起他们的怀疑,并开始回应这些怀疑。对某些人来说,开头的工作已经足够。但对另一些人则不够。在卷十的结尾,引入了一种新的制度——"夜间议事会"。随着《法义》的结束,这个半秘密机构的权力和复杂性也在增加。每天晚上,这个机构的成员都要去探望一些人,他们被控不虔敬,但没有坏性情;并要继续学习和重新思考(参 899c6 – 7)卷十的论证,以及其他同样精彩的论证。夜间议事会私下会面的地方,以及那些不虔敬者被送去的地方,叫做 σωφρονιστήριον("感化所"——908a4,909a1)。这个名字是柏拉图为了回应阿里斯托芬(Aristophanes)所造的滑稽词语而自造的一个滑稽语词。在《云》(Clouds)中,苏格拉底及其追随者会面的地方叫 φροντιστήριον["思想所"]。① 卷十显示,在非哲人统治的城邦中,哲人如何找到一个家。通过结合感化(σωφροσύνη)和思想(φρόνησις),哲学利用神学修辞为自己建造了一个家,这靠的是首先揭露出城邦的赤裸,接着,诱导统治者要求哲人为城邦遮盖。通过神学,哲学使无神论——它否认自然正义并否认城邦——成为城邦中的活生生挑战。哲学的出现是为了神学,而神学是为了城邦的利益。最终,我们想知道,情况是否同样为城邦是为了神学,而神学是为了哲学。

但神学的这些不同功能,彼此间并非完全和谐。神学必须满足大多数公民的非哲学需求,而如我们所见,这些需求是哲学的障碍——对任何完全理论性的讨论诸神而言,它们都是顽固的障碍。因此,公众神学只不过是弱化的论述,它满足了城邦的需求,同时也引起和激发超出表面教诲的思想训练。在雅典人论证灵魂的预备性概述中,我们已经看到,他如何创造了一种教诲,该教诲的漏洞和矛盾,为细心的读者指出了一个不同论说的方向。就目前而言,我们只能注意一些突出特征,它们有助于显明,如何从神学看似自相矛盾的表面,走向其清晰的内核。

反驳无神论者

893b1 – 894a9:柏拉图物理学概要

现在,看起来,柏拉图已经为一场独特又最为非凡的对话搭建

---

① 《云》,行94。亦参卷十二明确讨论哲学的地方所引的谐剧诗:967c5 – d1。

了舞台。我们期望听到一位哲人跟自己的对话,他的自我质疑,就像他脑中会显现出一位跟他同等智力的人,在最根本的问题上与他争论。然而,我们听到,雅典人首先祈求"神"的帮助,以及"要证明其存在的那些神"的帮助,此时,我们的希望稍微有些受打击。至此,我们已经期望,政治形势的迫切需要,预定了诸神存在的证据。然而,我们注定要更加失望。不管我们能否克服挫折,不管这个失败的对话是激怒了我们,还是激发了我们的渴望,这都是雅典人和柏拉图为我们设计的一部分考验。

无神论者的第一个问题是,万物都静止不动吗?或者,情况与此完全相反(都在运动)?① 或者,有些东西在运动,有些则保持静止?对此,雅典人给出了常识性的答案:有些东西在运动,有些保持静止。② 按照先前从不变的诸样式中得出的著名抽象概念,雅典人让无神论者放弃了反驳乃至探究如下论题的任何尝试,即某些东西静止不动或不改变。无神论者转而讨论运动,又问了另外两个问题。看起来,设计这些问题是为了开始对运动进行分类,依据空间特征(如移位,在某个位置移动或变位)分类。第三个问题区分了旋转运动与直线运动,在此,雅典人不是作出回答,而是显示了对无神论者的不精确的不满,并且,他提出了自己的第一个问题。从这里往下,关于哪一行话应该是谁说的,雅典人设计了某种含混,但我强烈倾向于认为,我们应当把所有长句子归于雅典人,因为他已经掌握了主动权。如果这样解读,我们发现,对于雅典人的第一个问题,无神论者只简单的回答说"是的"。接着,雅典人继续详细阐述旋转运动质上的不同特性。在无神论者的问题中,没有暗示这种质的差异。至于雅典人为什么认为,圆圈旋转是"奇观的根源",看起

---

① 希腊语 $\varkappa \acute{\iota} \nu \eta \sigma \iota \varsigma$ [运动],也有改变的意思,我们应该始终记住这点。
② 在这点上,他赞同柏拉图和色诺芬笔下的苏格拉底,而反对前苏格拉底哲人:参色诺芬,《回忆苏格拉底》(*Memorabilia*), I. i. 14;柏拉图,《泰阿泰德》(*Theaetetus*),180d(在那里,苏格拉底说,他的观点来自补鞋匠)。

来，原因取决于几何联系。雅典人知道，在一个完美的圆圈或圆球的旋转中，能够获得这些联系，并且，这些联系能使物体以不同速度同时在同一地方运动(893d1–5)。雅典人对移位的进一步分类，还包括结合(量的增加)和分裂。在这种分类的结尾，无神论者表示完全赞同。

这是我们听到的无神论者最后的话，因为接下来，雅典人继续讨论"生长"运动，他坚持，这种运动不能理解为，只是从物体的复杂运动中结合或分离，此时，他便不再允许无神论者作答。雅典人关于生成的提问和回答，我们无法听到无神论者的评论，这反而让我们更加好奇。雅典人自己的说法(894a3–5)基于一个明显却令人费解的几何学类比，该类比把生成描述为，从没有维度的点或起因($\grave{\alpha}\varrho\chi\acute{\eta}$)"生长"出连续的维度，最后产生可感的或三维的物体。①结果证明，雅典人给予我们的，并非对无神论者的真正反驳，而是通常抽象的、压缩的陈述。只有在关键点上，这个陈述才暗示出其批判性。

根据前几页对无神论者观点更完整的呈现，再来考虑这次交流，我们得到了下面的结论。雅典人与无神论者的不同之处，不仅在于他考虑了不变的事物，而且他拒绝认为，改变全都能理解为移位的结果，不管这种移位多复杂。在物质增减中，事物的"固有特性"($\overset{"}{\varepsilon}\xi\iota\varsigma\ \delta\iota\alpha\mu\acute{\varepsilon}\nu\eta$，例如"狗性")不变，如果不这样看，就无法理解事物(即幼犬)的"生长"。一旦这种特性消失或被取代，那么，(比如癌症)增和减都会完全摧毁该事物。生长是变与不变的交互作用

---

① England 汇集和总结的评注，为这个难解的句子提供了启发，参 England 此处的注释，亦参亚里士多德《论灵魂》404b18 以下的部分阐释，以及 Joseph Moreau，《世界灵魂：从柏拉图到廊下派》(*L' Âme du Monde de Platon aux Stoïciens*)，Paris, 1939，页 61；J. B. Skemp，《柏拉图晚期对话中的运动理论》(*The Theory of Motion in Plato's Later Dialogues*)，Cambridge, 1942，页 104；Paul Kucharski，《毕达哥拉斯四分体学说研究》(*Étude sur la doctrine Pythagoricienne de la tetrade*)，Paris, 页 71–74。

(893e6 – 894a1,对比 894a7)。① 此外,即使在无生命之物的简单移位中,离开了有关几何和数的非物质实体,雅典人(不同于他的"唯物论"对手)也无法研究"物理学":例如,要理解天体的旋转,人们必须考虑圆圈的几何属性,这些属性绝不会在任何物体中显现(893c7 – d5)。最后,只有我们的理智能够把握如下建构或产生方式:永恒的几何学建构,或从不可见的第一原则(点,移动的点构成线,移动的线构成平面,等等)中,"产生"可见事物的空间属性。要理解从不可见却可理解的原则中,"生成"物质的可见存在者(狗、人、天体),上述建构或产生方式是一个关键(894a1 – 8)。

894a9 – 899b9:"诸样式"与灵魂

在雅典人关于生成的神秘说法的结尾,他突然转向墨吉罗斯和克勒尼阿斯,称呼他们为"朋友呵"(894b1)。② 在一个非常短的时间内,雅典人首先不知不觉地充当提问者的角色,这一角色本来是留给无神论者的,继而,他又把克勒尼阿斯拉回到原来的回答者角色。雅典人能够引入法律序曲的,不过是真正哲学论辩的一瞥——这一瞥指向"另一条更长的路",始于某种东西,而非灵魂的优先性,灵魂被理解为推动自身的运动。在无神论者从视野中消失前,雅典人自己甚至不能提到灵魂。虽然雅典人讨论了生成的起因,但他从未提到那个起源在时间上居先,也未提及其推动自身运动的能力。为了处理现在已经显现出的诸神存在的证据,我们首先要展示论证的各阶段;之后,为了理解雅典人真正的看法,以及他背离那些看法的原因,我们可以试着评价各部分的相对有效性。

一开始,雅典人让克勒尼阿斯承认,不管有多少其他种类,所有

---

① 参《泰阿泰德》181c 以下;《帕默尼德》(*Parmenides*)138c;亚里士多德,《物理学》,VII,ii。
② 雅典人呼求其"朋友们"的前后文,与他用同样的方式打断对无神论者观点的呈现的前后文,彼此是否有同样的关联?

运动都可以分为两种：一种运动不仅能推动他物运动而且能推动自身；另一种运动能推动他物运动，却不能推动自身，因此，它总是被其他在先的运动所推动。但他从未谈到，是否可能有某种东西，能引起他物运动，但自身保持不动。存在推动自身的运动，这种运动最活跃，在力量和时间上都最先，是所有其他运动的起因，要证明这一切必须基于一个前提。这个前提不是来自雅典人，而是来自"大多数"无神论者"胆敢声称"的话："万物产生时都静止不动"（895a6 – b1）。此时，我们仍然想知道，这一切究竟跟"灵魂"有何关系。

在第二阶段（参 895c1），克勒尼阿斯更多地参与进来。这个阶段证实，关于推动自身的运动，我们仅有的直接经验是，我们称之为"活物"的东西的运动。此外，每当我们把"灵魂"一词用于某物上，我们就意指那个东西是"活态的"。① 接着，雅典人偏离本题，凭宙斯发誓，谈论了名称和定义的本质。在这之后，他宣称，必须将灵魂定义为推动自身的运动。因此，灵魂即使不是最早的东西本身，也是所有运动的最早起因，它依据自然统治着所有物体。那么，灵魂是神吗？灵魂是"宙斯"吗？

第三阶段表明，作为万物运动的起因，灵魂必定是邪恶、低贱和不义以及好、高贵和正义的起因，因此，必定有两个灵魂或两类灵魂。现在，我们得知，在时间、力量和等级上先于物体，并不必然意味着好。这多少让我们有些惊讶。灵魂要变好，只有"将理智即神作为助手——从正确的意义上讲，神是指诸神"。② 那么，哪种灵魂

---

① 希腊语 ψυχή 一词肯定没有基督教赋予的所有特别含义，它比我们现代的"灵魂"一词，更容易应用到非人的生命身上。雅典人充分利用了这个希腊词的宽泛性或含糊性。

② 参 631d5。按照希腊文，可以写作"……从正确的意义上讲，神圣是指……"，但考虑到文本的主要难题，我遵循抄件和 Burnet 的说法，不对其做任何修订。对于 ὄρθος 的这种运用，参《斐多》（Phaedo）67b4，82c2 – 3；《苏格拉底的申辩》40a3。欧里庇得斯（Euripides），《阿尔刻提斯》（Alcestis），（转下页）

统治宇宙——好的、神圣的那类,还是相反的那类?(可以确定两件事情:灵魂自身并不是神;神并非全能。)

最后一个阶段(或两个阶段:897b7,898c9)确定,那类神圣的灵魂统治宇宙。显然,诸天体统治整个宇宙,它们的运动(有序的循环旋转)表明,拥有理智的灵魂推动着它们——因为循环运动是理智运动的"影像"——因此,它们可以被奉为诸神。很明显,这个论证的顶峰是非科学的:在这里,雅典人诗意地运用"影像"和"言辞中的美丽匠人"(898b2-3),确证了"惊奇的"克勒尼阿斯(897c4)最初的神学。

在这一切中,我们觉得最合理的主张是,在一定程度上,活物的运动拥有某种不确定性和独立性,而这在无生命体那里找不到,并且,活物的运动能够使无生命体运动。确实,活物的运动现象是我们所谓"灵魂"的关键内容。此外,它也使如下说法变得可理解:这种独立的运动能引向好或坏,而且,至少在很多情况下运动是好的,只要运动有序、合理,"受理智帮助"。但除此之外,还有相当多的难题,有些是雅典人自己说出来的,有些显现在克勒尼阿斯的反应中。

首先,雅典人自己说,推动自身的运动是所有运动最古老的第一因,其证据基于"大多数"无神论者"大胆的"假设。如果不坚持这个假设,他们就很难发现(同参康德[Kant],"理性的第一个二律背反"),无神论者的看法会遇到怎样的困境,他们认为,由运动所驱动的运动存在无穷的复归。确实,说起因的无穷复归,似乎是在回避起因问题(考虑894e),无神论者适合呈现为雅典人在此呈现的那样,这是一部分原因。如我们所见,这透露出,唯物论者并不关

(接上页)行637;《希珀吕托斯》(*Hippolytus*),行1169-1170;《安德洛马克》(*Andromache*),行377-378。亦参 John Burnet,《柏拉图的〈斐多〉》(*Plato's Phaedo*),Oxford,1963,对67b4的评注。不过,Stallbaum 的讨论和建议的修订,很有说服力也很吸引人。

注不动之物,他们还强调,等级优先的事物在时间上居先,这些可视为城邦尊重老人的共同基础——在这里,雅典人充分利用了这种可能性。但是,对于所有运动都有起点的"大胆"假设,雅典人自己并没有认可。毕竟,这很难解释推动自身的运动的生成起因。这种不认可连同雅典人与无神论者的失败对话,默默地指向另一种解释的可能性:全部或某些运动(不管自我推动与否)生成的基本原因,是不运动的某物或某些事物,就此而言,永恒的影响力不是通过原始的"推力",相反可能是以一种目标的形式引出物体的运动。这可能意味着,某些最新的运动最接近"第一"因。我们不久就会看到,比起支持祖先神圣性的需要来,某些东西更迫使雅典人忽略了建构其神学中的这种可能性。

但我们看到,很快就承认了一个原初的推动自身的运动的必要性,即使在最古老的原因与城邦尊崇的古老人类或灵魂之间,它不足以建立任何联系。为什么推动自身的东西一定是非物质的?例如,为什么不会是某些物质的"爆炸"?(或许,对于推动自身的爆炸,我们毫无经验,因为在最初的爆发中,它就耗尽了自身)或者,为什么推动自身不是元素的属性,在元素还是纯粹而未混合的时候——就像它们在最初时那样?雅典人自己指出了后面这种可能性,但克勒尼阿斯没有接受这种看法,他问雅典人,在"未混合"的土、火或水中,我们怎么能看到推动自身的运动,何时能看到(895c5)。相反,克勒尼阿斯认为,雅典人的意思必定是,每当我们说到推动自身的运动时,我们意指它是"活态的"。雅典人有些不情愿地赞同这个看法(895c7 – 9)。①

在雅典人对诸神存在的证明中,这直接导致了最明显的问题。推动自身的运动等于生命,就此达成一致后,两人又进一步同意,哪里有生命,哪里就有灵魂。由此,雅典人错误地论证说,必须将灵魂定义为生命。这样做,他就忽略了生命的不同类型,因此也忽略了

---

① 对比雅典人对克勒尼阿斯之贡献的其他反应,尤其是894d5,898c9。

灵魂的不同类型,以及灵魂的限定性种类。他运用的修辞学策略,是误导性地与数学类比:所有的数都可以分成奇数和偶数,这是对数的恰当分类,这种划分是个模式,由此可将存在物分为活的和死的,或推动自身者和受他物推动者。但跟物的自然种类不同,数是同质的:不同于生命,偶数是个没有差异的范畴。① 就连克勒尼阿斯也发现,很难接受这个灵魂的"定义",但是,他热切地想帮忙赢得论证,这阻止了他表达自己的怀疑。②

通过从诸样式中抽象,雅典人就能够从灵魂的诸样式或诸形式中抽象。他把灵魂"数学化"了,或者,换句话说,他按照所有灵魂共有的东西来定义灵魂。为了得出一系列非常不同于其对手的结论,雅典人采纳了他们根本错误的说法。并非是把所有复杂、高级的生命现象,化约为低级、简单的生命衍生物,相反,雅典人解释的是所有生命、所有灵魂,是最复杂的人类灵魂的能力。因此,他可以坚持说,在宇宙中,自我运动是所有运动的起因,它必定具有灵魂的所有较高级的机能(896c9 – d1)。③ 不止如此。雅典人赋予每个灵魂显现以力量,拥有所有运动的第一因具有的力量,由此,他可能在暗示,所有灵魂都完全统治着物体;他就能忘记或多或少独立于物

---

① 这就是为什么,对于柏拉图的苏格拉底来说,不存在个别数字(或几何实体)的样式,但有奇数和偶数的样式。参《王制》,510c – 511a;亚里士多德,《形而上学》(*Metaphysics*),987b14 以下;Jacob Klein,《古希腊数学思想和代数的起源》(*Greek Mathematical Thought and the Origins of Algebra*),Cambridge,1968,页 56 – 57,69 以下。看起来,数学对研究自然有误导,但也有启发;错误的数学式物理学,伴随着对诸样式的忽略。

② 雅典人提出了那个关键问题:"赋予灵魂这个名称的那个东西,其定义是什么? 我们还能说什么呢,除了刚才说过的之外,即'能够推动自身的运动'?"此时,克勒尼阿斯通过重复这个问题做了回答,好像不敢相信自己的耳朵("你是说……吗?")。对此,雅典人的回答很仓促,"至少($\varphi\eta\mu\iota$ $\gamma\varepsilon$),我会这么说。如果确实如此,那么……"(895e10 – 896a5)

③ 参 Paul Elmer More 非常公正的批评,见《柏拉图的宗教》(*The Religion of Plato*),Princeton,1921,页 115。

体的多样性,不同类型的灵魂会表现出这种多样性。尤其是,雅典人可以忽略存在于人类灵魂中的运动等级——从滋养物到纯粹理性。他掩盖了一个事实,在大多数时候,灵魂是由身体所驱动,或者是对身体的回应,即使是在最理性的人身上。通过掩盖这一事实,这种神学倾向于认为,每个人对自己的行为负有完全责任。确实,唯有"将心智作为助手",灵魂才能变成"好的",这点发生的过程从未得到详细说明。但我们得到的印象是,要不要这样做,选择权在于灵魂。恶被完全归因于灵魂,而非物体,而且,如我们所见,雅典人绝口不提机运。这一切应用于一般的活物身上,而不仅仅是人类。因为我们全都知道,任何灵魂若能"将心智作为助手",就能开始像神一样行事:这种神学把所有生命都"拟人化"了。正如雅典人在结论中所说,根据这种神学,"万物都充满诸神"(899b9)。

迄今为止,这种神学并未许诺个人的不朽,也没把诸神的独特意义赋予这个特殊的城邦及其传统,但它满足了大多数人血气的要求。在战胜坏的灵魂类型的斗争中,它号召每一个人承担自己的责任,并扮演好自己的角色。甚至,在某种意义上,把灵魂定义为推动自身的运动,就是把灵魂定义为血气。我们前面讨论了激情基本的二分(爱欲和血气),并借助所有运动的双重划分来考虑这种二分,如果回顾这些讨论,那么,我们就会发现,爱欲落入了靠某种外在于自身的东西推动的运动范畴;然而,在血气的属性中,不仅有强烈的自我意识和独立意识,而且很奇怪,它缺乏任何外在或超出自身的真实对象。受他物推动的运动也就是爱欲,对这种运动的贬低,伴随着对永恒不变之物的遗忘,而这些东西才是爱欲运动及生成的终极目标和起因(参721b 以下,《会饮》[*Symposium*],210e – 212a)。

在其神学最重要、看起来最有条理的部分,雅典人抬高了运动,贬低了静止,抬高了血气运动,贬低了爱欲运动。他使所有事物都类似于政治人。他创造的宇宙充满着有责任感的存在者,并为它们所推动。这些存在者参与庞大的道德剧,在其中,活跃的善与恶进行着普遍的竞争。在这里,把恶归因于机运或"无知"、"匮乏",或

"衰落"(对比857以下),无论如何,这并没有解决"恶的问题"。恶被表现为一种遍布宇宙的魔鬼力量。这是一种公民宗教,充满着史诗神话的题材——它是一幅巨大的画布,等待人们用歌曲、舞蹈和诗来填充,这种人热爱道德,却不是道德主义者。通过创造出这样一幅景象,雅典人赋予这些现象一种极简单而同质的秩序:所有生命,所有运动,都可以分为起源于好的灵魂的行为,以及起源于坏的灵魂的行为。无论不同种类的存在者彼此看起来多么不相像或不相干,在最重要的方面,每个种类的每一个体,都可以理解为与他者紧密相连——在那场神圣的斗争中,它要么与这边合作,要么与另一边合作。

  但同时,正是在建造这个可敬的神话般结构的行为中,通过意味深长的沉默以及富有成效的错误,雅典人开始描述对整全的另一种表达。这种表达并非始于存在的同质性,以及万物与人类灵魂间必然的亲缘关系,毋宁说始于事物间根本的异质性,并因此始于人与非人之间(以及人自身之内,灵魂与其各部分之间,灵魂与物体之间)关系的特性,这种特性即便不是混乱的,也是成问题的。这种解释更多地把人放在冷漠或陌生力量的支配之下——人可以称这些力量为"机运",而且,至少在某种意义上,它反映了构成整全的各基本部分或"部族"之间的紧张。此外,通过割断人类道德行为与宇宙斗争之间的联系,雅典人暗含的宇宙论必然贬低政治生活的重要性:城邦不再是如此清晰的小宇宙。另一方面,公民若开始面对人的真正处境,他可能发现,自己充满着一种新的不完满感。一种新的渴望可能使他的灵魂运动起来,这种渴望显现自身,并不是在政治活动中,而是在私人活动和思想中。如果这些体验通过雅典人的悖论引入灵魂,此时,它们就会成为最早的阶梯,引导灵魂超越"眼界",这种眼界甚至让城邦成为一种洞穴。关于上升的目标,雅典人没向我们说很多。但他似乎暗示了很多:上升者想寻求的是,更清楚地了解各种不同的存在者(例如,人、狗、星星等)独特而清晰的起因或根源。雅典人暗示,错误的是认为,这些根源或基本原因相互可以化约,或可化约到某个"第一因":毋宁把它们视为多元的,总是永远共存,但每个都是许多事物的起因,这些事物在时间中"发生"和生成。

要理解雅典人神学的这种根本教诲,我们不需要仅仅依赖含蓄的暗示。即使在表面上,这种神学也不单纯是血气的纪念碑。在最后一部分,也是看起来最不哲学的一部分,雅典人做了平衡,事实上,这戏剧性地改变了神学的口吻和内容。一直到讨论心智的运动,雅典人都在引导我们相信,人的灵魂类似于神的灵魂,而且两者相互关注。现在,我们听到,"从正确的意义上讲",心智即"神",它有自身的运动,不同于前面讨论的所有十种运动。但是,跟其他九种运动(包括灵魂或推动自身的运动)相比,心智的运动更接近循环运动(897e4以下)。没有什么东西被说成是心智运动的生成。就像作为其"影像"的循环运动,心智始终保持不变,但其运动永不停止,"依据相同的东西、以相同的方式、在相同的位置运动,并围绕相同的东西、朝向相同的东西运动,还依据某个比例和秩序"(898a8–b1)。这似乎意味着,随着灵魂达到神圣的运动,它更多地专注于不变的真理,而更少注意短暂的事务。①

差不多给了血气应有的东西之后,雅典人得出了结论:他要城邦尊奉的最伟大之神作为存在者,似乎蔑视人类各种琐碎的事。②即使是第二等级的天体诸神——他们的形体与推动他们的灵魂或诸灵魂的关系非常模糊——他们的行动也似乎不受地上人类行为的影响。对于天体所带来的时日、季节的有序更替,人类可能会感

---

① 对比亚里士多德在《论灵魂》407a22–24的评论:"如果循环运动永无尽头,那么,必定会有思想一直思考的某物——这会是什么呢?因为所有实用思想都有尽头;它们都是为了某种外在于思想进程的东西而进行。"

② 雅典人转变了说法,从说诸神"关心"宇宙,变成说诸神只是为宇宙"定序",见897e7,898c3–4,898b8。亦参Friedrich Solmsen,《柏拉图的神学》(*Plato's Theology*),Ithaca,1942,页149–150,页162–163。

激,但没有暗示,诸神曾中止自身的美好运动,对恶人施行可怖的惩罚,或给予正直的人特殊的奖赏。① 这些闪亮的诸神,居住在可见却遥远的地方。如果循环运动是诸神存在的可靠标志,那么,地上有多少东西可以显明神圣的存在? 是否存在第三等级的诸神居住在大地上——或者,大地有没有可能是宇宙的那个部分,在那里,那类毫无心智的坏灵魂进行统治? 不足为奇,在这个反驳的结尾,雅典人不得不继续花一倍半的篇幅证明,存在神意和神义。在这个证明中,他从未提及天体诸神。他的论证基于来自诸神"美德"的推理,而非诸神的运动。但这几页中,包含着对义愤和信仰的灵魂学的详尽阐述,对于它们的评论,必须留待他日。

雅典人富于哲学味和诗意的结论,使得其神学整体上极度含糊不清。现在,我们认识到,他的目的不仅是满足城邦的血气需求,而且要满足哲人和潜在哲人的哲学需求。他使整个城邦仰望可见的天体,不是出于恐惧或希望,而是为了天上神圣理性的意象,由此,哲人让所有公民对真正的最高事物充满不可捉摸的感激和敬畏。他教导自己的城邦;他装饰城邦,给予它"歌唱最美之歌"的能力作

---

① 为了理解雅典人对诸天的呈现中忽略的东西,可对比克里提阿,残篇 25,见 Hermann Diels 编,《前苏格拉底著作残篇》(*Die Fragmente der Vorsokratiker*),两卷本,Berlin,1922:

……法律禁止他们公开用暴力犯罪,但他们秘密地进行,那时候,在我看来,似乎有某个聪明而睿智的人,发明了对不朽诸神的恐惧,以便让恶人感到害怕,即使他们是秘密地行动、说话或思想……他说,在诸神居住的地方,在提到神时,他最能震慑人:从那里,他知道,凡人有恐惧,艰辛的生活会得到报偿,在更高的地方,人类看到闪电,听到可怕的雷鸣……由此,他让惧怕环绕着人类……"(笔者所译)

比较 Solmsen,页 35。不久前,雅典人自己说到如下事实:诸神用闪电杀死人类以示惩罚。见 873e。参色诺芬,《回忆苏格拉底》,IV,iii,14;Victor Goldschmidt,《柏拉图的宗教》(*La Religion de Platon*),Paris,1949,页 123 以下。

为礼物(参666d11,668b4)。

因而,雅典人对于那个在神学中总是出现却从未明确解答的问题的回答,我们可以得到一个提示。这个问题是关于灵魂的善——共同善,它是灵魂永无休止的运动的目标。雅典人暗示,作为灵魂目标的善,就它们能"接纳心智"而言,正是心智自身的运动,完全是为了自身。任何灵魂都能分享心智、思想这些东西,而不会减少其他所有灵魂可得到的分享。但是,如果共同善真是这样的话,结论必然是,除非是以一种非常稀薄的形式,否则城邦整体无法分享它。就此而言,前苏格拉底哲人是对的。然而,城邦能够尊重或崇敬共同善。某种类型的崇敬,某种等级感和羞耻感,都属于城邦的本质。城邦很熟悉虔敬,而且,雅典人已经证明,一旦理解了虔敬,就能不用暴力地引导它致力于某种理性。这是前苏格拉底哲人没能领会的东西,部分是由于这点,如雅典人后来坚持的那样(966d以下),问题不在于心智的状况,而在于灵魂的状况——灵魂主要不是理解为心智,而是理解为它自身显现出的东西,理解为虔敬。这就是为什么,关于灵魂的科学等同于关于诸神的科学。

心智从城邦及其诸神的神话中解放出来,由于渴望为心智找个家,前苏格拉底哲人转向了"整个自然"。他们把自己抛到那个浩瀚、无言的宇宙中,却错过了如下事实:整全是个"宇宙"仅仅是因为,它产生了城邦,而在某种意义上,城邦及其诸神就是人的灵魂,人的灵魂是或者能够成为心智唯一自然的家。但是,为了使这发生,灵魂必须发挥作用,而在此之前,它必须得到理解。理解灵魂就是理解诸神;最终,灵魂学等同于神学。城邦及其诸神能够成为心智的家,就此而言,它们可以成为哲学的家。这如何可能?在何种程度上可能?城邦如何并在何种程度上能"将心智作为助手"?这些问题更多显示在雅典人的行动中,而非言辞中(尤参897b1-2及d5-6,论证中唯一提到"正义"的地方)。《法义》的戏剧而非论证,才是柏拉图的神学。

基本宗教信仰和虔敬态度的构建

尤尼斯(Harvey Yunis)　撰

张清江　译

柏拉图《法义》中关于城邦及其制度的阐述,成了理解古希腊诸神信仰的政治和道德结果的主要来源。《法义》的城邦基于并弥漫着一种有些纯化,但总体上仍是传统的公共宗教形式,在古典时期的任何城邦中,都可以找到公共宗教。① 在《法义》中,对于诸神信仰的本质和程度,那位雅典人[指对话者"雅典异方人"]尤为敏感。为了保持城邦制度的活力乃至持久性,城邦公民必须具有这些信仰。对此话题的处理,就细节和明晰性而言,在古希腊文献中,没有哪个地方能够比得上《法义》。《法义》提供的并不是对古典时期城邦($πόλεις$)宗教信仰的历史解释,而是一个政治模型,在其中,宗教信仰是基本因素。

《法义》的城邦并非像《王制》中提出的理想城邦。在《法义》中,雅典人明确拒绝他当前的目标是那个理想城邦;虽然后者是可设想的最好城邦,但它无法实现:"也许,诸神或神子们居住在这样的城邦里"(《法义》739d6 - 7)。② 《法义》的城邦可视为第二好的

---

① 关于柏拉图城邦的宗教与雅典宗教之间的一些区别,下文会讨论。[译注]见本文第四节。

② 毫无疑问,他是指《王制》,因为《法义》明显把"朋友们的东西公有"($κοινὰ\ τὰ\ φίλων$)的原则扩展到极度:妇女、儿童及所有财产都公有(《法义》739c)。《王制》的城邦不切实际,《法义》的城邦打算在现实中实现,关于这些的综合讨论,参 Guthrie(1962 – 1981),4.483 – 486,5.332 – 335。

(《法义》739a – e)。《王制》的城邦意在描述理想的正义概念,满足纯粹的哲学需要(《王制》368c – 369a)。《法义》的讨论则服务于实际需要:为新建立的城邦设计可实施的法律(《法义》702cd)。在《王制》中,不管是制定法律(《王制》425b – 426b,427a),还是宗教的角色(《王制》427bc),柏拉图都有意避开。《法义》中的讨论基于如下假设:良好的环境可以获得(例如,《法义》735a7 – 736c4),然而,毫无疑问,公民们各自带有后天养成的习惯和偏见(《法义》707e – 708d,参 732e3 – 733a4)。因此,面对人性,法律和刑罚十分必要(《法义》853b4 – 854a3,参 859b6 – 864c8)。《法义》的城邦基于并追求现实世界,它也严肃地对待宗教。因而,适合以《法义》中的城邦宗教为分析模型,去理解雅典宗教。①

在这里,不可能详细描述《法义》城邦中的宗教形式。② 总体描述一下宗教的作用就足矣。整个公民组织及其各个不同的分支,要经常定期举行各类宗教集会(738d,771d,799ab,828bc,829b)。宗教仪式融入所有政治、法律、经济、教育及家族制度普通和特殊的运作之中。③ 宙斯是城邦的保护神(πολιοῦχος),他和雅典娜是城邦的

---

① Reverdin(1945),页 4:"但是,《法义》的城邦宗教,是对雅典宗教的反思、理解和扩充,这证明,对话想要发现的珍贵信息,不仅仅是其作者的宗教思想,还有关于整体希腊宗教的东西。"Burkert(1985),页 333:"相比之前《王制》中的乌托邦计划,在《法义》的城邦中,希腊城邦的现实性更加突出。虽然在哲人眼中,《法义》的城邦只是第二好的,但它充满了实际存在的多重现实。关于希腊城邦,包括其宗教,《法义》是我们拥有的最全面的文学叙述。"同上,页 335:"《法义》提及的克里特城邦,闪耀着理想的雅典。"

② 关于这个城邦宗教的细节,Burket 有过总结,参 Burket(1985),页 332 – 337;更广阔的研究,参 Reverdin(1945),及 Morrow(1960),页 399 – 499。关于这个主题,我引用的文本只是个样本,很容易找到更多例子。

③ 政治:738d,745d,771bc,842e,941a,945e – 947a;法律:767c,856a,865cd,871c,916c,936e;经济:778cd,844e,849a,914ab;教育:766b,794ab,796c;家族:873d,958d(葬礼);774b – d,775a(婚礼);784a,785a(孩子);856de,881d(其他)。

伙伴(κοινωνοὺς πολιτείας,921c)。有一座卫城献给赫斯提亚(Hestia)(即整个城邦的灶神)、宙斯和雅典娜(745b)。对于所有宗教问题,德尔菲神庙是公认的权威(738bc,759c)。十二位奥林波斯神是城邦十二部落的保护神(745d)。赫斐斯托斯(Hephaestus)、雅典娜和阿瑞斯(Ares),是艺匠团体的保护神(920de)。有各种类型的祭司(759a-760a),甚至预言者(μάντεις)(828b,871c)。除了主要的泛希腊神祇的庙宇和领地之外,各地还有数不清的地方神的圣殿(740a,761c,848d)。每个家庭都有自己的神圣灶台(740b)。整个公民组织划分成各个宗教合唱队(664cd)。一年中的每一天,神圣日程都包含某种节日(828b)。仪式不仅包括奥林波斯诸神或天神,还有冥府诸神、精灵(δαίμοσιν)、英雄及家族祖先(717ab,740bc,799a,801e,828c)。

宗教的力量也用于满足社会需要。通过共享仪式和频繁而有尊严的集会,公民组织的一致性得以促进(708c2-4,738d1-e2,771c7-e7)。宗教提高了可欲的社会政策的接受性、稳定性或不变性。通过给特殊制度提供约束力,诸神的权威确保了对传统的敬畏和对变化的厌恶。例如,为了防止音乐和舞蹈的腐化或创新,已树立的标准要在某个神圣日子中进行圣化(καθιερόω)。反对者会面临不虔敬的指控(798e4-799b8,参816c1-d2)。同样,通过圣化,雅典人加强了对同性恋新奇且绝对的禁止。为了达到对现存价值的剧烈翻转,这是主要的权宜之计。实质上,普遍接受的对乱伦的神圣约束,也扩展到同性恋上(837e9-838e1)。

因此,对所有公民来说,这个城邦的神们持续向他们显现,有着持续的活力。宗教旨在充满活力,成为公民生活的中心(716d6-e2):

> 如果好人通过祈祷、供奉牲礼和对诸神的种种侍奉,向诸神献祭并不断与诸神交谈,那么,这对于他是最高贵、最好的,能使他最为有效地过上幸福生活,对他也特别合适。但坏人天

生会做的恰恰是相反的事情。①

柏拉图精心建构了一套政制,在其中,城邦生活各个方面的运作,都极度依赖于公民对诸神和祭仪的忠诚。此后,柏拉图致力于确保这种忠诚的持久。通过保证公民们对诸神信仰的真诚,柏拉图既确保了城邦制度的效力,也保证了城邦整体的凝聚力。在柏拉图手中,神学成了政治科学的一个分支。然而,这只是反映了希腊城邦曾一直盛行的状况。

自然,《法义》城邦中的宗教保护归于有关不虔敬($ἀσέβεια$)的法律,首次表述不虔敬的术语非常宽泛:"关于有人可能在言行上冒犯诸神的方式——要么通过言语,要么通过行动"(885b2-3)。这确实相当平淡无味,它对不虔敬的理解,相比于雅典法律或其他地方,并没有表现出任何进步。大体而言,为了防止不虔敬,柏拉图所设计的革新,乃是他立法上较大革新的一部分。正是在实际开始为克里特新殖民地立法时,雅典人开启了他所谓的独一无二的实践(718b5-723d4)。② 在所有法律之前,或至少所有重要法律之前(723c1-d4),他会添加一个序曲($προοίμιον$)。音乐作品的主体之前

---

① 对全体公民的第一次演说(715e7-718a6,726a1-734e2),被视为整部法律的序曲(734e3-4,对比 723b3-5)。在那里,雅典人开始叙述和证明"神圣价值"($θεῶν τιμῇ$)的优先性原则。

② 有关独特性的宣称,见 722b4-c4。在斯托拜乌斯(Stobaeus)著作中,可以找到两个序曲,它们被归于古代的立法者:洛克里的扎鲁库斯(Zaleucus of Locri Epizephyrii)(4.2.19)和卡塔内的卡龙达斯(Charondas of Catane)(4.2.24)。这很有意思,因为它们体现了柏拉图的原则,尤其在建立对正义和关注的诸神的坚定信仰上,但是,他们确实是后柏拉图时期的发明。狄奥多罗斯(Diodorus Siculus)(12.20)将序曲的本质归于扎鲁库斯。西塞罗(Cicero)(《法律篇》[*Leg.*],2.14-16)知道这两个序曲,并天真地宣称,柏拉图是模仿者。然而,可以感觉到,梭伦(Solon)关于他的立法时机的诗篇,构成了某个先例。此外,在涉及叙拉库塞(Syracuse)法律的修订时,柏拉图曾提到法律的序曲(《厄庇诺米斯》[*Ep.*],3.316a)。

设有序曲,借用这一惯例(722c2 – 723b2),法律序曲是要为法律刑罚部分具有的强制添加劝谕。① 序曲使公民们更加温顺地朝向立法者企望的目标:"这样,接受由立法者公布的法律的人就可能接受命令——亦即法律——他怀着更认同的心情接受,从而更易于学些东西"(723a4 – 6)。② 序曲意在提供一种劝谕性的表述,以诱导公民自觉遵从法律规定,而不用诉诸法律中的惩罚。纯粹的理性论证,证明法律的命令最好,它也可能是序曲的一部分。③ 然而,序曲中可以呼吁的任何东西,最有可能影响作为行为者的公民。婚姻法第一版本的序曲乃是一种呼吁,它基于人类通过生殖实现不朽的自然欲求(721b6 – d6)。关于谋杀和照顾孤儿的法律序曲,使用了流行的传说,这些传说叙述了违背恰当行为的死后(post mortem)惩罚(870d4 – 871a1,926e9 – 927d1)。④ 本质上,序曲的目标指向公民的灵魂状态,因为它是指导行动的方法。在序曲的第一次尝试中,雅典人陈述了法律,然后加上他应谨记($\delta\iota\alpha\nu o\eta\vartheta\acute{\epsilon}\nu\tau\alpha$ $\dot{\omega}\varsigma$),接下来是劝谕性的话语(721b7)。宾语中的分词与从句的主语相一致,主语包括法律和公民本身。如果记住诸如此类的话,他就会遵行法律的规定。如果公民相信序曲,他就会由于自己的所信履行法律条款。法律及其惩罚就成了多余之物(参 822e4 – 823a6)。只有当序曲被

---

① "劝谕和暴力",722b6;"每当用劝谕和强迫",721e1 – 2;"僭主的命令……是未混合的法律,之前的东西……是劝谕",722e7 – 723a4。参照 Görgemanns(1960),页 30 – 71。

② 关于序曲在总体上的目的,参 718c8 – d7,719e7 – 720a2,721d7 – e3,722b4 – c2,722c7 – 723b2。在 720a2 – e5,雅典人用了医学的类比。自由民医生医治自由的病人,靠的是向病人解释,为什么一定要按照药方去做。而奴隶医生只提供药方给奴隶病人。显然,在自由民那里的做法,更为有效和可取。

③ 例如,第二版婚姻法(772e7 – 773e4)和伤害法(874e8 – 875d5)的序曲。整部著作最庞大的理性论证,构成了有关不虔敬的法律序曲的一部分(下面马上会讨论)。

④ 参针对抢劫庙宇的法律序曲中的热烈劝谕,854a5 – c5。

拒绝,法律才真正必要(参854c6-d1,870e4-871a1)。通过提供信仰——它足以带来法律中可设想的行动,柏拉图试图弥合信仰与行动间的鸿沟。

为了阻止不虔敬,柏拉图的革新在于有关不虔敬的法律序曲。他首次简洁阐述的序曲如下(885b4-9):

> 没有哪个依法信仰诸神的人,自愿做过不虔敬的事,或无意中说过不法的言论,除非他处于这三种情形之一:要么,我刚刚所说的这点[诸神存在],他不相信;要么,其次,他相信诸神存在,但认为诸神不关心人类;要么,第三,他认为诸神很好求情,可用献祭和祈祷诱惑。①

因此,在《法义》中,对于城邦统治的基础,柏拉图设定的三个信仰为:(1)"法律规定"②的诸神存在;(2)诸神照管人类;(3)诸神不会受献祭和祈祷求情而背离正义。③ 相信这三个主张的人,没人"自愿做过不虔敬的事,或无意中说过不法的言论"。这一看法揭示了这部法律及其序曲的重要性。不仅城邦宗教,还有公民秩序,都依赖于它们(890a5-9)。这一序曲如此重要,以至于可视为所有法律的最好序曲(887b5-c2)。因为,对于生活的好坏,最重要的事

---

① 引入这点是作为伴随法律的劝谕(παραμύθιον)(885b3),但后来称之为序曲(προοίμιον)(887a3,c1,907d4)。关于这两个术语的可互换性,参720a1,773e5,854a6,880a6-8,923c2-3。在888c1-7,这三个信仰再次以相似的否定形式得到阐述,而在907b5-6则以肯定的形式。在《王制》365d-366b,对这三个信仰中任何一个的拒绝,被称为鼓励成功的不义者。

② κατά νόμους意味更浓翻译是"证明合法",参890a6-7,b6-7。在891e2和904a9-b1,诸神据说是"法律规定"的(κατά νόμον)。

③ 诸神不会受求情而"背离正义",这个限定加在第三信仰上,见885d3和907b6。这一限定至关重要,在它看起来不明显的地方,必须视为假设性的。

情是正确思考诸神(888b3－4)。①

对上面提到的序曲简洁形式的扩充,构成了卷十的主体。柏拉图已经阐明这三个信仰,要确保公民虔敬从而使其顺服,它们是必要的,也足以确保。然而,这三个信仰并非必然自明。柏拉图意识到,每一信仰都可能受到某个阶层的人的拒绝。对序曲的扩充,试图单独处理每一宗教信仰,并尝试说服每一类反对者相信他们大错特错。这是一项冗长、艰巨却又必要的任务(886e6－887c4)。根据雅典人的说法,反对者自己要求充分的证据(τεκμήρια ἱκανά,885d2－3,对比907b7),证明每一个关于诸神的信仰为真(885c5－e6)。反对者向说服敞开。他们掌控着自身的机能,却有着错误的心态(ἀμαθία τις μάλα χαλεπή[某种极度的无知],886b7)。因此,柏拉图排除了将不虔敬归于无节制的看法(886a8－b2)。人们信什么是唯一的问题。这与柏拉图的目标一致,他要为虔敬行为建立合适的灵魂基础。在探讨柏拉图的三个信仰与雅典宗教的关系之前,值得回顾一下柏拉图设想的反对者,以及为驳斥他们而采取的论证。

第一类反对者被称为"新人和聪明人"(οἱ νέοι καὶ σοφοί,886d2－3,对比888e8),他们不相信诸神存在。他们有一个反对诸神存在的论证声称,机运(τύχη)和自然(φύσις)优先于技艺(τέχνη)(889a4－e1)。这一论证继而主张,诸神是某些礼法(τινες νόμοι)的产物,并因地点和礼法的不同而有差异(889e3－890a2)。论证最终断言,卡利克勒斯的(Calliclean)学说可能正确(890a2－9)。显然,对第一基本信仰的拒斥,消除了对道德的神圣约束。如果诸神不存在,伦理行为的公认标准就不会有神圣的保护。雅典人对这一论证的回应,即证明诸神存在,是通过论证技艺和灵魂的终极优先性

---

① 在这个序曲中,动词 διανοέομαι [思考] 也被用来表达主体的心态(888b4,890a7),正如前面721b7讨论时一样。在前面所引的三个信仰的首次简洁陈述中,动词 ἡγέομαι [相信] 描述了主体的心态。对这一目的来说,这两个词用哪一个,我看不出有什么意义。重点在于,柏拉图始终关注参与信仰和行动。

(891b8 - 896c4),以及引导天体有序运动的好灵魂或神的存在(896c5 - 899b9),这是一个漫长而复杂的哲学论证。即使真的有人特别将这一论证放入反无神论者口中,也不可能说出是谁。显然,柏拉图设想,这种激进的无神论源于哲学家或科学家,比如阿那克萨戈拉(Anaxagoras)。① 然而,科学的无神论结合了《西西弗斯》(Sisyphus)残篇愤世嫉俗的无神论,以及卡利克勒斯的反道德主义。这些观点的结合几乎是新奇的,② 无法归给任何一个历史人物。

第二类反对者不相信诸神关心人类,他们并非从科学立场得出其信仰。③ 在这种情形中,神学错误起因于坏人表面的亨达(899d8 - 900b3)。这类反对者相信诸神存在(899d7 - 8),但不愿意坚持,诸神对于坏人的亨达负有直接责任(900a6 - 7)。唯一能摆脱这种不协调($\dot{\alpha}\lambda o\gamma\acute{\iota}\alpha$, 900a8)的结论是,诸神蔑视并忽略人类事务(900b1 - 3)。在这里,道德神圣约束的明显缺乏,导致对第二基本信仰的拒绝。④ 对这种形式的反对意见,回应是双重的。第二个哲学论证紧承前一论证(900b6 - c1),其中,柏拉图指出,诸神照管的小事物(即人类事务),不会少于大事物(即宇宙,900c9 - 903a3)。这一论证的本质源自第一论证的主张:"最好的灵魂照管着整个宇宙"(897c7 - 8),以及"[宇宙的]灵魂在每一种美德上都是好的"

---

① 参 886d4 - e2,在那里,"现代科学家"宣称,太阳、月亮、星星和地球并不神圣,而是泥土和石头。此外,后来那些匿名的思想家确实提及阿那克萨戈拉,他们被指控为无神论者($\dot{\alpha}\vartheta\epsilon\acute{o}\tau\eta\varsigma$)(967b4 - d1)。关于激进无神论者的身份问题及其论证的根源,参 Mahieu(1964)。

② 说"几乎"是因为《云》(Clouds)中的苏格拉底对无神论和非道德主义的混合,提供了一个先例。

③ 然而,柏拉图确实宣称,无神论科学家的自然力,也剔除了神照管人的可能性(886d8 - e1, 967a1 - 5)。这似乎敞开了召唤诸神的自然力量的可能性,但是,正因为诸神是自然的,他们不会是"法律规定"的。

④ 这个关于诸神的推论归于忒拉绪马霍斯(Thrasymachus),DK 85 B 8。

(899b5-6)。诸神对人类事务的关心,源于诸神在管理整个宇宙上的完美德性。但在这种情形中,由于不是对着科学家说话,雅典人觉得,需要"某种神话的咒语"($ἐπῳδῶν\ μύθων\ τινῶν$, 903b1-2)来补充哲学论证。对第二类反对者,他亲自做了一个长篇演说(903b4-905c7)。不同于《高尔吉亚》(Gorgias)的结尾和《王制》卷十,这并非一个神话,但它生动地强调了如下事实:犯罪者必定为其罪行付出代价,即使惩罚是在死后。坏人的表面亨达只是幻觉,对道德的神圣约束才是真实。

第三类反对者相信,诸神存在,也关心人类,但通过献祭和祈祷的贿赂($δῶρα$, 905d4),可诱惑诸神背离正义。因此,柏拉图提到的第三类异议,会致命地削弱道德的神圣约束。为了反对这种立场,雅典人没有提供哲学论证。对这群反对者的讲话,与刚才提到的"神话的咒语"一样,采用的是情感性和规劝性的风格(905d8-907a9,尤其905e5-906c6)。认为诸神比看门狗和牧羊人还要坏,这让反对者感觉到无比荒谬。

显然,柏拉图绘制的三个信仰,意在引导公民以他认为最可欲的方式行动。正在谈论的信仰,就是那些会最直接加强或减弱个体公民宗教行动的信仰。接下来将考察,对于雅典城邦的宗教,是否适合应用或改造这三个信仰。

一 基本信仰模式的前提

柏拉图提出的关于诸神的三个信仰,并非为了总结公民们可能持有的所有宗教信仰。毋宁说,它们是公民们有义务坚持的信仰。在这个意义上,它们类似于一个信条。有关不虔敬的法律需要这些信仰,除此法律外,还成立了一个夜间议事会($νύκτωρ\ συλλεγομένων$),担负捍卫这三个信仰的任务(909a,961a以下)。在雅典城邦中,宗教的持续和运行既非靠信条,也非靠如下特定组织,该组织在宗教事务上拥有权威,并负责维护信仰。① 雅典宗教的某些方面,意在减少对诸神态度的现实冲突的可能性。在对诸神的信仰上,定有可能存在各种各样的理解。在共同体中,为了保持虔敬的立场,人们必须在根本上承认并履行必要的仪式活动,包括宣誓和祈祷,这些活动也全面展示了对诸神的明显关注。为了保持虔敬立场,人们根本不必表明对于诸神的任何信仰。只要表面上与言行相对宽松的标准一致就足矣。

然而,正是公民生活中的城邦宗教制度和仪式的持存和主导性,要求这样假定:崇拜者确实对诸神具有某些信仰,就他们持有的信仰而言,他们的敬拜行为有意义,并且正确而又恰当。从城邦宗教制度中,可以推论出某些关于诸神的信仰。如果崇拜者相信,仪式和伴随的祈祷(更不用说他的伦理行为)具有宗教意义,那么,至少他必定要持有这些信仰。关于诸神的这些信仰,我称之为基本信仰。对于"必定",我指的是,就崇拜者的心理动机而言,必定如此。也就是说,如果崇拜者相信他的宗教行为具有宗教意义,而且遇到理性准则的最低设定,那么,他就不得不相信关于诸神的某些事情,即使只是默默地相信。② 关于"宗教意义",我将自己的主张限定在

---

① 某些群体的权威性,例如欧摩尔匹岱(Eumolpidae)的祭司家族,只有通过他们监理的仪式才能扩展。[吕西阿斯]6.10 提到欧摩尔匹岱是因为,安多希德斯是犯罪者,反对神秘现象。411 年,当欧摩尔匹岱和克律克斯(Kerykes)反对他们的敌人阿尔喀比亚德(Alcibiades)回归时,他们的愿望不被理会(修昔底德,8.53.2)。《德莫斯特内斯》22.27 是不确定的,德莫斯特内斯心中所想,必定是对神秘现象的反叛。无疑,高贵祭司家族($\gamma\acute{\epsilon}\nu\eta$)的权威相当有限,因为他们和受任命的祭司一起,服从公共服务的正常审查(埃斯基涅斯,3.18)。在四世纪的雅典,官方的宗教解释者对仪式事务进行权威解释。我没有考虑一些边缘群体,比如毕达哥拉斯学派(Pythagoreans)和所谓的俄耳甫斯教(Orphics)。关于宗教权威的问题,参 Garland(1984)。

② 在《法义》中,正是为了满足这种心理需要,柏拉图引入了法律序曲。

崇拜者之内,他们是信仰者,相信宗教与诸神相关。但是,现在不可能发现古代雅典有多少这样的信仰者。因此,基本信仰并非为了服务于对宗教信仰的纯粹历史记录。

由于缺乏对这些信仰的任何直接记录,为了确定基本宗教信仰,我考虑了下面的问题。共同的宗教制度规定了雅典个体面对诸神时展现的行为方式,诸神起作用,仅仅依靠雅典个体对那些制度保有的忠诚。既然承认个体间必然有差异,那么,对维持那种忠诚必不可少的信仰诸神的根本核心是什么呢?同样的问题也可用其他说法表述。个体持有的宗教信仰,首先不是公共记录的问题,也不是公共关注的问题,虽然个体宗教行为确实既对公众可见,也受公众关注。信仰影响行为;某些信仰决定行为。那些关于诸神的信仰本身即使并非必然充足,却对产生我们实际上能观察到的宗教行为不可或缺,如果人们能发现这些信仰,那就会识别出宗教信仰的核心,并可以合理地称之为雅典宗教的基础。雅典公民对其宗教制度的忠诚,在古代一直未曾削弱。这是一个历史事实。为了解释这种忠诚,基本信仰可作为历史上看有效的分析模式。[①]

问题既抽象又具体。具体的是对宗教制度的忠诚,以及因这种忠诚而表现出的宗教行为;抽象的是指出对这种忠诚和行为必不可少的信仰核心。抽象是要的,出于另一个原因,抽象事实上也可欲。对雅典个体来说,行动的根源多种多样,个体忠诚感的来源很难理解,因此不可能解释这一切影响,尤其是考虑到证据的限制。这些

[①] 我发现,下面两个说法标志着对雅典基本信仰观的考虑。Gemet 和 Boulanger(1932),页351:"对诸神的明确否定……损害了公民崇拜本身所需要的最低限度信仰。"Reverdin(1945),页213:"雅典人声称要阻止公民们和外邦人或异方人,因为他们热衷于宣扬的诸神观,有悖于奠定城邦宗教根基的观念。"关于这些模式在古代史中的有用性的讨论,参 Finley(1985),页60-66。

来源可能反映了大众的宗教信仰,但我不打算仔细搜索这些来源,以汇成一个信仰的花名册,而将普通雅典人归入其中。这种方法本身会涉及抽象,无论如何也不能满足现在的需要(例如,Dover,1974,页 246-268;Mikalson,1983)。例如,在这些来源中,人们很少会发现关于诸神存在的主张,这仅仅是因为,人人都认为这是理所当然的。因此,对于我旨在确定的基本信仰,关键的检验是消极性的:如果个体有意识地拒绝某一特定信仰,那么,我们可归于雅典个体的宗教行为,是否会得到真诚地践行呢?只有答案为"不",这种信仰才能视为基本的。比如,个体不可能真诚地崇拜诸神,除非他相信诸神存在。因此,方法是还原,我旨在将宗教信仰的世系还原到最最基本的。

依据柏拉图之外的证据,我们可以断言,对于雅典城邦的宗教运作,柏拉图《法义》中的前两个信仰是基本的。它们是:(1)诸神存在;(2)诸神关心人类事务。当然,绝非偶然,在雅典宗教中,柏拉图的前两个信仰保持了它们的解释力。以各种形式或渠道,这些信仰整合进了宗教行为之中。然而,可以证明,对古代雅典人来说,柏拉图图式中的第三信仰因素,在历史上并非有效。第三个基本信仰不同于柏拉图的第三信仰,我们下面将会提到。①

二 第一信仰:诸神存在

诸神存在($εἰσίν\ οἱ\ θεοί$)。第一信仰的必要性很明显。真正

---

① 虽然在《法义》的城邦中,宗教有着公认的重要性,但很少论及柏拉图城邦的宗教信仰(相对于仪式和制度)与雅典城邦宗教信仰的关系。Dodds(1951),页 207-235 讨论到,柏拉图试图改革堕落的信仰组织,他称之为流传的集合体(Inherited Conglomerate)(这一术语借自 Gilbert Murray)。

的崇拜者必须相信诸神存在,他的仪式指向诸神。① 这一事实对雅典人起了作用。我们可以指出阿里斯托芬的两段话,那里含蓄地表达了如下推理:如果诸神不存在,那么,宗教行为就没有效果,或者毫无意义。在陌生的环境中,这个推理很难说是无意识的。然而,在这两段话中,诸神不存在的看法都是无意中提起的,没有特别的准备。观众被指望能像上面那样独自推理,以便理解笑话。

在《骑士》(*Knights*)30－34行,奴隶尼西阿斯(Nicias)向他的奴隶同伴德莫斯特内斯(Demosthenes)建议,他们在某个神的祭坛上寻求帮助。德莫斯特内斯怀疑这一策略的有效性,他以一种略带惊讶的口吻问尼西阿斯,是否真的相信诸神存在。我们必须明白,只有在尼西阿斯确实相信诸神存在的前提下,他才会提出那个建议(这个笑话源于尼西阿斯确信,诸神存在来自他憎恶诸神[θεοῖσιν ἐχθρός]这一事实)。

在《地母节妇女》(*Thesmophoriazusae*)中,一名妇女抱怨欧里庇得斯负面描绘妇女带来的结果(383－432)。第二位妇女靠编织花环勉强支撑家庭生计,她增加了另一种抱怨(443－456)。在其悲剧中,欧里庇得斯已经说服男人,诸神不存在(450－451)。接下来,立即就是点睛之笔:第二位妇女的生意为此受到极大损失(452),因此,欧里庇得斯必须受惩罚(453－454)。对于那位穷苦的花环编织者来说,首要考虑的是生意。观众必定知道,不相信诸神存在的男人,不大可能为宗教仪式费心。在这个特殊例子中,节日或其他仪

---

① 参柏拉图《法义》卷十(887c7－e7),在反对无神论者的首次长篇演说中,他生动描述了真正崇拜者的态度。尤其是如何"呈现出最高的严肃性……他们[父母们]以祷告和祈求跟诸神交谈(即虔敬[ἐσπουδακότας]),诸神被设想为最高的存在"(887d7－e2)。亚里士多德提到死去的祖先适用于诸神时,提出了相似的论点(fr. 39 R.)。

式上,花环是必要之物。①

三 第二信仰:诸神关心人类事务

诸神关心人类(τῶν ἀνθρώπων φροντίζουσι οἱ θεοί)。② 同样,第二信仰的理据也显而易见:如果诸神存在,却不理会[人类]进行的献祭或对誓言的违背,更不必说不关注人犯下的谋杀罪,那么,这实际上跟诸神根本不存在没有两样。③ 仪式的两个方面,尤其显示了第二基本信仰的运作。诸神关心人类事务,这点可从宣誓习俗中看出。不论在个体生活中,还是在城邦公务上,都普遍存在这种习俗。④ 实际上,宣誓中提到的诸神是被召唤为见证者的。⑤ 因此,凡

---

① 在《云》423-426,斯瑞西阿得斯(Strepsiades)也拒绝传统诸神,因而拒绝传统崇拜。但就此而言,其理据已经准备了很久。

② 关于希腊原文,参色诺芬《回忆苏格拉底》(Mem.)1.4.11,《法义》885b8,888c5-6。关于 ἐπιμελεῖσθαι [照管],参色诺芬《会饮》(Smp.)4.46,48,《回忆苏格拉底》1.4.14,17,18,柏拉图《法义》907b5-6。

③ 也就是,对城邦宗教来说,它需要诸神关注并回应献祭、誓言等。这里,我没有考虑4世纪的哲人,他们重新定义了诸神对人类事务的那类关注(如果有的话)。

④ 参吕库古(Lycurgus),79:在民主集会上,宣誓是……具体例如,执政官:[亚里士多德]《雅典政制》55.55;陪审员:德莫斯特内斯,24.149-151;议事会成员:参 Rhodes(1972),页194;青年:Tod,2.204,吕库古,76;个体私人事务:安多希德斯,1.126,吕西阿斯,12.9-10,32.13。参410年的得墨丰图斯(Demophantus)法令中,所有雅典人的反僭主誓言(以及安多希德斯,1.96-98)。八十年后,吕库古宣称,它仍然制约着雅典人(吕库古,127);要么每个新时代都重复这誓言,要么如吕库古宣称,后来的每一代人也都持守原初的誓言。对誓言的总体讨论,参 Plescia(1970)。

⑤ 例如,μάρτυρες [见证者]:修昔底德,2.71.4(对比 2.74.2-3),[德莫斯特内斯]48.11;ἵστορες [智者]:Tod 2.204.16(年轻人宣誓)。

是真挚地发过誓或接受誓言的人都必定会相信,诸神关注这一事务。① 我们无法真正知道,在多大程度上,古代雅典忽略了伪誓的神圣后果,但它绝不会接受公开地承认或鼓励伪誓。据说,吕桑德(Lysander)建议,"用掷骰子欺骗孩子,用誓言欺瞒成人"(普鲁塔克,《吕桑德》8.5),就连吕桑德的伪誓策略或忒萨里的美诺(Menon the Thessalian)(色诺芬,《远征记》2.6.21-22,25)也都取决于广泛接受的有效誓言。

占卜的习俗,尤其是求问神谕,也透露了第二基本信仰的存在。神听到求问并给予恰当的回应,只有在这个前提下,求问神谕才有意义。众所周知,因为个人原因,个体会求问德尔菲神谕。② 然而,为了城邦事务得到指引,城邦整体也求问神谕。在关键时刻,面对薛西斯(Xerxes)的入侵,明显是围绕德尔菲神谕的意旨讨论对策(希罗多德,7.140-143)。但是,德尔菲和多多那(Dodona)的神谕,通常是对城邦宗教中的技术性事务的恰当管理提供指引,其中涉及诸如这样的事务:献祭、供奉、圣器、仪式步骤及外来仪式的引入。③ 显然,雅典民众相信,当他们询问建议时,诸神会听

---

① 宣誓通常在特定地点进行,比如庙宇或献祭的祭坛,在此,宣誓者能更强地感觉到诸神的临在([亚里士多德]《雅典政制》,55.5;埃斯基涅斯,2.87;狄纳尔科斯,3.2;安多希德斯,1.97-98,126;伊索克拉底,2.31,12.9;[德莫斯特内斯]40.11)。柏拉图甚至让普罗塔戈拉宣称,他跟学生定学费的协议,靠的是在庙宇中引诱他们宣誓(《普罗塔戈拉》328b5-c2)。

② 例如,克洛伊索斯(Croesus),见希罗多德《原史》1.53-55;凯瑞丰(Chaerephon),见柏拉图《苏格拉底的申辩》(*Ap.*)21a;色诺芬,见色诺芬《远征记》3.1.5-7。对比克瑞乌萨(Creusa)和库堤斯(Xuthus)的要求,见欧里庇得斯《伊翁》(*Ion*),302-306,333-346,420-424。关于神谕回应的这一话题和其他话题,参 Fontenrose(1978)的德尔菲神谕目录。

③ 献祭:德莫斯特内斯,21.52,[德莫斯特内斯]43.66,[亚里士多德]《雅典政制》,54.6;供奉:德莫斯特内斯,21.53,希波里德斯(Hyp.),《为欧克尼普斯辩护》(*Eux*)24-25,*SEG* 21.519(四世纪中叶,阿卡奈地区的法(转下页)

到。① 对诉诸神谕的严肃性的任何怀疑,都会让庞大而复杂的程序消除。这一程序旨在确保询问的真诚,它是 352/1 法令的一部分,这一法律是有关厄琉西斯(Eleusis)某些圣地的处置($IG\ II^2$ 204. 23 – 54[= $LSCG$ 32])。为这个复杂的程序辩护,"是为了让那些牵涉两位女神的事情尽可能虔敬,并在涉及神圣领地($ὀργάς$)和其他雅典圣所上,将来不会出现不虔敬"(51 – 54 行)。

四 柏拉图宇宙诸神的绝对正义对照雅典信仰

柏拉图的第三个基本信仰,是诸神不会受献祭和祈祷的影响而背离正义。出于两个原因,这一信仰不符合雅典宗教。这两个原因构成了雅典宗教与《法义》城邦宗教的关键区别。

首先,我们必须区分柏拉图城邦以哲学理解的宇宙诸神与大众信仰的诸神,后者支撑着城邦的宗教制度。在反对科学无神论者的论证中,柏拉图证明,事实上,天体是灵魂或诸神,它们以完美运动推动自身(《法义》898d9 – 899b9)。柏拉图对诸神存在的精妙证明(尤其关于运动形式的有争议段落,893b6 – 894b1),②以及他倡导的启发人的天文学形式(821a2 – 822c9),都具有专门的知识。这些

(接上页)令),$IG\ II^2$ 4969(四世纪中叶);圣器:$IG\ II^3$ 78. 4 – 5(= $LSCG$ 5,五世纪末),$IG\ II^2$ 204(= $LSCG$ 32,352/1);仪式步骤:$IG\ I^3$ 7. 10 – 12(= $LSCG$ 15,五世纪中叶),$IG\ I^3$ 137(= LSS 8,五世纪末);外来仪式:$IG\ I^3$ 136. 31(= LSS 6. 17,五世纪末),$IG\ II^2$ 1283. 4 – 6(= $LSCG$ 46,3rd c.;这几行涉及 5 世纪对多多纳神谕的最初求问)。

① 关于 $θεοί\ ἐπήκοοι$[诸神倾听],参 Versnel(1981),页 26 – 37。参埃斯基涅斯,$Eum.$ 297,及 16 行对破城者德米特里乌斯的颂歌(Duris $FGrH$ 76 F 13. 15 – 17 = Athen. 253e):[$ἄλλοι\ θεοί$] $οὐκ\ ἔχουσιν\ ὦτα$([其他诸神]从不竖耳倾听)。

② 对这段话的解释,参 Skemp(1942),页 96 – 107。

知识构成了教育和法律维护者知识的本质部分,从而将这个群体与并不如此博学多闻的大众区分开(966c1 – d3)。然而,公民们要充分学习关于天上诸神(即天体)的知识,以免亵渎神明,并保持仪式中的虔敬(821c6 – d4)。① 但是,对于大多数公民来说,重要的并非他们的知识,而是对法律的遵循(966c4 – 6)。只有哲人—科学家能够真正理解宇宙灵魂诸神,那么,作为崇拜的世俗形式的虔敬,如何与宇宙灵魂诸神相连,并让其唤醒?

柏拉图对宇宙诸神存在的论证,只是为了回应无神论的科学家。雅典人也提到,古代有韵无韵的神谱著作是无知的来源(886b10 – d2)。但进一步的思考排除了这些解释,因为它们的古老性使它们不容批评。② 然而,除了儿子反对父亲的神话之外,柏拉图最终要反对的,是他们在事物的开端设定的第一本性($πρώτη\ φύσις$)。然后才出现诸神(886c2 – 4)。将自然($φύσις$)置于诸神之前,科学唯物主义者也有这种错误,在针对他们的论证中,也会反驳这种错误。柏拉图没有考虑不相信诸神存在的其他来源。显然,他觉得,其他导致绝对无神论的原因,都不值得反驳。即是说,除了某种形式的科学唯物主义,其他的理智立场不会导致谁不相信诸神存在。

柏拉图提到的其他两种异见,即相信诸神不关心人类,及诸神可以用贿赂诱骗,可能致使普通公民受害。他对这两类反对者进行了劝谕,而非哲学论证。在有关不虔敬的法律序曲中,哲学部分与

---

① 普通公民所需要的最低限度的天文学知识以及相关的简单理解力,就在于理解,天体并非随机运动,而是有规律地沿轨道运行(821e1 – 822c5)。

② 赫西俄德与费里西德斯(Pherecydes)的古老神谱,不大可能已从克里特消失,正如886b10 – 11所暗示。因此,柏拉图必须想出更新的神谱,"优台谟"俄耳甫斯教(Eudemian Orphic)的神谱版本,创作于五世纪晚期的雅典(据West的说法),或许为柏拉图所知(West[1983],页116 – 119,174 – 175)。以俄耳甫斯的名义传播的这些神谱,自然会称之为古语($παλαιοί\ λόγοι$,886c2,6)。

劝谕部分谈到神明时所使用的术语也有重要分别。在哲学部分，关键术语是灵魂（ψυχή）。灵魂被证明享有存在的终极优先性。直到论证的结尾，推动天体的灵魂才最终被称为神（θεός），即使在这里，也仅仅是增加一个合适的名称而已（899a9，参899b3-9）。在对第二类反对者的劝谕中，雅典人提到，主神是"下跳棋的奕手"（πεττευτής）（903d6），① "我们的王者"（ἡμῶν ὁ βασιλεύς）（904a6）。在劝谕中，复数的诸神被称为"统治者"（ἄρχοντες）（903b7，905e2，905e5以下）和"护卫者"（φύλακες）（906d9以下）。这些是国教诸神，"法律规定"的诸神，城邦诸神，在世俗的仪式中为公民熟知，被称为宙斯、雅典娜等。

因此，在柏拉图的城邦中，宇宙诸神与国教诸神之间不存在真正的一致。② 城邦与宗教的那种同一性，源于城邦的历史发展。但对于他自己的神明，柏拉图甚至没有试图去建立那种同一性。一旦传统诸神获得承认，对于他们受科学恶劣攻击的所有弱点，他们就会提供共同感的强大根基。传统诸神有人格。如果传统诸神不是爱的对象，他们就是忠诚的对象。他们成了公民私人崇拜的对象。无疑，柏拉图的宇宙诸神不能提供这一点，但必须承认，柏拉图的城邦宗教不仅符合他要求的道德标准，而且保护具有传统形式、情感和经验的传统城邦宗教。

在柏拉图第三基本信仰的构想中，对我们来说，第二个问题在于，雅典民人显然相信，诸神确实响应献祭和祈祷，而没有严格地关切正义。为了对抗相信诸神腐败的最基本表现，柏拉图引入了一个

---

① 这是贯穿整部著作的一个主题，参644d7-9，803c4-8，804b3-4。

② Solmsen（1942），页161-174深深意识到了这个问题的困难，并提供了有益却最终并不充分的回应。他认为，"法"（Law，Solmsen的大写）作为宇宙和城邦的共同属性，提供了"有机联系"（organic connection）（页163）。但是，Solmsen提出的"法"概念，与对宇宙的科学理解一样，同样很隐微。Dodds（1951），页220-221认识到，柏拉图的宇宙诸神与传统宗教有矛盾。

可当作他对传统城邦宗教的真正革新。在最终陈述关于不虔敬的法律时(《法义》907d7－909d2),并不包含对什么算作不虔敬的定义,也没有列出违反宗教法的范畴或实例。显然,"在言行上冒犯诸神"(885b2－3,参907d7－e1),已经足够具体。除了程序,法律关注的是为不虔敬设立惩罚,惩罚严格按照原因决定。① 存在六种可能的原因。对柏拉图三个基本信仰来说,每一个都有两种类型的不信者(共有六种原因);也就是,有些人不信神,但由于品性好,他们没有造成更为严重的不义;有些人不信神,但由于品性坏,他们造成了很多伤害(908a7－d7)。后一种人自己可能不相信三个基本信仰的任何一个(908a7－d7),但他们造成的伤害,源于他们在公民中宣扬如下信念:诸神可以求情(909b2－6),即是说,柏拉图的第三基本信仰失效。

柏拉图意识到,人性的弱点使个体倾向某些类型的宗教活动,最初,这些活动基于相信诸神的败坏(909e5－910b3)。为了反对"圣物的非法买卖"(909d6),柏拉图为不虔敬法律增加了一个附加条款。在那个段落中,他具体指明,有一类与思想对立的行为是不虔敬的。附加条款剥夺了私人住处拥有神龛的权利,并规定,所有崇拜必须在公共神庙完成,并有官方男女祭司的在场和帮助(909d7－e2,910b8－d4)。附加条款意在根除的宗教活动,其主要诱因在于拒斥柏拉图的第三基本信仰。② 在柏拉图看来,这类崇拜包括:私人供奉,写符咒,与亡灵沟通的仪式,源于希腊或外来的

---

① 关于这一法律的结构,参 Wyller(1957)。Wyller 没有考虑法律正文后面附加条款的重要性。

② 虽然这一附加条款措辞强硬,但它不能应用于官方认可的家族仪式,以及每5040个家庭共有的灶台。家族仪式和灶台是城邦宗教的一部分,家庭构成了城邦结构的最小单元(参740a)。柏拉图显明,不虔敬法律的附加条款仅仅针对错误宗教的放纵的实践者,那些品性恶劣的人(909d3－7)。参 Gernet(1951),cxcv。

各种入社仪式,使用魔法、咒语等。① 它们恒定的目标是,为了某种个人或私人目的而影响神明。不言而喻,这不能视为正义。这种类型的宗教活动,通常近似迷信和魔术,在雅典普遍践行。虽然这些习俗中有些比其他习俗不体面,但它们绝非仅限于雅典底层人(参Nilsson,1967,页795-804;Burkert,1982,页4-12)。

此外,严格解释柏拉图的第三信仰,即献祭和祈祷不能诱使诸神背离正义,不仅会根除私人宗教的从事者,而且似乎会危及城邦的公共仪式。在《法义》的优良城邦中,宗教官员可能希望,在进行公共献祭时,避免让城邦染上唯利是图的嗜好,但在雅典这几乎不可能做到。必定可疑的是,在雅典,实行许多公共献祭和供奉,是否出于比满足自我利益的有意识念头更高尚的观念。② 不像在柏拉图的城邦中那样,雅典的情形没有那么简单。在雅典,崇拜形式多种多样,其中蕴含的诸神概念也多种多样,抹去这些概念的区别是不正确的。柏拉图城邦中禁止的私人崇拜,在雅典确实普遍得到容忍。然而,至少有一次,雅典人处死了一名从事那一行业的人。③ 德莫斯特内斯告发埃斯基涅斯(Aeschines),说他与这类私人宗教有关。显然,这是为了推动陪审团反对埃斯基涅斯(德莫斯特内斯,18.259-260)。另外,关于诸神的高贵观念,代表着雅典城邦宗教

---

① 参《法义》909b2-5,933d7-e4,《王制》364b5-365a3;亦参希珀纳克斯(Hipponax),*Morb. Sacr.* 1.10-46 Grensemann。

② 四世纪雅典,修辞学普遍将先前数代的繁荣归因于他们的 εὐσέβεια[虔敬]:吕库古,30.18,伊索克拉底,7.29-30,德莫斯特内斯,3.26。

③ 与上面所引的(Josephus, *Ap.*, 2.267)尼诺斯(Ninos)是同一个,他引进了外来的神明,德莫斯特内斯,19.281 及那里的 schol.。这种情况似乎招致了某种恶名(参德莫斯特内斯,39.2,[德莫斯特内斯],40.9),并且在极端的惩罚方面,可能是独一无二的。然而,先知(μάντις)Theoris 可能受到相似的指控(Philochorus, *FGrH* 328 F 60;[德莫斯特内斯],25.79-80;普鲁塔克《德莫斯特内斯》,14.6)。私人崇拜可视为新仪式的一种形式(参《法义》909e3-5)。

无可否认的部分,这些观念体现在帕台农神庙的(Pathenon)檐壁上或狄俄尼索斯(Dionysus)节日上,肃剧演员在城邦提供的舞台上表达的高尚情感中,也体现在城邦法庭上演说家对正义的神圣警示的呼求(例如,德莫斯特内斯,23.74)。

雅典城邦宗教确实包含这些对立因素,在此,柏拉图看到了衰败。在分析雅典人的伟大与衰败的一个附带讨论中(《法义》698a以下),柏拉图将马拉松(Marathon)和萨拉米斯(Salamis)时代的卓越归因于如下事实:"在某种意义上,[民人]非常自愿地受法律奴役"(700a4－5)。这种"自愿受奴役"的衰落(始于对音乐法律的漠视),导致衰败的最终状态:"[雅典人]到达了终极自由,他们不再考虑任何誓言、许诺和有关诸神的东西"(701c1－2,参762e1－7)。对雅典人宗教崩溃的这一叙述,不符合雅典宗教本身的事实。① 但柏拉图判定,诸神的正义绝对而专一,诸神执着且顽强地信仰这一正义。显然,这超越了雅典宗教思想的标准(参《法义》885d4－e1)。柏拉图要求,所有公民都要相信,诸神恪守正义。因此,如果应用到雅典,这一要求是不现实的严厉标准。对柏拉图来说,诸神总是正义,绝不变来变去。因此,根据同样不变的正义秩序,人类始终得接近诸神,期待他们的感应。在雅典,某种程度上,诸神的概念是变化的,因人而异,甚至对同一个人而言,也因情况的变化而变化。

---

① 《法义》卷十中持无神论的"现代科学家",并非与柏拉图同时代($\nu\tilde{\upsilon}\nu$,886e4),而是仅仅晚于古老($\dot{\alpha}\rho\chi\alpha\tilde{\iota}o\iota$,886d1)和最古老($\pi\alpha\lambda\alpha\iota\acute{o}\tau\alpha\tau o\iota$,886c2)。我们也不应当相信他们是最古老的,因为说这话的克勒尼阿斯,他对他们一无所知。最终,我们必须抛弃这样的浪漫观点:信仰危机(crise de foi)吞噬了雅典,不管它发生在四世纪还是五世纪晚期,正如 Sandvoss(1968)页317所言:"一种无形、可怕的疾病,比瘟疫还要严重,它使得雅典最早的城邦陷入贫穷、无望的状态。"在一些手册中,这种观点仍很流行,例如,参 Muir(1985)。

五 第三信仰：人与神的互惠

对崇拜者而言，为了保持对雅典宗教制度的忠诚，仅有前两个基本信仰还不足以提供牢固的心理基础。需要第三个信仰为雅典崇拜者提供理由，以期待诸神回应他们的祈祷、献祭、供奉等等。然而，这个信仰不必像柏拉图第三信仰要求的那样道德和理智。因此，我们认为，对雅典宗教的运作来说，第三和最后的信仰是基本的，雅典崇拜者由此相信：(3) 人与诸神之间存在一种关系，无论多么不平等却也是互惠的关系。① 这一信仰或许是最重要的，也最难界定。它被有意识地表述，为解释留下了广阔空间，或毋宁说，是为了适应雅典宗教多样性的需求。然而，实质上，就如下面将要论证的，在雅典，各种宗教活动都假定了神圣的报偿。

据说，雅典人坚持开放的互惠形式，《法义》的第三基本信仰，可看作其具体而相当严格的形式。下面的例子来自法律程序上宣誓的使用，它证明了如下标准与信仰间的对立：柏拉图《法义》中要求的严格而明确的标准，以及信仰与诸神存在基本（但杂乱）的工作关系——这些神盛行于雅典城邦宗教中。

在《法义》的城邦中，当柏拉图考虑誓言在法律体系中的作用时，他首先提到，很久以前，剌达曼堤斯（Rhadamanthys）摒弃陪审团，纯粹根据对誓言的挑战来判案。当时，由于人人对诸神深信不

---

① 根据柏拉图另一处不相关语境中插入的评论，可以合宜地阐释这一信仰的希腊形式（参《会饮》188b）：περὶ θεούς τε καὶ ἀνθρώπους πρὸς ἀλλήλους κοινωνία τις ἐστίν[让神们与人们互相交通]。这三个信仰自然的形成一个等级：第二信仰暗含第一信仰，第三信仰暗含第二和第一信仰。[译注]《会饮》中译文见《柏拉图的〈会饮〉》，刘小枫等译，华夏出版社，2003。

疑(ἐναργῶς),①没有人自己胆敢发伪誓(《法义》948b3 – c2)。但在柏拉图时代(ἐναργῶς[但现在],948c2),对他三个信仰中的任何一个,人们都普遍不信。这使得刺达曼堤斯的方法已经不适用(948c2 – d1)。拒绝这些信仰中的任何一个,都会消除对发伪誓的神圣约束的恐惧。柏拉图感到吃惊,在一个诉讼众多的城邦(当然就是雅典),几乎一半的公民不得不成为发伪誓者,并且所有这些人还能自由地活动(948d8 – e4)。柏拉图的解决方法是,对那些可设想通过伪誓获利的地方,去除对誓言的要求(948d3 – 8,948e4 – 949b6)。② 看起来很奇怪,柏拉图说,"既然人们对诸神的看法已经改变,那么,法律也必须改变"(948d1 – 3)。写这段话的时候,柏拉图必定想着雅典,因为在他的城邦中,人们应相信他的三个信仰,因此,有效约束伪誓的条件已经满足。

在审判之前的预先审查阶段(ἀνάκρισις),一开始,原告和被告都要进行宣誓(ἀντωμοσία)。这样,在四世纪的雅典,法律体系吸收了宣誓的做法(Harrison,1977,页 99 – 100)。这意味着,对每一场审判来说,至少有一人是发伪誓者。雅典人不大可能没意识到伪誓的这一危险扩增。基于不虔敬或发伪誓的记录,诉讼的一方可能提醒陪审团,不要相信对手的誓词,因为一方自己若想发伪誓,宣誓的要求本身就不公平([德莫斯特内斯]49.65 – 67,54.38 – 40;伊塞乌斯,9.19)。但这一制度很发达。人们公开主张,诸神关注誓言的措辞,并以某种明显的方式惩罚伪誓者([德莫斯特内斯],11.2;安多希德斯,1.126;伊索克拉底,18.3)。一些人甚至主张诸神是全知的,以支持誓言的效力(德莫斯特内斯,19.239 – 240[参 71];莱克

---

① 因为他们大部分是神子。柏拉图复活了他让苏格拉底反对墨勒图斯(Meletus)的论证(《苏格拉底的申辩》,27b3 – 28a1)。

② 事实上,这仅仅排除了宣誓中预先阶段誓言的使用,也有可能排除挑战(πρόκλησις)中可作为证据的誓言。在城邦中,其他无数对誓言的使用都未受影响。参 Gernet(1951),cxliv – cxiv。

格斯，79，146，对比色诺芬《远征记》2.5.7）。此外，在亚略巴古（Areopagus），对杀人的审判，一开始的宣誓程序（具体指审判前双方的宣誓[διωμοσία]）非常特别——"这不是普通的宣誓"（德莫斯特内斯，23.68）。根据详细的规定，由专职的官员屠杀猪、公羊和公牛各一只，原告站在这些动物的内脏上，发表对自己及其家庭的公开诅咒（德莫斯特内斯，23.67 – 68）。这种复杂程序产生的敬畏不能确保誓言绝对有效，但它对维持誓言的有用性有些益处。①

基于某种形式的互惠关系，相信诸神回应人类，这根本不排除神圣中的非理性因素，或使诸神变得容易理解或完全可以预测。毋宁说，它排除的是，诸神可能完全非理性、不可理解或不可预测。互惠关系可能不对称、不平等或不确定，但对崇拜者来说，它必定是基本的存在。第三信仰的构想，建立了世界可理解性的最低限度。任何宗教若想持续下去，必须向信徒提供这一点（参 Gould，1985，页 1 – 5）。为了政治生活的继续，需要某种根基、规则或形式（无论多脆弱）来保持与诸神关系的持续性。城邦宗教包含了一种囊括持续性与规律性的生活方式。祖传礼法（πάτριοι νόμοι[祖传礼法]，τά πατρία[祖传习俗]，τά νομιζόμενα[公认之物]）在仪式上的效力，需要相信诸神与崇拜者之间保持一种持续、有序的关系。完成宗教责任的公认方式，是依照祖传习俗（κάτα τά πατρία）。② 431 年，雅典人从阿提卡（Attica）进入城邦时，他们感到苦恼，不得不抛弃祖传的宗教习俗（修昔底德，2.16.2：ἱερά πατρία[祖先的庙宇]）。在献

---

① 在这个特殊的誓言中，谄媚的斯特凡努斯本人被指控发伪誓，[德莫斯特内斯]，59.10。德莫斯特内斯沉溺于细致描述这个宣誓过程，以使陪审团铭记，合法判处他的对手亚里斯多克拉底（Aristocrates）的法令，会带来严重的损害。可悲的结果会让人规避这个可怕的誓言。

② IG I^3 7.8（= $LSCG$ 15，五世纪中叶），IG I^3 78.4，II 34（= $LSCG$ 5，五世纪末），IG II^2 780（三世纪中叶）；伊索克拉底，7.29 – 30；德莫斯特内斯，21.51，54。有关城邦战死者葬礼的习传礼法，修昔底德掩盖了其宗教方面。参柏拉图，《墨涅克塞诺斯》（$Menex.$），249b，德莫斯特内斯，60.36，Jacoby（1944）60。

祭时背离祖传习俗,导致优摩尔匹迪(Eumolpid)祭司阿基亚斯(Archias)坐实了不虔敬的指控([德莫斯特内斯]59.116－117：$\vartheta\acute{u}o\nu\tau\alpha\ \pi\alpha\varrho\acute{\alpha}\ \tau\acute{\alpha}\ \pi\alpha\tau\varrho\acute{\iota}\alpha$[背离祖法献祭])。阿波洛多罗斯(Apollodorus)可以宣称,斯特凡努斯(Stephanus)和尼亚拉(Neaera)是渎神者($\dot{\alpha}\sigma\varepsilon\beta\varepsilon\tilde{\iota}\varsigma$),因为在统治者的婚礼上,他们破坏了祖传习俗([德莫斯特内斯]59.73：$\tau\acute{\alpha}\ \pi\alpha\tau\varrho\acute{\iota}\alpha\ \tau\acute{\alpha}\ \pi\varrho\acute{o}\varsigma\ \tau o\acute{u}\varsigma\ \vartheta\varepsilon o\acute{u}\varsigma$[朝向诸神的祖传习俗])。阿波洛多罗斯附记了祖传习俗的古老与庄严,由此增强了其指控的严重性([德莫斯特内斯]59.72－79,参吕西阿斯,30.17－21)。

互惠的最基本形式,是以求回报(do ut des)为基础的人—神交流。这点尤其体现在希腊崇拜的三种基本行为中：献祭、祈祷与还愿。① 作为一个整体,城邦享有与其诸神的互惠关系,它是求回报的互惠形式的大样本。即使有时这种关系可能陷入危机(如在雅典瘟疫期间),然而,只要城邦保持其传统仪式和宗教制度,它就仍会维系(参Solmsen,1942,页3－14;Mikalson,1983,页18)。城邦与其诸神的这种关系,突出表现在埃斯库罗斯(Aeschylus)的《七雄攻忒拜》(Septem)中。城邦诸神通常称为$\pi o\lambda\iota\sigma\sigma o\tilde{u}\chi o\iota$[城邦守护神](69,85,271),或$\pi o\lambda\iota o\tilde{u}\chi o\iota$[保护城邦的神](109,312,822),也叫做$\pi o\lambda\tilde{\iota}\tau\alpha\iota$[城邦神](253),呼求时也称作$\varphi\iota\lambda o\pi\acute{o}\lambda\varepsilon\iota\varsigma$[爱邦神](176)。② 厄忒俄克勒斯(Eteocles)宣称,因为互惠关系,诸神共同关注城邦危急的消息(76－77)："愿我们共享福祉/因为城邦繁荣神明受崇敬。"③沮丧的合唱队的伟大祈祷,基于诸神对城邦的照管,城邦的仪式未曾间

---

① 关于祈祷中的交易关系,参Ausfeld(1903),525－531;关于还愿,参van Straten(1981),尤见页65－77,以及页102－106。例外证明了规则。没有仪式的诸神,不能给人类带来互惠：神化死者($\vartheta\acute{a}\nu\alpha\tau o\varsigma$,埃斯基涅斯,F 161 Radt)和命运($\dot{A}\nu\acute{a}\gamma\varkappa\eta$,欧里庇得斯,《阿尔刻提斯》[Alc.],973－975)。

② 参狄纳尔科斯,1.64,对雅典本土诸神的详尽汇总;以及稍微简略的,德莫斯特内斯,18.141。

③ [译注]中译本见《古希腊悲剧戏剧全集》第1卷,王焕生译,凤凰传媒集团、译林出版社,2007,页216。

断(尤见 174 - 180,304 - 320)。如果在古代雅典,雅典人相信,诸神像公民那样对城邦负有责任(更不用说忠诚),而这与实行和保留诸神仪式的连续性与关注度成比例,那么,第三基本信仰就必须出现。

值得注意的是,在柏拉图禁止的那些"私人"的崇拜形式中,互惠的意味非常强烈,但互惠纯粹是一种唯利是图。然而,在雅典崇拜者那里,互惠观可超越基于虔敬仪式的外在形式的唯利意识。例如,为了强调崇拜者的内在动机,而非外在表现,可以重新定义对 εὐσέβεια[虔敬]的理解。但是,这种情感无疑限定在较开明的少数人中。① 更为相关的是信仰道德法则的神圣约束,因为,任何互惠关系涉及的预期度或可预见度使之成为可能,虽然并不必然需要。事实上,这三个雅典的基本信仰,缺少任何一个神圣约束都将坍塌。对于违背道德法则的惩罚,能呈现可信和可能威胁的,既非完全任性的诸神,也非怠慢的诸神,更不是没有诸神。② 少有证据证明,古代广泛和普遍接受了对道德的全面神圣约束。因此,在这里,我们不是从这样的神圣约束来论证基本信仰。不过,尽管神话中诸神经常是不道德的,现实生活也充满着残酷事实,但神圣约束的观念确实在传播。③ 对于多数人来说,埃斯库罗斯关于宙斯正义的复杂说

---

① 色诺芬,《回忆苏格拉底》1.3.3,《远征记》5.7.32,《阿格西拉乌斯传》(*Age.*)11.2;[柏拉图]《阿尔喀比亚德》(*Alc.*)2.148d - 150b;伊索克拉底,2.20;忒奥彭普斯(Theopompus),*FGrH* 115 F 344;忒奥弗拉斯图斯(Theophrastus),《论仁慈》(*de Pietate*),尤其 frr. 7 - 10 Pötscher。

② 在《法义》中,柏拉图坚持,严格的正义是互惠的唯一形式。这弥合了这两种约束间的鸿沟:他所拥有的不尽的、无可避免的神圣道德约束,以及雅典其他地方看到的较虚弱、杂乱但并非无足轻重的约束。

③ 关于神话中不道德的诸神间的冲突,参 Burkert(1985),页 246 - 250。值得记住,神话与宗教是独立且不一致的实体。参虔敬的道德主义者梭伦的话(残篇 29 West):许多欺诈性的歌颂(πολλά ψεύδονται ἀοιδοί)(忒修斯的立场,见 *HF* 131: ἀοιδῶν εἴπερ οὐ ψευδεῖς λόγοι[仅仅歌颂无错的神话])。关于生活事实间的冲突,参 Dover(1974),页 259 - 261。德尔斐神谕积极促进了对道德法则的神圣约束观。参 Parke 与 Wormell(1956)1.378 - 392。

法,可能太过模糊而无法理解。但是,即使人们不害怕诸神赋予礼法的约束力,《西西弗斯》戏剧中无神论残篇的很多影响力也丧失了。① 根据修昔底德,413 年,西西里的尼西阿斯声称,由于虔敬仪式的完成以及道德的正当,他可以预期受到神明袒护(修昔底德,7.77.2 – 3,对比米洛斯人,修昔底德,5.104;伊索克拉底,15.281 – 282)。吕西阿斯的发言者要求,人们不要参照安多希德斯(Andocides),他做了 ἔργα ἀνοσία [邪恶行为],却没有受惩罚——以免关于诸神的信仰受到危险的侵蚀(按照字面,以免他们成为 ἀθεωτέρους [不敬神者],32)。因而,尽管范围受限,②对道德的神圣约束的信仰却得到接受。就此而言,三个基本信仰是本质性的。

雅典的两个文本明确证实,存在三个信仰的图式。首先,按照《西西弗斯》剧作残篇(*TrGF* 1.43 F19)的观点,一个聪明人发明了诸神,以控制人类的犯罪行为。仅仅关注神圣的道德约束,就忽略了宗教仪式。为了产生这种约束,以下三个基本信仰,也只有这些信仰与构成必要而充分的信仰储备融为一体:诸神存在(17,42);诸神关心人类事务(18 – 24);诸神被期待做出回应,使违背者恐惧(13 – 14,37)。然而,即使在这里,神圣的报偿也比单纯的惩罚出现得更广泛:诸神居于天上,他们鼓励如下观念:神圣报偿可带来善和恶(27 – 36)。其次,在给予神化的破城者德墨特里乌斯(Demetrius Poliorcetes)的三行雅典颂歌中,提到了某些无助于雅典的匿名神。提到他们无助于雅典人的那些地方,与这三个基本信仰截然相反(杜瑞斯 *FGrH* 76 F 13.15 – 17 = 阿特纳乌斯,253e):

---

① *TrGF* 1.43 F 19,尤其 37 – 40 行。参伊索克拉底对埃及人的虔敬的赞扬,在神圣道德约束上,埃及人有强烈的信仰(伊索克拉底,11.24 – 27)。

② 例如,限定在保护乞援人、异方人和父母的道德法律,以及为誓言提供担保。欧里庇得斯残篇 644 N 表达的思想,类似于[吕西阿斯]6.32 中表达的思想。

> ἄλλοι μὲν ἡ μακράν γάρ ἀπέχουσιν θεοί[其他放手不管的神明哦],
>
> ἡ οὐκ ἔχουσιν ὦτα[或者从不竖耳倾听],
>
> ἡ οὐκ εἰσιν, ἡ οὐ προσέχουσιν ἡμίν οὐδέ ἕν[或者不存在,或者不关心我们,而未显现]。

其他这些神要么不存在(οὐκ εἰσιν),要么不关心(οὐκ ἔχουσιν ὦτα, οὐ προσέχουσιν),或者放手不管(μακράν ἀπέχουσιν)。最后一点,我将之等同为没有响应人类的主动性。①

对所有真正的崇拜者来说,基本信仰必然共有,通过它们,城邦宗教得以运作。基本信仰反对的那些信仰,无论其约定俗成的含义为何,严格来说,真正崇拜者并不必然持有。如果城邦和个体公民的宗教行动要具有宗教意义,基本信仰便是最低限度的信仰设定。要从总体上支撑城邦宗教,至少需要这些信仰。在任何既定的群体中,总有可能找到没有上述信仰的个体。② 同样有可能的是,一个

---

① 在没有任何明确的时间提示下,学者们普遍接受 291/0 (Bergk *PLG* 3.674 进行了辩护)。但是,颂歌最适合在 307 年出现,当时德米特里乌斯作为"解放者",第一次来到雅典。之后,人们把他视为神(跟安提戈努[Antigonus]一起,被视为 σωτῆρες θεοί[拯救之神],普鲁塔克,《德米特里乌斯》10.4 – 6,对比狄奥多罗斯,20.46.2),并给予了过分的奉承(普鲁塔克,《德米特里乌斯》11.1,12.1 – 3,13)。在颂歌之前,阿特纳乌斯(Athenaeus)引用了德摩卡里斯(Demochares)的论述。在论述中,关于"其他诸神"的观点如此解释(*FGrH* 75 F 2 = 阿特纳乌斯,253c – d): οἱ δ᾽ ἄλλοι [θεοί] θεοί καθεύδουσιν ἡ ἀποδημοῦσιν ἡ οὐκ εἰσιν[然而,其他[诸神]却在沉睡,要么冷漠,要么不存在]。这个陈述等于(依次)拒绝第二信仰、第三信仰和第一信仰。即使承认政治权宜的动机在产生颂歌上有某种作用,但依然重要的是,在暗含拒绝三个信仰的术语中,传达出了怀疑主义、真诚或做作。

② 例如,侏儒阿里斯托得幕斯(Aristodemus)认为,诸神存在,但不关心人类,因此他也不崇拜诸神(色诺芬,《回忆苏格拉底》,1.4)。并参希珀纳克斯,*Morb. Sacr.* 1.30。Grensemann 区分了不信诸神存在与不信诸神的力量。

异端思想家隐藏其异端思想,而与共同体保持外在的一致,以维护其社会地位。但是,为了解释大多数雅典人的宗教行为,这三个基本信仰应当接受,即使对于大众的信仰,我们缺乏直接的记录。毫无疑问,雅典有教养的精英,表现出更为复杂的景象。然而,在他们之中,索福克勒斯、尼西阿斯和色诺芬,代表着宗教人(religious men)的类型。① 对所有公民来说,城邦是共同的冒险。只有大多数公民,即民众(demos)相信它们时,城邦的宗教制度才能维系。无法想象城邦能脱离这些制度。② 事实上,无论有意或无意,没有共同体中主体对这些信仰的默许,就不可设想城邦宗教的维系。没有这些信仰,城邦宗教的维系只能靠共同的契约,同意上演正在进行的闹剧。面对大众的弃绝,没有其他组织能维持这些制度。

参考文献

Ausfeld, C.《论希腊祈祷问题》(De Graecorum precationibus quaestiones), *Jahrb . f. class. Philol.* , *suppl.* Bd. 28(1903)。

Burkert, W.《希腊宗教》(*Greek Religion*), John Raffian 译, Cambridge, 1985。

Dodds, E. R.《希腊人与非理性》(*The Greeks and the Irrational*), Berkley, 1951。

Dover, K. J.《柏拉图和亚里士多德时代的希腊主流道德》

---

① Nillson(1967)页 784 – 785 讨论尼西阿斯,页 787 – 791 讨论色诺芬。作为经常担任有威望公职的人(*TrGF* 4. T 18 – 27),索福克勒斯在习传形式上必定是虔诚的(参《索福克勒斯传》[*vita Sophoclis*], 12)。认为索福克勒斯与非传统的阿斯克勒匹乌斯(Asclepius)仪式(*TrGF* 4. T 67 – 73)有关,已经过时了。

② 参公民身份的希腊语表达:τῆς πολιτείας μετέχειν[享有公民权]。Dodds(1951),页 191:"宗教是集体的责任。"单单出于这个原因,雅典城邦宗教就不能与现代国家的体制化国教相比较,诸如英国和瑞典的国教。

(*Greek Popular Morality in the Time of Plato and Aristotle*), Berkeley,1974。

Finley,M. I.《古代历史:证据与模式》(*Ancient History:Evidence and Models*),London,1985。

Fontenrose,J.《德尔菲神谕》(*The Delphic Oracle*), Berkeley,1978。

Garland,R. S. J.《古风雅典和古代雅典的宗教权威》(Religious Authority in Archaic and Classical Athens),*Annual of the British School at Athens*,79(1984)。

Gernet,L.《〈法义〉与实在法》(Les Lois et le droit positif),*Platon Oeuvres complètes*,vol. XI,Paris,1951。

Gernet,L. and Boulanger,A.《希腊宗教中的精灵》(*Le génie grec dans la religion*),Paris,1932。

Görgemanns,H.《柏拉图〈法义〉解读文集》(*Beiträge zur Interpretation von Platons Nomoi*),Zetemata 25(1960)。

Guthrie,W. K. C.《希腊哲学史》(*A History of Greek Philosophy*),六卷本,Cambridge,1962 – 1981。

Jacoby,F.《祖宗礼法:雅典的国家葬礼和凯拉米克斯的公共典礼》(Patrios Nomos:State Burial in Athens and the Public Ceremony in the Kerameikos),*JHS* 64(1944)。

Mahieu,W. de.《柏拉图〈法义〉卷十中的无神论学说》(La doctrine des athées en Xe livre des Lois de Platon),*Revue belge de Philologie et d' Histoire* 41(1963),42(1964)。

Mikalson,J. D.《雅典大众宗教》(*Athenian Popular Religion*), Chapel Hill,N. C. ,1983。

Morrow,G. R.《柏拉图的克里特城邦:对〈法义〉的历史解释》(*Plato's Cretan City:A Historical Interpretation of the "Laws"*),Princeton,1960。

Nillson,M. P.《希腊宗教史》(*Geschichte der griechischen Reli-*

gion), vol. I, 3rd ed., München, 1967。

Parke, H. W. and Wormell, D. E. W.《德尔菲神谕》(*The Delphic Oracle*), 两卷本, Oxford, 1956。

Plescia, J.《古希腊的誓言和伪誓》(*The Oath and Perjury in Ancient Greece*), Tallahassee, Fl. 1970

Reverdin, O.《柏拉图城邦中的宗教》(*La religion de la cité platonicienne*), Paris, 1945。

Rhodes, P.《雅典议会》(*The Athenian Boule*), Oxford, 1972。

Sandvoss, E.《古典时期希腊城邦中的不虔敬和无神论》(Asebeia und Atheismus im klassischen Zeitalter der griechischen Polis), *Saeculum* 19(1968)。

Skemp, J. B.《柏拉图晚期对话中的运动理论》(*The Theory of Motion in Plato's Later Dialogues*), Cambridge, 1942。

Solmsen, F.《柏拉图的神学》(*Plato's Theology*), Ithaca, 1942。

van Straten, F. T.《献给诸神的礼物》(Gifts for the Gods), H. S. Versnel 编, *Faith, Hope and Worship: Aspects of Religious Mentality in Ancient World*, Leiden, 1981。

Tod, M. N. 编,《希腊历史铭文集》(*A Selection of Greek Historical Inscriptions*), vol. II, Oxford, 1948。

West, M. L.《俄耳甫斯诗歌》(*The Orphic Poems*), Oxford, 1983。

Wyller, E. A.《柏拉图反对无神论者的法律》(Platons Gesetz gegen die Gottesleugner), *Hermes* 85(1957)。

恶的起因和根源

卡罗内(Gabriela Roxana Carone) 撰
张清江 译 林志猛 校

柏拉图力图为一项政治工程奠基,《法义》表现了他最后的重大努力。在这项政治工程中,所有公民都懂得,他们为什么要遵守某些规范。① 在这方面,这部对话支撑着柏拉图其他晚期对话的努力:把教育延伸到民众,从而使他们在实现幸福上获得更稳固的根基。同样,《法义》也为一种制度奠定了基础,在其中,政治法应基于自然法。但要确立这点,需要证明自然标准的存在。为此,柏拉图发现,重要的是确定,心智($νοῦς$)遍布宇宙之中,而且,我们自身的心智与之同类。特别是,如果心智的作用是把握客观的善,那么,就有希望通过让所有公民获得和使用批判性理解,对共同价值达成一致,而这在某种程度上,反过来又可确保基于自然的法的统治。因此,卷九将$νόμος$[礼法]的词源与心智联系起来(714a,对比卷十二,957c)。卷九还表明,神圣理智在克洛诺斯(Cronus)黄金时代的统

---

① 对比 Bobonich(1991)和(2002:尤其95页以下)。可以说,这种关注超越了公民本身,因为异方人(例如,分配给公民贸易和艺匠的工作,卷八846d - 847b;卷十一920a)跟其他非公民一起服从法律;而且,据说异方人连同普通公民都是法律序曲演说的对象(例如,参卷九 853c - 854a,卷四 722a - 723b)。同样,看起来,教育也扩展到大多数($πλῆθος, οἱ πολλοί$)自由民(卷七 817e - 818a, 819a - b)。

治,乃是政治探索的典范。① 这样,不同于认为法律只是强者的专制统治,《法义》表现了一种规范性的法律观。在可欲的政治制度中,这种法律应当促进个体美德的发展。② 然而,仍未有人探索,在《法义》中,这项浩大伦理工程的实现与宇宙论有多大关联。正是卷十包含着最重要证据。因此,本文将特别关注这一部分。

《法义》卷十开头就试图驳斥关于自然的诸理论,这些理论不仅用自然取消规范性,甚至与之对立。有些智术师曾声辩,礼法和自然(φύσις)分歧很大。现在,柏拉图认为,某些理论对此给出了科学的支持。根据这些理论,宇宙的运行是通过机运,而非理智,因此,法律或任何其他理智的产物,都不过是人类的幻觉或可朽的创造物,与事物本来的样子毫无关系(889b–e)。因此,如果柏拉图想要向我们显示,规范性原则不只是一种相对约定的东西,那么,至关重要的就是确定,自然的运行基于理智的设计。③ 但在柏拉图眼里,这项工程就相当于证明诸神及神意的存在。无知常常是恶行的根源,如果消除无知需要理性的理解力,那么,正是在以上这个本质方面,所有公民都应该理解这一议题——不仅通过神话的方式,而且通过论证的方式来理解(参885b,886a–b)。因此,作为反对不虔敬的法律序曲,卷十开始论证三个命题:(1)诸神存在(887c–899d);(2)诸神关心人类事务(899d–905d);(3)诸神不会让献祭

---

① 713c–714a,对比720e以下,参Morrow(1960,页565);Cleary(2001,页125,140)。关于《蒂迈欧》中的造物主与《法义》中立法者的对比,亦参Morrow(1954)和Laks(1990a),(1990b)。

② 例如,参《法义》卷二652b–653c,卷三693b–c,卷四714b–715b,卷十889c–890a。

③ 因此,在卷四(716c)中,雅典人会说,"对我们而言,神是万物的尺度",而非人。这显然是在反对普罗塔戈拉(Protagoras)的尺度说(见《克拉底鲁》[*Crat.*]385e以下,《泰阿泰德》[*Theaet.*]152a以下)。

或祈祷收买(905d－907b)。①

那么,如果这就是柏拉图在《法义》卷十中追求的目标,我们就会期望,柏拉图要特别小心,不要误导读者认为,除了善之外,任何东西都可能基于自然。学者们经常指出,卷十有辩护和显白的(exoteric)特性,②在其中,诸神甚至显得比在《蒂迈欧》(*Timaeus*)中更强大。但是,在致力于证明诸神存在的论证中间,意外地引入可能统治宇宙的"恶的灵魂",似乎会让这种努力显示出自我挫败的特性。我们要如何理解这种特征?

我想说明,不管看起来多么让人困惑,关于恶的灵魂的假定,是柏拉图目的论论证的核心,而且,这一假定直接关系到他的努力:试图从宇宙中根除恶。因此,尤为重要的是,这段论述应当讲给不道德的人听,并重新唤起对美好生活本质的关注(887b－888b)。因为柏拉图觉得,美德的繁荣,不仅需要理智的和有机的宇宙(正如他希望再次展示的那样)给予支持,也需要人类做出贡献,与恶的灵魂战斗。在柏拉图的论证中,恶的灵魂占据了一个重要位置。

接下来,我将呈现柏拉图对诸神存在的论证,并说明恶的问题在其中如何产生。然后,对恶的讨论会进而带我们解释,在一个依照目的论安排的宇宙中,恶的状态及原因是怎样。我将证明,《法义》卷十表明,要对每一种恶负责任的,正是人类(而非某种更大的宇宙力量)。就柏拉图来看,这似乎是一个头脑简单的答案,没有体会到问题的复杂性。比如,人类如何能对瘟疫或疾病负责?我会说明,柏拉图的回答会比乍看上去更加深刻。通过强调人类行为的广泛效果,这个回答激励我们对表面上的外在境遇和周遭环境负责。

---

① 对这三个命题的总结,见 885b4－9,907b5－7。对比《王制》卷二,365d－e。

② 人们可能注意到,卷十的序曲甚至面向"学习缓慢"的人,见891a。亦参《法义》卷七811c－e,那里直截了当地说,甚至对孩子来说,柏拉图的《法义》也是要学习的模范著作。

因此,它强化了人类作为自主存在者的图景。通过其所作所为,人类有能力增加或减少宇宙中善的数量。

一 灵魂优先于物体

为了证明神的存在,柏拉图让雅典人参与讨论第一因的本质。如何解释宇宙的第一原则?在其唯物论对手看来,正是机运($τύχη$,889a5,b2)或必然性产生的机运($τύχην\ ἐξ\ ἀνάγκης$,889c1 - 2),支配着相互对立的物质力量的运动、碰撞和结合,产生了天体和整个宇宙(889a - c)。在这幅图景中,物体先于灵魂和所有精神属性,后者据说是"后来"出现的(891c)。在柏拉图看来,由于完全没有理智和规划,这些假设就为无神论提供了系统的支持。反过来,雅典人想要确证,"依据自然",灵魂优先于物体,以此来攻击这些理论。我们应如何理解自然?这里涉及的自然,更多的是作为一种生长进程的根源,而非其结果。① 因此,雅典人主张,神、技艺($τέχνη$)和心智这些东西与灵魂同类,跟这种主张对立的是,把自然理解为机运和必然性(889b - c,892a - c)。他坚持认为,前者应当处于优先地位,是所有事物产生和衰败的起因,如果唯物论者所指的"自然"是,"与最早的东西有关的造物"($γένεσιν\ τὴν\ περὶ\ τὰ\ πρῶτα$,892c2 - 3),那么,"依据自然",灵魂更应该是最早的,而非火或气(892c3 - 7),因为灵魂在万物中最早生成

---

① 事实上,在希腊文中,后缀 - $σις$ 涉及这两者($φύσις$[自然]与 $φύεσθαι$ [生长]有关,后者指生成或生长的过程)。在后一种意义上,"自然"成了"根源"($ἀρχή$)的同义词。参"自然"是"从…出来",见 891c 和 England(1921,页 26)在此处的注释。亦参 Naddaf(1992,页 492,500)。

($πρώτην\ γένεσιν$, 896a6 – 8)。①

在这一点上,我们可以看到,对柏拉图来说,至关重要的是确立神与灵魂间的关联,将神理解为有目的的心智(参 889c 和 892b 的技艺和心智)。于是,有神论与无神论之间的斗争,变成了目的论与机运(或随意的机械论)之间的斗争,这两者是解释宇宙的关键因素。结果表明,证明诸神存在无异于证明:首先,灵魂优先于物体,其次,掌管宇宙的灵魂是心智,因此也是善。这是《法义》接下来的任务。

在 893b,雅典人开始通过以下步骤,论证灵魂优先于物体:

1. 在万物($πάντα$)中,有些东西运动,有些静止(893b8 – c1)。

2. 正是在某个位置($ἐν\ χώρα\ τινί$)上,静止的东西保持静止,运动的东西则在运动。

3. 在事物的运动中,我们可以区分十种运动,所有其他种类的运动,都可归为最后两种运动:②

——"存在一种运动,它能够推动他物,却不能推动自身"(894b8 – 9)。不能把这种运动理解为跟前面八种处于同一水平,而要理解为每一种物体变化发生的方式,亦即一种机械的系列(参 Moreau,1939,页 62),这个系列中,每个成员"总是在不断地推动他物,并由他物转变"(894c3 – 4)。

---

① 注意下述二者的关联:作为最早生成($πρώτην\ γένεσιν$)的灵魂,与作为万物所有变化之起因($αἰτία$)的灵魂,见 896a – b。

② 关于运动,柏拉图用了 $κίνησις$ 或 $μεταβολή$(例如,参 894c3 – 4,7,894e4 – 895a3,896b1),其含义不仅指位移,而且指各类运动。前八种可以概括如下:旋转、移位、分裂、结合、增加、减少、衰败、生成(893c – 894a)。对《法义》中不同类型运动的详细解释,及其与《蒂迈欧》的对比,参 Skemp(1942,页 100 – 107)。我们应补充说,不该认为,《法义》对十种运动的描述,有悖于《蒂迈欧》43b 描述必然性的六种直线运动。因为在《法义》的图式中,那六种运动可以根据不同的方向,纳入不同种类的移位中。

——通过物体的变化,"另一种运动始终能推动自身和他物"(894b9 - c1)。

论证的下一步是确定,自我运动优先于机械运动。这个主张的根据是,每个运动的链条都应该停在第一推动者那里。根据定义,第一推动者自身的运动,不可能反过来被某种其他的东西所推动(参894e4 - 7)。如果我们设想,万物都静止不动,那么,最先产生的必然是自我运动(895a6 - b1)。因此,结果证明,自我运动(895b1)是所有运动的起因($ἀρχὴν\ κινήσεων\ πασῶν$, 895b3),是所有物质变化得以可能的条件。因此,它不仅在因果顺序上最早($πρώτην$, 895b4),而且是最高贵($πρεσβυτάτην$, 895b5, 896b3)、最强大(894d2, 895b6)的运动,相反,那种由别的事物改变并推动他物的运动,则是第二等的($δεύτερος$, 895b7)。

这种论证本身会遭到几种反驳。例如,在解释运动时,即使需要退回到第一推动者那里,但为什么我们要认为,这个推动者自身也必须处于运动之中,而非静止(亚里士多德会这样质疑)?我们已看到,在其晚期对话中,柏拉图为什么偏爱赋予运动以第一因,尤其当它是他关注的有效(而非最终的或形式的)因果关系时。① 不过,即使假定第一推动者在运动,或者它确实是自我推动者,但为什么要称之为"灵魂"呢,就像雅典人试图得出的结论那样?

当然,雅典人认为,关联之处恰恰在于,将灵魂定义为第一类运

---

① 我们能够理解这种关注,尤其看到《帕墨尼德》(*Parmenides*)提出的问题后,那里提到样式本身如何能影响可感世界(例如,参133c - 134a)。很明显,人们预期,第一因对变易有强大的影响(参《法义》894d1 - 2的"效力"和"力量";892a3的"力量"[$δύναμις$])。但如果第一因本身不变,这又如何可能呢?注意,即使亚里士多德,似乎也要在作为终极因的不动的第一推动者与其他事物之间,找一个运动的第一推动者作为中介。不动的推动者"由于爱欲的对象而运动,并通过受动者推动他物运动"($κινεῖ\ δὴ\ ὡς\ ἐρώμενον,\ κινούμενα\ δὲ\ τἆλλα\ κινεῖ$。《形而上学》卷十二,章七,1072b3 - 4)

动。这难道不完全是让人疑惑的策略？或许不是,如果我们把他的论证看作要唤起对手直觉的话。用什么特征来定义"生命",这确实是个莫衷一是的问题(在当今的讨论中,它仍然纠缠不休)。但雅典人坦诚表达了自己的观点。在取得了其对话者合乎常理的赞同后,雅典人提出,运动首先从内部开始,而非有着外在于自身的起因(895c)。于是,从"生命"到"灵魂"的转换,涉及的不过是用词的变化。

关于这一点,我们必须记住,虽然"灵魂"一词常常表示某种对我们来说神秘或隐微的东西,但对古希腊人而言,情况并不必然如此。谈到灵魂(ψυχή)可能就像谈到生命一样平常,这个词经常用于其它方面(在某种程度上甚至唯物论者也能接受)。因此,雅典人接着指出,那些推动自身的物体,或那些交替拥有灵魂(即有生命)的物体,我们把它们称为"活态的"(living)(895c)。通过区分事物的存在或本质(οὐσία)、名称(ὄνομα)及其定义(λόγος),雅典人说明了如何解释这一点。因此,我们可以认为,"自我运动"①定义的是我们用"灵魂"这个名称所指的实体(896a1-4)。在他们看来,第二等的运动是指"一种无灵魂的物体的转变"(896b7-8)。这样,作为自我运动的灵魂,乃是万物运动(κινήσεως)的原因(αἰτία)或起因(ἀρχή),根据自然,灵魂优先于物体,并因而要支配(ἀρχούσης)物体(896b-c,对比892a)。在这里,柏拉图似乎运用了ἀρχή一词丰富的语义,这个词表明,作为一种"起因"的概念与拥有"支配权"的概念密不可分。

首先,灵魂是自身精神运动的原因,比如"诸习惯、诸性格、诸意愿、各种盘算、各种真实的意见、各种照管及记忆"(896c9-d1)这类运动。因此,灵魂是物体各种第二等运动的原因(894e-895a),

---

① 这既被描述为"能够推动自身的运动"(τὴν δυναμένην αὐτὴν αὑτὴν κινεῖν κίνησιν),又被定义为"推动自身"(τὸ ἑαυτὸ κινεῖν)。

而这反过来又导致了事物可感觉的诸特性(参 897a7 – b1)。① 如果灵魂先于物体,那么,属于灵魂的东西($τὰ\ ψυχῆς$)必定先于属于物质的东西($τῶν\ τοῦ\ σώματος$),后者诸如物体的长度、宽度、深度和强度(896c – d)。因此,我们可以推断,理智、技艺和礼法也会先于自然,892a – b 曾确定,前三者与灵魂同类。

那么,关于"灵魂的优先性",柏拉图的意思到底是什么? 如果我们想要理解对话中有关自然和神的根本观点,那么,解决这个问题至关重要。但是,对这个问题的论证关注的是属类的灵魂本身,我们将会看到,人的灵魂和神的灵魂都是属类的灵魂。因此,这个问题被置入看起来更大的关注范围之中,即从总体上关注身心关系。

这可能会诱使人认为,基本上,通过给予灵魂或心智对物体的优先性,柏拉图想要确立一种强有力的二元论;正是这种优先性使灵魂或心智完全独立于物体,就像人们会认为,神作为心智基本上独立于他所照管的宇宙。但我会证明,这并非我们在《法义》中得到的图景,而且,跟其他对话做些简要比较,会有助于理解这个问题。

目前为止,可以看到,《法义》的论述在很多地方与《蒂迈欧》有关。第一运动与第二运动分别对应灵魂与物体,二者的区分类似于《蒂迈欧》中第一因与第二因的区分(46c – e,68e – 69a),而且,两部对话都肯定灵魂支配物体(参《蒂迈欧》34b – c)。事实上,《法义》中提到,第一运动起作用是通过运用第二运动(参 894b10 的 $κατά$ [通过]和 897b1 的 $χρωμένη$[运用]),正如在《蒂迈欧》中提及,第一因运用第二因作为助手(68e,尤见 e4 的 $χρώμενος$[运用])。虽然《蒂迈欧》没有明确说,第一因(即灵魂)是自我推动者,但上下文似

---

① 在此可比较《蒂迈欧》如何解释,例如,宇宙中"热"的属性。这种属性源于刺状形的几何粒子的撞击力,造物主将这种形状分配给火的前宇宙形态(61d – 62a)。

乎暗示了这点:第二因是那些"靠他物推动而发生的运动,反过来又依据必然性推动他物"(46e1-2)。因此,我们可以推断,第一因是那些推动自身者。

同样,灵魂作为自我运动和运动的起因,这个论述也类似于《斐德若》(Phaedrus)中的说法(245c-246a)。如我们所见,在《斐德若》中,灵魂这一概念与灵魂所推动的物体密切相关。"从自身之内推动自身运动的……所有物体($\sigma\tilde{\omega}\mu\alpha$),都是有灵魂的,因为这恰是灵魂的本质"(245e4-6)。反过来,这也符合进一步的论断:"所有灵魂照管所有无生命者"(246b6)。这一论断表明,灵魂与物体密不可分。

从这里似乎可以看出,尽管物体依靠灵魂作为运动的起因,但为了实现自身的活动,灵魂也要依赖物体。因此,结果表明,灵魂的优先性问题,要比表面所见更加复杂。然而,关于《法义》与《斐德若》的比较,可能提出如下反对意见:

(I) 在《斐德若》中,灵魂被明确称为非生成者($\dot{\alpha}\gamma\acute{\epsilon}\nu\eta\tau o\nu$, 245d3)。相反,在《法义》的这一节中,柏拉图经常诉诸灵魂自身的生成这样的话。因此,灵魂据说"在一切物体之前产生"($\ddot{\epsilon}\mu\pi\rho o\sigma\vartheta\epsilon\nu$ $\pi\acute{\alpha}\nu\tau\omega\nu$ $\gamma\epsilon\nu o\mu\acute{\epsilon}\nu\eta$, 892a5),或"产生于最早的东西"($\dot{\epsilon}\nu$ $\pi\rho\acute{\omega}\tau o\iota\varsigma$ $\gamma\epsilon\gamma\epsilon\nu\eta\mu\acute{\epsilon}\nu\eta$, 892c4)。这种时序语言表明,灵魂最先产生,物体随后产生。这意味着,有一段时间只有灵魂存在。如果是这样的话,那么,灵魂就能够独立于物体而存在,并且,在《法义》中,柏拉图并没有抛弃一种强有力的二元论(或实体二元论,在此,灵魂能够独立于物质条件而自主存在)。罗宾逊(T. M. Robinson)透露了这种看法。① 此外,这种反对意见还假定:即使灵魂是一个实体,能够让物体产生运动,它也没有必要这样做,但无论如何,灵魂无法产生物体本身的形体,只能产生物体的运动。在这幅图景中,灵魂和

---

① Robinson(1969,页251以下),(1995,页147);亦参Vlastos(1964,页414);Stalley(1983,页174)。

物体似乎是两个互不相干的实体，它们能走到一起发生联系，是靠着某种神秘的相互作用。

（Ⅱ）对于上述难题，另一种解决方案是使灵魂成为一种独立存在的实体，但这样的灵魂仅有一个，它不仅产生了物体的运动，而且产生了全部实体。在这种情况下，柏拉图可能赞同某种形式的唯心论（mentalism），①而这与我们在《斐德若》中看到的观点相比，似乎是另一个极端。在《斐德若》中，灵魂更多表现为物体的内在特征。在表明灵魂是"万物的起因"（τῶν πάντων，896d8，对比896a7–8）的那些段落中，这点似乎能得到支持。

然而，从《法义》中还能找到其他段落，在其中，灵魂作为自我运动，被描述为物体的"状态"（πάθος，895c），据说适合一切行为和情感（894c），拥有推动自身和他物运动的能力（δύναμις，例如，参892a，894b，896a）。这样的言辞让人再次想起《斐德若》（246c–247e），②并可能让人转而想到《智术师》。在《智术师》中，转变的唯物论者（柏拉图似乎愿意与他们为友），是接受不可见的无形体属性——比如正义和理智——存在的那些人。他们同意把"存在"定义为，起作用及受作用的能力，因此，这一定义也可以应用于灵魂（毕竟，正是在《法义》中，柏拉图在论证的序曲中说，论证的目标是温和地说服那些唯物论者，888a–b）。因此，看起来，《法义》开放了太多合逻辑（或不合逻辑？）的空间，其范围我们可以标记为：从（1）实体二元论到（2）唯心论，甚至没有排除（3）有限制的唯物论（qualified materialism）。这种开放性是经过深思熟虑的，还是一种严重混乱的标志？对于灵魂与物体可能关联的各种方式，《法义》

---

① 要接受 Armstrong 的末世论，参 Benardete（2000，页302）和 Moreau（1939，页63–65）对此处的看法。

② 参《斐德若》246c4，灵魂拥有推动物体的力量；270c–d 提到希珀克拉底（Hippocrates）的自然理论，他认为自然中包含着起作用及受作用的能力。关于《法义》中提到灵魂作为自然，例如，参892c5。

后面的一段文字表明了柏拉图的意识,及令人信服的开放性(898e-899a)。① 不过,我认为,更贴近地分析文本,有助于我们更好地描述他的观点。那么,柏拉图心目中的灵魂,具有何种优先性?

首先,不能判定柏拉图是实体二元论。因为,提及灵魂的"产生"不一定是时间性的。如果灵魂是自我产生的运动,灵魂就可能在一个逻辑顺序上"产生",并从自身中产生。因此,即使《斐德若》强调过去没有开端,在这个意义上,灵魂不在时间上产生(参 Brisson,1974,页336-337),但《法义》仍会同意,就灵魂不断地自我创生而言,灵魂仍可称为"生成的":灵魂的定义就在于自我运动(因而,如果灵魂创造了自身的运动,它也创造了自身),而且,灵魂是"现在、过去和将来都存在"(τῶν τε ὄντων καὶ γεγονότων καὶ ἐσομένων,896a7-8)的万物运动的起因。在这些东西中,我们不仅当认为有物体,而且有灵魂自身(参 894b9-10:灵魂始终"能推动自身和他物")。否则就很难理解,为什么会发现灵魂既被描述为生成的,同时又被描述为"万物生成的第一因"(πρῶτον γενέσεως...αἴτιον ἁπάντων),如我们在891e5-7所见。

---

① 在这段话中,柏拉图让雅典人提到了与太阳的灵魂相关的三种可能性,亦即灵魂引领太阳(ἄγει,898e5),(1)从太阳的躯体内,就像人的灵魂从内部引领身体一样;(2)从外部通过其他物体的力量推动太阳的躯体;(3)没有形体,但有某些惊人的力量。我们可以认为,除了其他问题外(比如,统治宇宙的灵魂是一还是多,参898c7-8,899b5),让这个问题保持开放的原因在于,对于柏拉图反对无神论的论证,解决这个问题并非至关重要。然而,在《克里提阿》(Critias,109b-c)中,柏拉图似乎反对(2),而且这里似乎对(3)非常困惑。这表现在他的用词上,例如 899a3 提到的"极其惊人的力量"(δυνάμεις ὑπερβαλλούσας θαύματι),还有 899a9 "不管用什么方法"(εἴθ' ὅπως εἴθ' ὅπῃ)这种让步的口吻,尤其是,这是在他刚刚证明灵魂运用(χρωμένη)物体"引导"(ἄγει)天体中的万物之后(896e8,897a4-b1)。相反,《斐勒布》(Philebus)中确立的宏观和微观世界间的平行性,支持了(1)的看法(29a-30a,尤其 30a3-7;对比《蒂迈欧》30b4-5,提到灵魂处于物体中)。

提到灵魂是"最高等级"或"最古老"($πρεσβυτάτην$, 895b5, 896b3),可能遇到同样的含糊性,这也不能说,柏拉图认为灵魂在时间上居先(无论如何,在反对唯物论者那些不成熟的宇宙起源说上,这种含糊性是有用的提示。这种起源说假定,灵魂在物体之后产生)。① 因此,就灵魂产生于自身而言,灵魂最先产生。灵魂的特征状况,不能化约为从中抽象出来考虑的物质的特征状况。但无论如何,灵魂显然可描绘为,从属于生成($γεγονότων$)的领域,并受制于时间(以过去、现在和将来为模式),就像生成领域的所有其他事物一样(896a7-8)。

此外,文本中不可能包含某种唯心论,在唯心论看来,"灵魂"是一个自足的实体,它不存在于任何其他物体中,而是产生其他所有东西。因为,论证一开始就以通用术语(参前提 II)确定,"凡是运动的东西……都在某个位置上运动"(893c1-2)。这会应用到各类运动中,包括第十种——灵魂的运动。这意味着,灵魂的运动发生在空间中($χώρα$,参《蒂迈欧》52a8, d3)。② 因此,空间是先行"给

---

① 《法义》卷十,891c-e。参 Vlastos(1939,页 397)。在《法义》895a6-b1 强调,灵魂在时间上先于物体而生成,这仅仅是个假定。那里的论证假设了一种静止无运动的原始状态(就像某些人支持的那样),但异方人认为这种假定很鲁莽。亦参 Vlastos(1964,页 414),Robinson(1969,页 251 以下);Stalley(1983,页 174)。

② 亦参 Ostenfeld(1982,页 267)。在分析《法义》和论证身心关系的二元论属性时,Ostenfeld 指出,我们不能"从柏拉图"那里推断出,他认为"推动自身的运动占据空间"(强调为 Ostenfeld 所加)。Parry(2002,页 292-293)认为,空间运动只适用于前八种运动,因此,他想知道,既然灵魂自身不在空间中,它如何把运动转移到空间中的事物上。关于灵魂总是在空间中,并与物体相关,在《法义》卷十后面的一个神话语境中,有进一步的说明:因此,903d 告诉我们,灵魂总是与某种物体相关;它也告诉我们,在物质宇宙中,对灵魂而言,接受奖赏和惩罚为何只是意味着改变"位置"($τόπος$, 903d7,对比 904b8 和 904b7 的 ἕδρα [位置])。《法义》卷八 828d4-5 断言,"物体和灵魂的联合,并不比它们的分裂更好"。不应当认为,这种断言本身在形而上意义上挑(转下页)

予的",对灵魂的存在而言,它是一个必要条件。即使像《蒂迈欧》中所认为的,空间充满了物质属性或"痕迹"(536),灵魂也仍可以是"万物"的起因,这不仅是因为,生成或运动可视为灵魂本性和可感领域本身的构成要素(参《蒂迈欧》35a),而且是因为,灵魂是所有作为(qua)有序的物体的起因。就此而言,灵魂作为那些物体的支配者是居先的;依据自然,那些物体必定次于灵魂(《法义》896c1-3)。因此,我们读到,灵魂的功能是"驱动万物"(ἄγει πάντα, 896e8),"控制"物体的运动(παραλαμβάνουσαι,897a5,参《蒂迈欧》30a4),"掌管"(διοικέω)并"居住"(ἐνοικέω)在到处运动的万物之中(896d10 – e2)。这个观点再次证明,我们在《斐德若》中看到的有关灵魂的观点,与《法义》中的看法并不必然矛盾。物体和灵魂可能相互包含,并由此构成一个单独的、不可分离的整体。① 如果是这样的话,那么,灵魂先于物体就是逻辑上的在先,是解释顺序上的在先(κατὰ λόγον[按理说],894d10)。仍然正确的是,在存在论意义上,灵魂不能离开空间而存在。不"使用"物体作为工具,灵魂也无法发挥第一因的功能(897b1,参 894b)。灵魂虽"有希望"②不可见

(接上页)战了那种观点(相应地,它也不是 Armstrong[2004,页 182]指出的那样,是在建议我们"逃离世界事务")。因为在那里,雅典人只是在得出一个伦理观,他意在鼓励战士不害怕死亡,因为死亡不是内在的恶(继而,他甚至通过强调为了幸福同不义斗争的重要性,建议积极参与世界事务,828d5 – 829c1)。参《法义》卷四 707d,那里强调,重要的是好的生活,而非不惜代价的生活。对此的另一种看法,参 Ostenfeld(1982,页 266)。

① 这意味着,至少在某个意义上,物体和灵魂有共同空间,因而,我们得到了某种形式的"泛灵论"(panpsychism,按照 Nagel[1979,页 181]的说法,这个观点认为,就连"宇宙的基本物质成分也有精神属性")。这样,就火和水是更大的有灵魂的宇宙的一部分而言,它们也分有灵魂(因此,"万物充满诸神",《法义》899b9);但从个别的角度看,它们同时也可称为无生命的(参《斐德若》245e5,《法义》896b8)。关于理智和物体间的复杂性,参拙作(即将出版)。

② 898d – e 告诉我们,我们"希望"(ἐλπίς,898d11),任何身体的感官都觉察不到灵魂,而只能靠理智。但柏拉图可能并不排除灵魂本身有某种物质性。

(896d9 – e2,参《蒂迈欧》36e6,46d6),但它本身显现在自己推动的物体上。这就是为什么柏拉图心安理得地让雅典人说:在自我推动的(物质的)物体中,"当我们看到灵魂时",我们说它们是活态的(895c11 – 12)。

二 什么是恶的灵魂?一些问题

我们已经看到,迄今为止(893b – 896d),论证所呈现的灵魂优先于物体,就在于第一运动优先于第二运动,前者是后者的起因。在这个语境中,重要的是弄清楚,柏拉图所说的灵魂对物体的"优先性"含义是什么,以及在《法义》卷十中,他设想的两者的关系是哪类。不过,看起来,仅仅证明灵魂的优先性,不足以确证神的存在,后者需要更进一步的论证。因为在道德上,灵魂本身是矛盾的,也就是说,它既可以善也可以恶,可以是理性的,也可以是非理性的。然而,对《法义》至关重要的神的概念要求,神的灵魂必须是纯粹理性和善的。[①] 因此,柏拉图必须证明,正是这种灵魂控制着宇宙。考虑到我们的直觉总会强烈地拉扯我们走向相反方向,因而,对这个证据的需要是更为压倒性的。正是在这种语境下,"恶的灵魂"的假定无论多么让人惊愕,也可能发挥些作用。

仍然可以设想,比如,宇宙那样安排可能是为了恶的目的。或者,有可能,尽管宇宙表面上有序,但灵魂并不足以支撑它,因为实际上,由于自身的非理性和缺乏目的,这样一个灵魂正导致宇宙走向断裂和混乱。我们怎么知道,我们的宇宙终究不是受制于"恶魔",或至少是那种极端粗陋、健忘和无知的灵魂?

甚至有可能,这个灵魂是善的,但只是偶尔的善和关怀(在我们生活或世界历史的某些时刻),而在其他时间,它可能会变坏或完全

[①] 《法义》卷十 899b5 – 7,900d2,5 – 7,901e1 – 902b3 和 902e8 将会提到。

超然于外,从而"抛弃"我们。毕竟,按字面来读,即使是《治邦者》(*Politicus*)中的神话,也展现了有序和无序的无限循环图景,无序状态就是神从宇宙中"缺席"或隐退的时候。这个神话也表明,如果听之任之,宇宙灵魂就会充满不断增长的疏忽,最终导致万物走向毁灭,正如一个人上了年纪,会失去自控。

不管无神论者还是信仰者,都不可能摆脱一种思想。有些人从外在的"好运"(τύχας)得出结论,在这个地球上,最坏的人享福。同样,这些人也不可能摆脱如下思想:如果宇宙掌控在某种支配力量中,那他们就会认为,这种力量要么得为恶行负责,要不就是那种不会关心[人类]的力量(参 899e – 900a)。因此,在《法义》中,针对人们对世界的道德界限的直觉和不满,柏拉图引入"恶的灵魂"极度重要。他想要在多大程度上挑战它们,又在多大程度上赞成它们,目前仍不清楚。因此,我们必须跟着带领我们的论证走。

下一步论证评论了灵魂的道德矛盾性。在那里,灵魂被表述为"好和坏的东西的起因,是高贵和低贱、正义和不义以及一切对立之物的起因,如果我们确实打算将灵魂定为万物的起因"(896d5 – 8)。同时,尽管到目前为止,论证似乎都是从总体上谈论灵魂之为灵魂,但随后的一个提示表明了灵魂的宇宙意义,那里提到,"灵魂控制并居住在到处运动的万物之中,灵魂也就控制着天体(οὐρανός)"(896d10 – e2)。

现在,正是在这个阶段,我们必须面对前面论证中产生的难题,因为:

(1)一方面,灵魂是一切对立之物(包括善与恶)的起因,但是,

(2)另一方面,轻率的应用(1),会导致我们背离柏拉图在《王制》(*Republic*,卷四,436b8 – 9)中确立的原则,即他众所周知的"对立原则"(Principle of Opposites):"显然,对于相同的部分、涉及相同的事物时,同一事物不会愿意同时做或遭受相反的事情。"

那么,在《法义》896d,一个事物(比如灵魂)如何成为所有对立之物的起因呢?前面提到的《王制》得出结论说,如果我们发现这种情况,"我们就会知道,这不是同一事物而是许多事物"(436b9 –

c1)。以此为基础,《王制》继而从个体灵魂中区分出了不同部分、分支或"种类"(εἴδε, γένε')(436c 以下)。《王制》中设定的原则,似乎隐含在《法义》的这个讨论中。要想坚持这个原则,得证明如下结论:一切对立之物的起因,不可能只是一个灵魂(或一种灵魂),而应当是"若干个"(πλείους,896e4):"或许,我们无论如何应该认为不少于两个:一个行善(τῆς εὐεργέτιδος),另一个却能行恶(τῆς τἀναντία δυναμένης ἐξεργάζεσθαι)"(896e5-6),后来,[行恶的灵魂]被称为"恶的灵魂"(τὴν κακήν,897d1)。

现在,下面这段话似乎再次强调了灵魂的宇宙意义,它对我们的讨论至关重要。这段话如下:

> 灵魂驱动在天上、地上和海里的一切事物,乃是通过自身的运动,这些运动称为:意愿、探察、监管、企望、正确和错误的意见、欢欣、痛心、勇敢、胆怯、憎恨和欲求——并通过所有与这些相关的或原初的运动;这些运动控制着物体的次级运动,驱动万物生长和衰亡,分裂和结合,并伴有热和冷、重和轻、硬和软、亮和暗、苦和甜;灵魂运用着这一切,它总是将心智即神作为助手——正确地讲,神是指诸神①——灵魂引导万物走向正确和幸福之路,不过,当灵魂与非理性结合(ἀνοίᾳ συγγενομένη)时,它给万物带来的却是相反的东西。(896e8-897b4)

对这段文本可以给出不同的诠释,从这些诠释中会产生几个问题。特别是,这段话开头"灵魂"的范围是什么?例如,是雅典人宣

---

① 897b2 的前几个词就表现出了语义学上的困难。在诸多可能性中,我们既可以把它读作:θεὸν ὀρθῶς θεοῖς[正确地讲,神是指诸神](Burnet),也可以读作 θείον ὀρθῶς θεὸς οὖσα(Diès,1956,此处注释),后者意指,一旦获得神圣理智,灵魂可正确地称为神。我的译文遵循 Burnet 的读法,但也应该提到 Diès 的读法。

称的一种宇宙灵魂吗？或者，我们应当拒绝这种可能性？

三 《法义》896e–897b 中"灵魂"的范围

确实，我们很可能会认为，这段话是在宇宙的层面上涉及灵魂。特别是，前几行提到，"灵魂驱动在天上、地上和海里的一切事物"，对所有读过《蒂迈欧》的人来说，这必然让他们想起世界灵魂。但如果是这样，我们就禁不住要为柏拉图呈现灵魂的方式所吸引。至于这里提到的灵魂运动，我们发现，灵魂不仅会有正确的意见，而且会有错误的意见；不仅有理性或心智（νοῦς），而且有非理性或愚蠢（ἄνοια），后者会造成令人讨厌的结果。在前期对话中，这些特征不仅不是世界灵魂（world-soul）的典型特征（参《蒂迈欧》36e, 37b–c;《斐勒布》28d–e, 30a–d），它们似乎还与神的善和理性相冲突。而在《法义》卷十中，神的善和理性正是柏拉图试图确立的一个重要部分（参 899b5–7, 900d2, 902e7–8）。①

---

① 这里提到的其他一些精神状态，也很引人注目，但或许不大成问题。例如，在《蒂迈欧》中，柏拉图没有提到恨和爱，但从统治宇宙的更有人性的诸神（比如奥林波斯诸神）来看，这点可以理解。在《王制》中（卷十，612e），按照柏拉图纯化的说法，这些神喜爱正义，厌恶不义（亦参《法义》901a）。在《斐勒布》中，柏拉图已经把世界灵魂等同于"宙斯"的灵魂（30c–d），因此，如果他这里使用同样的术语表达统治宇宙的力量，这也不足为奇。（确实，随后柏拉图称后者为"居住在奥林波斯山的诸神"，《法义》904e4。）"恐惧"、"悲伤"和"欣喜"适合同样的人类学图景。在《蒂迈欧》中，当感觉到摹本与原型一致时，造物主感到欣喜（37c7）。在《治邦者》中，我们读到，神变得"焦虑"，唯恐世界陷入分裂和毁灭（273d5）。在《法义》卷十较后面，柏拉图想知道，我们是否可把神比作农夫，"提心吊胆"地等待庄稼通常难以生长的季节（906a2）。另一方面，没有必要解释诸如希望、反省、关心和忠告这样的状态，这些状态一再表征着造物主的远见行为（例如，参《蒂迈欧》29e–30b, 34a8, 71a7, 75b8；亦参《治邦者》271d4 的 ἐπιμέλεια [照管]）。

面对这个难题,人们可能倾向于推测,事实上,在《法义》这个段落中,根本没有提到宇宙灵魂(cosmic soul);相反,这段话必定仅仅关注人类的个体灵魂。① 毕竟,在《蒂迈欧》中,诸如怯懦—大胆、欢欣—痛心这样的情感(897a2 - 3 所提到的)跟人类灵魂的可朽部分相连(69c - d,参 42a - b)。那里说,与那些情感一样,错误的意见源于灵魂的可朽部分植入可朽的身体之中(44a,参 43a 以下)。特别是,那里认为,愚蠢是人类灵魂的一种病,它由生理混乱引起(86b)。此外,《蒂迈欧》中还表明,理智或愚蠢的可能性属于个体灵魂,并决定了从人类到动物(亦或相反)的不同转化(92c)。然而,这种解释的主要问题在于,如果在《法义》的这段话中,柏拉图指的仅仅是人类灵魂,那就很难理解他谈论灵魂的方式。只有这些灵魂驱动"在天上、地上和海里的一切事物"(896e8 - 9)——或者,像雅典人随后所说的(897b7 - 8),它们是"天体、大地和整个轨道的掌管者"。

但我认为,这些并不是解决问题唯一可能的方式,因为《法义》896e - 897b 中"灵魂"并不一定要么只是指宇宙灵魂,要么只是指人类灵魂。相反,ψυχή作为灵魂之为灵魂,柏拉图可能保留了它更为一般的含义。② 在前面 894b - 896d 涉及灵魂优先于物体的段落中,柏拉图曾提到这种含义。更不用说(a fortiori),这种含义包含了

---

① 例如,参 Rist(1964,页 107)。Grube(1980,页 147)也考虑到这种可能性。

② 把这段话看作限定灵魂之为灵魂的学者,比如,Moreau(1939,页 69),Solmsen(1942,页 141),Cherniss(1954,页 26,注释 29),及 Robinson(1970,页 148 - 151)。但 Robinson 倾向于否认,《法义》卷十中有任何对世界灵魂的暗示。我会证明,这种观点只是部分正确,因为在这里,柏拉图增加了第二种意义(亦参下一个注释)。另一方面,Gaudin(1990,页 178,183)宣称,在 896e 以前,没有任何地方明确提到世界灵魂,我不认为是这样;我也不认为,在 893c - 896e 灵魂等同于心智,就像 Craig(1980,页 8,13)和 Stalley(1983,页 171)认为的那样。

灵魂运动的任何类型,比如错误的意见、理智或愚蠢。然而,柏拉图似乎同时介绍说,ψυχή也特指统治宇宙的灵魂或"灵魂类型"(ψυχῆς γένος,参897b7)。而依据文本随后的内容(898d),后者不仅可包括世界灵魂,而且可包括诸天体。① 因而,就此而言,在谈到灵魂的这段话中,柏拉图似乎融合了这两种含义。紧接下来的内容表明了这种融合,在此,雅典人提出,应当认为灵魂不仅控制着到处运动的万物(我认为这就是灵魂之为灵魂),而且控制着天体(896d10 - e2)。由此,我们注意到论证的一个新维度。

因而,如果我们把896e8 - 897b4这段话解释为过渡性的,解释为既在总体上谈论灵魂,又在宇宙层面上谈论灵魂,那么,我们就不一定会碰到先前提到的那两种偏颇观点导致的任何困难:一种是,如果这段话仅指世界灵魂,那就难以想象它跟愚蠢有关,或者它会有错误的意见;另一种是,如果这段话仅指人类灵魂,那就不能说它

---

① 事实上,柏拉图让雅典人问,"哪种"灵魂统治宇宙(897b7),并进一步得出结论,是好的灵魂,"无论一个还是若干个"(μίαν ἢ πλείους,898c7 - 8;对比899b5,ψυχὴ ἢ ψυχαί[灵魂或诸灵魂]),此时,乍看起来,我们可以认为,对柏拉图来说,统治宇宙的灵魂是一还是多的问题是开放的(就像上一个注释所引的前四位作者认为的那样)。原因可能是,对于柏拉图在这种显白说辞中得出的观点,解决这个问题并非至关重要,也就是说,民众要信仰神,不管神是一个还是多个。然而,对文本的仔细阅读会发现,事实上,神性的两个层面——单数和复数——在此都有保留,而且他所考虑的既有世界灵魂,也有诸天体,就像在《蒂迈欧》中那样(也没有排除奥林波斯诸神作为其传统的对应者,参《法义》904e4)。在898d3 - 4我们读到,关于太阳、月亮和其他星体,它们"全都由灵魂驱动,并且灵魂一个个驱动它们"(ψυχὴ περιάγει πάντα…καὶ ἓν ἕκαστον):换句话说,灵魂(作为世界灵魂)管理着整个天体系统,并单独引导着每个天体,这些天体也应该有自己的灵魂(参898d9 - 10关于太阳灵魂的说法)。这反过来又符合什么"种类的灵魂"统治宇宙的问题,因为《蒂迈欧》显示,世界灵魂和每个天体的灵魂都是同"类"的,或有着相同的本性。因此,898c7 - 8的"一或多"(μίαν ἢ πλείους),最终证明是"一和多"。亦参Cornford(1937,页108),Festugière(1947,页21)。

们统治着宇宙万物。看起来，要点毋宁是，当说到错误的意见或愚蠢时，柏拉图指的是灵魂本身的状态。从这里开始，问题将会是，要确定灵魂的哪种状态——理智或愚蠢——遍布于整个宇宙中。由此，柏拉图接着要将灵魂的范围限定为掌管宇宙的灵魂，我们马上就会看到。

四　宇宙层面上恶的灵魂的状况

在下一步的论证中(897b7 - c1)，雅典人想知道：

> 我们可以说，哪一类灵魂($πότερον\ ψυχῆς\ γένος$)已成为天体、大地和整个轨道的掌管者呢？是审慎无比、完美无缺($τὸ\ φρόνιμον\ καὶ\ ἀρετῆς\ πλῆρες$)的那一种，还是一无所有的那种？

他没有直接回答，而是提出，要根据对天体运动的研究，做出有条件的选择：如果天体和天体里一切存在物的整个轨道和运动，类似于心智的运动、旋转和谋划——也就是说，如果它有规律的($κατὰ\ ταὐτὰ,\ ὡσαύτως$)、在相同的位置运动，并围绕相同的中心、在同一个方向($πρὸς\ τὰ\ αὐτὰ$)运动，还依据某个比例和秩序运动($λόγον\ καὶ\ τάξιν$,898a8 - b1)——那么，正是最好的灵魂引导并照管着整个宇宙。①"如果，相反，这些东西是以一种错乱的和无序的($μανικῶς\ καὶ\ ἀτάκτως$)方式运动，那么，[照管的]便是恶的灵魂"(897c4 - d1)。对于这种选择，对话者同意，只有说驱动整个宇宙旋转的是具有各种美德的灵魂，否则就不虔敬(898c6 - 9)。

---

① 这种运动相当于原始分类中的第(1)种运动(893c - d)，这里在如下意义上据说是心智的影像：物质宇宙的有序旋转反映出，它是出于精妙的谋划，这些谋划不可化约为物体本身的运动(参卷十二,967a - d)。

事实上,这个结论预设了另一个前提,亦即,宇宙的运动是有秩序的。尽管这里只是隐含着的这个前提,但在《斐勒布》(Philebus, 28e – 29a)和《法义》卷十二 966d – e 中,这明显成了一种类似"自然神学的证明"(physicotheological proof)的基础。在那两处,从宇宙的良好秩序中,推导出了占支配地位的心智的存在。① 在《法义》中,支持诸神安排宇宙这个信念的,是依据新近发现的天文学,而非肤浅的常识性论证(亦参卷十二,966d – 967e)。新近的发现表明,比如,行星并非在"漫游",而是沿着某个固定的轨道运行(参卷七,821a – 822c,尤其 822a4 – 8)。② 这就是《法义》卷十如何能够重申,正是一个或若干个灵魂,在每一种美德上都是好的,并因此就是诸神,它们引领一切星体,并带来年、月和四季(899b)。雅典人已经证明,首先,灵魂优先于物体,其次,掌管宇宙的那种灵魂绝对是好的。加上以上这点,雅典人完成了关于诸神存在的命题(1)的证明。

从这个角度来看,迄今为止,"恶的灵魂"的状态已证明是什么?从 896d – 898c 的论证中明显可以看出,一种掌管宇宙的恶的灵魂,只不过是个假设。一开始,柏拉图把它作为好的灵魂的替代物,但只是为了反驳它。然而,不应该认为——就像某些人认为的那样,③我们对于 896e – 897b 恶的灵魂只能说这么多。因为,论证并没有驳斥"恶的灵魂"本身的存在。结论清楚表明,统治宇宙的

---

① 在《法义》中,据说有两件事情促使我们相信诸神存在:首先,灵魂优先于物体,其次,"天体和其他一切东西的有序运动,这些东西都受控于为万物定序的心智"(966e2 – 4)。我们这里再次看到一个不断出现的说法:秩序归于心智或神。

② 参 Moreau(1939,页 72,76)。对比《斐勒布》中,普罗塔库斯(Protarchus)对天体"外貌"或"外观"的天真要求(28e3;参《法义》卷十二 967c2 以下,那里暗示,在这方面,光有眼睛还不够)。同样,在《法义》886a,克勒尼阿斯也天真地求助于宇宙秩序。

③ 例如,参 Festugière(1949,页 125,129 – 130);Diès(1956,LXXVII);Montoneri(1968,页 330 – 331)。

不是一个恶的灵魂（而是一种优异的灵魂），宇宙被视为整个天体（或"天体旋转"，οὐρανοῦ περιφορὰν，898c3）。因此，文本中（897d1，对比898b5-8）所描述的，在恶的灵魂影响下产生疯狂和无序的运动，只能应用于虚拟的宇宙中：它们表明，如果不是神或好的灵魂引导宇宙，宇宙将会是什么样。①

不过，这一切证明了多少？有人或许会说，这并不是说，恶的灵魂绝不会掌管宇宙。因为还可以认为，刚刚获得的结论符合对宇宙的这一看法：在不同的宇宙循环中，行统治的灵魂会依次表现出理智或愚蠢。②但这样一来，如果没有否认在一个不同的（无序的）循环中，宇宙会受恶的灵魂统治，那么，只有在我们所处的有序循环中，神明存在的证明才有效。（毕竟，《治邦者》的神话只有关于不同宇宙循环的初步看法，而没有把每种循环交付给相反的灵魂力量。）然而，这不大可能是柏拉图考虑的东西。因为，他整个论证的要旨似乎是，掌管宇宙的好灵魂可称为"神"。而且，他会愿意进一步声称，"神"本质上是善的、有力量的，并有先见之明，因此，无论什么时候都没有理由说，神不能恰当地照管宇宙，或宇宙的各个部分（901c-903a）。此外，在《法义》卷七，雅典人宣称，天体总是沿着同样的循环轨道运行（822a）。③

---

① 同样，我已经解释过，在《蒂迈欧》和《治邦者》中，宇宙的无序是一种假设。参下一个注释关于一种假设性读法的可能性。

② 897b1-3的词组 νοῦν προσλαβοῦσα···ἀνοία συγγενομένη ［运用心智……与非理性结合］可表明这种读法，倘若我们认为这里的分词不仅是条件性的（也就是说，"如果［灵魂］获得心智"，或"如果［灵魂］与非理性结合"），而且是时间性的（即，"当［灵魂］获得理智时"，或"当［灵魂］与非理性结合时"）。这种"循环的"观点，我是受 Conrado Eggers Lan 的启发。

③ 此外，如果统治的灵魂会从"获得"心智或作为"神"（后一种特征反映在 Diès 对 897b1-2 的校读中，无论如何，899b 的结论证实了这一点，参898c），转而让愚蠢侵占（这时候，灵魂就不再是神），无论如何，问题不在于，善和恶是否支配着我们宇宙的不同循环，因为以这种方式"具象化"（转下页）

这对回答下面这个关键问题不起什么作用：对于我们生活的现实世界，我们如何解释其中的恶。那种既定的恶，雅典人似乎跟我们同样清楚。因此，即使在证明过诸神存在之后，他依然不断提及宇宙中存在恶（903d - 906c）。但这样一来，如果坚持某种原则认为，一种恶的灵魂是宇宙中坏结果的起因（参 896d5 - e6），那我们就应该承认，存在一种恶的灵魂。按照论证刚刚所表明的，这种灵魂不会统治整个天体。这就是为什么在那一方面，灵魂跟愚蠢的关联仅仅是个假设。但是，一旦我们开始解释，在一个神明统治的有序宇宙中，尤其是在尘世的层面，为何仍有恶的存在，那我们就可以说，897a - b 提到的错误意见和非理性，都变成了灵魂的现实状态。① 那么，这种现实的恶的灵魂状态是什么？

通过区分道德的恶与自然的恶，可以进一步探究这个问题。我将证明，柏拉图认为，道德上邪恶的（人类）灵魂，造成了道德的恶，而自然的恶，则比如像洪水或旱灾。后者更难解释，也不能很直观

（接上页）的恶，那么，"神"就只是灵魂的偶然属性：根据灵魂与理智或愚蠢结合，这种属性会分别产生或消亡。这跟神作为不朽的概念相矛盾（参卷十二，967d）。我们也要注意到，"循环的"假设同样不合理，因为它试图使心智不是作为灵魂的内在分支，而是作为分离的实体，作为神。因为，如果心智是分离的，与无序时期的宇宙无关（按字面来读《治邦者》272e 以下会表明这点），那么，这就有悖于《法义》关于神的命题（2）：本质上（900d2 - 3），神持续（根据 Stobaeus）、完整地（根据抄件）照管整个宇宙（905e2 - 3）。确实，《法义》卷十 901c - 903a 否认，诸神会由于懒惰、无知或缺乏能力而无法照管宇宙。普罗克洛斯（Proclus）也使用了类似的根据，否认神在某个时间点（而非更早的时候）开始安排宇宙（参其《柏拉图〈蒂迈欧〉疏解》I 288, 17 - 27 Diehl）。同样，对于宇宙的循环状态会失去神圣照管任何假设，都可以用这个证据来反对。亦参笔者对宇宙灵魂存在非理性分支的假设简要反驳。如果我们认为，灵魂具有非理性分支这一事实，可解释灵魂可能在不同时间与心智或非理性结合，那么，这个反驳也会适合这种"循环的"解释。

① 这里，我们可以使用 897b3 $\dot{\alpha}\nu o i \alpha$ $\sigma v \gamma \gamma \epsilon \nu o \mu \acute{\epsilon} \nu \eta$ [与非理性结合] 这个词组中分词的模糊性，它可以读作条件性的和时间性的。

地归咎于人类的作用。或许正是出于这个原因,某些解释者把自然的恶的起因归于宇宙的——非人的——层面上的某种灵魂,即使如我们所见,那种宇宙的起因不会掌管整个宇宙。然而,我认为,在《法义》的语境中,这种看法不能成立。这里,在给出我自己对恶的问题的解释之前,我将呈现这种看法,并说明它所面临的难题。

这种观点至少可以采取两种不同形式,每一种都回应了文本中的含混性。同样,在这里,我们也可以用不同的方式呈现它们,以解决我们所发现的因下述条件而出现的矛盾:在同一时间和同一方面,唯有一个灵魂是一切对立之物的起因。我们已经看到,同一个灵魂不可能在不同的时间产生善和恶。但我们仍可以认为,相反,我们正处理两个不同却共存的灵魂,一个行善,另一个行恶——可以像《法义》896e4 所说的那样,假定有"若干"($\pi\lambda\varepsilon\acute{\iota}o\upsilon\varsigma$) 个灵魂。另外,可以想象,同一个灵魂可以跟理智和愚蠢都有关(就像 896e8 单数的 $\psi\upsilon\chi\acute{\eta}$ 表明的那样),却是在不同的方面,因此,世界灵魂可能有不同的分支或部分,产生相反的影响。①

刚才描述的两种立场,在历史上都能找到先例。对于前一种,在古代,普鲁塔克(Plutarch)持有最极端的看法,而一些近代诠释者则持有较温和地看法。按照普鲁塔克的观点,最极端的看法假定,有两位共存的神,一位行善,另一位行恶,他们相互竞争,争夺宇宙的统治权,有时候甚至轮流统治。② 然而,我们已经看到,柏拉图相信,宇宙的有序是持续性的(而非仅仅是周期性的),并且,神的善

---

① 如果我们记得,《王制》中也使用 $\gamma\acute{\varepsilon}\nu o\varsigma$ 这个词指灵魂的不同"部分",那么,后一种可能性似乎可在 897b7 找到文字支撑,那里问到,哪"类"灵魂,或灵魂的哪"部分"($\gamma\acute{\varepsilon}\nu o\varsigma$)统治着天体宇宙。例如,参《王制》441a1,c6,并对比《蒂迈欧》69d5

② 参《艾西德与奥西里德》(De Iside et Osiride),370b - 371a。那里,普鲁塔克对比了坏的灵魂与波斯二元论宗教中的恶神(他带来"瘟疫"[$\lambda o\iota\mu\acute{o}\nu$],对比《法义》卷十 906c5),以及古希腊人所谓的"冥府"(Hades)。在《论〈蒂迈欧〉中灵魂的产生》(De Animae Procreatione in Timaeo)1014d - 1015f,(转下页)

是本质性的(而非仅仅是偶然的)。因此,我们不应该接受普鲁塔克的部分观点:有两位神轮流统治宇宙。① 但是,我们仍要面对一种更为温和地对恶的灵魂的看法。根据这种看法,不能把恶的灵魂说成是神,也不能说它跟好灵魂拥有同等力量,毋宁说,恶的灵魂(主要)充当一种次要的"事物的起因",有时候还会带来一些讨人厌的后果。② 那么,为什么不把自然的恶归因于恶的灵魂呢?

这种解释的问题在于,它赋予宇宙一种内在的运动根源,这种运动会产生恶的结果。这样,宇宙就能在不同的方面,成为善和恶的起因。然而,柏拉图说,宇宙本身就是一位神(《法义》卷七,821a),③这位神无论如何仅仅是善的起因(亦参《法义》卷十,899b5-7,900d2)。如果是这样的话,看来,宇宙不可能包含两种起因——这两种宇宙层面上的起因分别产生善与恶——而必定只是善的起因。

(接上页)普鲁塔克认为,坏的灵魂是物质的灵魂,但它是非理性的前宇宙根源,从中,神通过引入心智创造了世界灵魂。关于这些矛盾,参 Cherniss(1976,页136-140)。即使在今天,二元论解释依然有人响应:因此,Annas 和 Waterfield 认为,"《法义》896c[以下]……似乎坚持一种宇宙灵魂的宇宙善恶二元论"(1995,页23,注释25)。

① 无论如何,这看起来明显与《治邦者》的神话相矛盾:"我们不应当说……有两种不同的神,带着相反的目的,推动宇宙"(269e8-270a2)。参 Festugière(1947,页12以下)。同参 Jaeger(1948,页132)的主张:《法义》卷十中坏的灵魂,乃是柏拉图献给琐罗亚斯德(Zoroaster)的贡品。

② 例如,参 Dodds(1965,页21),追随他的 Guthrie(1978,页97,注释1)。Grube(1980,页147,注释1)也同意这种可能性。

③ 参 821a2 的 τὸν μέγιστον θεὸν καὶ ὅλον τὸν κόσμον,我翻译为:"最伟大的神,亦即整个宇宙。"καί后面是补语,因为这是柏拉图在天文学的语境中说的,而且,在 821b6,伟大的诸神(μεγάλων θεῶν)是指"太阳和月亮"。这表明,最伟大的神是整个宇宙。关于宇宙是"最伟大的神",亦参《蒂迈欧》92c7。

如果把恶的灵魂视为世界灵魂的非理性分支,会面临同样的问题。这一分支容易引起不理智的行为,由此导致不想要的结果。①如果世界灵魂(同样地,还有天体)拥有不同的分支,并因此被认为在不同方面上是善与恶的起因,那么,考虑到诸神只是善的起因,柏拉图同样不能说整个世界和天体是诸神,而只能说它们的心智才是诸神。但柏拉图确实说,宇宙(包括它的整个灵魂)就是一位神,②而且,不管从单个还是总体来看,天体的灵魂都是诸神(卷十,899a–b)。由于诸神的美德在于他们的理性(例如,参卷十,900d),因此,世界灵魂及诸天体的灵魂,都必须在本质上绝对理性,没有任何非理性的分支。确实,在 900d5–9 我们读到,节制或明智($τὸ\ σωφρονεῖν$)是美德的基本部分,属于诸神,而不节制或不明智是邪恶的部分。如果是这样的话,诸如缺乏自制(如果灵魂的低等分支有时不服从,它就会出现)就绝不可能适合神的本质。902a6–b3 转而证实了这个观念,那里否认,当诸神知道什么最好时,会屈服于快乐和痛苦,人们说,这种情形对人类最没有价值。

因而,看起来,在《法义》的宇宙论中,这些要给恶一个宇宙起因的尝试,没有一个能占有一席之地。既然如此,我们如何理解恶,如何理解恶的灵魂? 接下来,我将论证,《法义》卷十的语境表明,正是(仅有)人类要对恶负责,甚至要对自然的恶负责,而柏拉图学派倾向把自然的恶归于超人类的宇宙根源。为什么柏拉图要推进这个争论? 它的合理性有多大? 接下来,我们就要着力面对这些问题。

---

① 按照 Hackforth(1952,页 75–76)的看法。亦参 Robin(1908,页 164)。我自己曾为这种观点辩护,认为它是在解释有序宇宙中自然的无序,见拙作(1988)。但我现在发觉还有很多问题。

② 《法义》卷七 821a2,亦参 Diès 对卷十 897b2 的校读。

五 人类、恶与目的论

1. 作为宇宙统治者的人类

现在,接着雅典人对诸神存在的论证,我们应该把注意力转到下一部分。在此,雅典人声称,要证明诸神关心人类事务,并且不会被收买(899d-907b)。我们在那里发现,那类具体提及的恶的灵魂,乃是人类灵魂(903d,904a-e,905d以下;对比899d-e,900e,902b4-5)。此外,据说节制、理智和勇敢属于美德,而相反的东西——不用说,包括愚蠢和非理性——则与邪恶有关(900d5-e2)。在这个语境中,雅典人又加上,"无论哪个坏品质(φλαῦρα),都与我们任何人相称(προσήκειν ἡμῖν)"(900e6)。这个评论很重要,它会让我们回想到,897b3提到的与灵魂有关的愚蠢属于人类灵魂,如果灵魂完全呈现在宇宙中的话。[①] 但是,如果我们回顾一下那段文字,那里说的是,灵魂通过各种不同的精神状态,统治或管理宇宙万物(896d10-897b4)。柏拉图真的在说,人类的非理性或愚蠢遍布宇宙吗?

事实上,柏拉图似乎准备承认,人类灵魂分享着对宇宙的统治(就像896e8-9宣称的"灵魂"),尽管在程度上比不上神的统治。因为在903b-c,我们进一步读到,神"将所有东西聚合起来,为的是整体的安全和美德"。整体的各个部分也都有统治者(ἄρχοντες),掌管着每一活动和情感,直至最小的方面(903b4-9)。这段话讨论的"统治者"是什么?从中我们当然能读出,它暗示说,伴随着那位主神的,还有一些更小的神(参《治邦者》271d,272e,《蒂迈欧》41a

---

[①] 同样,906a7-8暗示,愚蠢是败坏我们的某种东西,我们在后面会看到。

—d,42d—e,《斐勒布》30d。在柏拉图自己的宇宙宗教中,这些神可能是诸天体,它们反过来受世界灵魂的统治)。但是,文本又明确补充道,"你只是其中的一分子,这分子总是奋力趋向整体,即便它微不足道"(903c1—2)。因此,看起来,人类也是这些部分(μόρια)的"统治者"。这些部分被分配给宇宙中的人类,因为人类具有转变的原因,不管是好是坏,这些转变都会发生(904b8—c2,c6—7,904b2—3)。①

如果是这样的话,那么,对于人类灵魂作为运动的独立起因,就可以暗含在896e8提到的管理宇宙的"灵魂"范围内。由此可以证明,他们那些部分(比如整个城邦、家庭或他们自己的生活)的管理是坏的。② 但是,我们如何从这里上升到宇宙层面?在这个意义上,重要的是弄清,一个人行为的效果如何不会局限于封闭的影响范围,而会影响到更大的范围?接下来,就道德的恶而言,我将首先集中讨论人类责任的问题,随后我会证明,基于某些关于宇宙本质的有机论假设,柏拉图何以认为,在一个类似框架中可以解释自然的恶。

2. 宇宙正义和人类责任

这里对人类责任的强调值得注意。在前面部分(893b—899d),雅典人已经提到,灵魂作为万物的起因,既有好又有坏。他也认为,对于宇宙旋转中展现出的良善或秩序,诸神才是起因。我们可以称这种论证为自然目的论(natural teleology),它基于一个既定事实:天体系统的规律性。现在,从899d开始的这部分,处理关于恶的问题。其中,起因的概念再次归结到灵魂,特别是在道德责任的意义上(参904b—d)。因此,目前跟我们有关的是伦理目的论问题:我

---

① 请记住起因的概念如何与前面的统治概念相关联(896b—c)。
② 相应地,在896e8—897a2,正是人类灵魂会屈服于错误意见,这种意见归属于引领宇宙的灵魂。

们如何成为道德主体,从而跟神一起管理宇宙? 如果我们不能成为道德主体,又会怎么样?

目前为止,有一段文字显示,灵魂可能要么跟理智相关,要么跟愚蠢相连。在那段晦涩的文字中,我们看到,人类灵魂连同世界灵魂,必须包含在掌管宇宙的"灵魂"之下。因此,即便我们证明,就宇宙而言,这种可能性仅仅是个假设,但柏拉图也可能有意保持那个希腊语词的含混性,从而表明,在某些情形中,它也会变成现实的可能性,尤其是当我们进入这幅图景时。①

灵魂作为自我推动者,正是这个概念应用在人类灵魂上。这首先表明,我们能自我决定(self-determination)。也就是说,我们发动自己的行为,或开启影响的链条,而非仅仅作为前面原因或影响的结果。我们推动自身的灵魂负有责任,其含义正是在此。神的灵魂也是自我推动者,但与之不同,我们不是完全的理性,因此,我们成为宇宙无序和丑恶的潜在根源,并由此成为恶的根源。在这里,自由,尤其是人类自由进入这一背景,并不仅仅作为行善的能力或力量(按《高尔吉亚》的看法,②我们会设想,神享有那种"积极自由"),而且可作为我们所谓的"冷漠的自由"(freedom of indifference):选择行善或行恶的能力,善恶分别基于知识和无知。这就是为何"恶的灵魂"也被称为"缺乏智慧的那种"(897b8-c1)。但是,柏拉图告诉我们,在这个宇宙中,神已经安排好一切,以便"在整体上,美德大获全胜,邪恶则一败涂地"(νικῶσαν ἀρετήν, ἡττωμένην δὲ κακίαν, 904b4-5)。那么,这种自由何以能符合一个目的论的宇宙呢?

---

① 关于897b1-3的分词,如何能读作绝对的和假设性的,参本文页157,注释②。

② 如下论证可用来支持这种观点:如果自由(或力量)是人们做想做的事情的能力,而且人们只想要好东西,那么,自由就是做好事的能力。关于这个一般性问题,参《高尔吉亚》466b以下,及拙作(2004b,页61-67)。

这个问题很重要，因为我们想要理解，如果在我们的世界，邪恶终究如杂草般兴盛，那么，神的旨意如何可能。另外，神如何控制一切，而不用使我们沦为他手中纯粹的玩偶？① 如果神确实已使宇宙变好，那么，为什么我们还要为了宇宙的更好而斗争？同样，这里重要的是弄清，神圣法律与人类责任的线条如何交织在一起，因为原则上，它们看起来相互冲突。

首先，神是立法者。但是，就其本身而言，神并不为我们开启我们的行为。毋宁说，神所做的是制定法律。根据这些法律，从某些行为中不可避免地会产生某些后果：如果这些行为是善的，就获得奖赏；如果是恶的，就受到惩罚。我们可以称这些法律为"宇宙的正义"（参 $\delta i\kappa\eta$ [判决、正义]，904e4）。人类的审判法庭容易犯错，与之不同，宇宙的正义，或者说神确立的正义，能可靠地判定我们造成的转变所产生的结果。因此，在涉及人类事务（$\dot{\alpha}\nu\vartheta\rho\dot{\omega}\pi\iota\nu\alpha\ \pi\rho\dot{\alpha}\gamma\mu\alpha\tau\alpha$，902b4）的语境中，我们被告知，取决于灵魂的较好和较坏，人如何能获得更好或更坏的命运（903d3 - e1）。换句话说，正是我们要依据自己的意志（$\beta o\dot{\nu}\lambda\eta\sigma\iota\varsigma$，904b8 - c2）对善行或恶行负责（$\alpha\check{\iota}\tau\iota\alpha$，904c6 -7）。但是，这种行为结果的获得，要根据"命定的秩序和法则"（$\kappa\alpha\tau\dot{\alpha}\ \tau\dot{\eta}\nu\ \tau\tilde{\eta}\varsigma\ \varepsilon\dot{\iota}\mu\alpha\rho\mu\dot{\varepsilon}\nu\eta\varsigma\ \tau\dot{\alpha}\xi\iota\nu\ \kappa\alpha\dot{\iota}\ \nu\dot{o}\mu o\nu$，c8 - 9），而这些法则反过来又由诸神制定（904e - 905a，对比《蒂迈欧》41e，42d）。

宇宙正义的法则如何运作？基本上，在这些看似隐晦的讨论中，人们也许会发现一些令人不快的东西。柏拉图想要用地狱的景象吓唬我们吗？通过更仔细地检审，我们会发现，根本不需要这样假定。首先，神不一定是超越的存在，从天上干预我们的生活；其次，地狱或天堂、奖赏或惩罚，可以视为一条法则，它运行于人类生活之中，运行于这个（而非另一个）世界，就像火焰燃烧的自然法则一样无情。

---

① "玩偶"形象现在卷一644d - 645b（对比卷七803c）。但 Stalley（1983，页60 - 61）指出：在《法义》卷十903d，神反过来被称为下跳棋的弈手。

必须认识到,我们的任何行为,就像丢到水中的石头一样,其影响波及之处,可能远远超过预计的目标。因此,《法义》因如下事实而值得注意:赏罚这一神圣设计的运作,就像同类相吸(attraction of like to like)的自然法则一样。在《蒂迈欧》中,同类相吸服从必然性(ἀνάγκη)的力量。对充满空间的物质来说,必然性是它们的内在属性。① 在《法义》中,同类相吸原则变成了宇宙空间中精神吸引的必然法则。这种宇宙正义的机制确保,"变得更邪恶的人被带到较邪恶的灵魂当中,变得更好的人则被带到较好的灵魂当中"(904e5 - 7)。这些法则有条件地起作用,因而不会限定我们以某种特定方式行动。它们所决定的是,某些行为会带来某些后果——比如,如果我们点了火,那就会燃烧,但要不要点燃,取决于我们自己。我们是否需要假定,这些不可避免的后果仅在死后发生?看起来不需要。因为文本告诉我们,"在活着和每一次死亡中,他遭受的和做过的事情,合乎相应的灵魂做过的相应事情"(904e7 - 905a1)。因此,我们可以发现,这里表达的伦理学说,并不必然依赖末世论——虽然原则上它也没有排除末世论。②

毕竟,任何读过《王制》的人都会记得,僭主怎样付出最痛苦的代价:内心混乱,没有友谊,周围都是最坏的人(卷九,578e - 580a)。而且,在《苏格拉底的申辩》(*Apology*)中,苏格拉底也已传达出他的认识:如果伤害了任何同伴,他就会处于受报复性伤害的危险中(25e)。同样,这里暗示,不得不跟坏人一起生活,正是对坏人的惩罚(参《法义》卷五,728b);它也暗示,恶行伤害了灵魂,并给自己带来惩罚(卷

---

① 参《蒂迈欧》47e4 - 5,52d - 53a,Cornford(1937,页202 - 203)。

② 同样的看法,参《高尔吉亚》470e9 - 11,478d7 - 8,527b - e;《王制》卷十621c - d。《法义》中对末世和再生的其他暗示,参卷九870d - e,872d - e,但它们被称为"神话"(就像在《法义》卷十903a10 - b2),因而,很难确定柏拉图真的有多相信这种观点。《法义》卷四721b - c表明,他可能不大相信这种说法,在那里,他告诉我们,生殖是人类达到不朽的真正方式——不是唯一的方式(正如《会饮》[*Symposium*]207d所表明)。

五,727a–728c,对比卷十,899d–e,905b–c)。但如果这样的话,那么,《法义》就会给那些道德直觉提供一个宇宙论框架,而不需要来世使这一法则生效,并表明,他人或精神状态可能就是地狱。①

然而,如果宇宙正义在世界上的运作方式可谓是"自动的",②那么,要解释宇宙各部分的运行方式,甚至不需要假设,有一位神超越于相互联系的有机宇宙之上。要解释为什么有德之人幸福、坏人悲惨,不需要神秘的解围人物(deus ex machina),不需要改变事物必然进程的奇迹。因此,尽管神话般地把神描述为"我们的王者"(904a)、"下跳棋的弈手"(903d)或(用复数形式的)"居住在奥林波斯山的诸神"(904e),但很明显,这位神实际上就是前面论证过其存在的那位神,即宇宙神,或更具体地说,作为自我调节机制的有机宇宙本身。③ 若是这样的话,人们就能理解,为什么宇宙正义在世界中实现的方式,会被说成"最轻松的"(903e,904a)。

这些看法符合我们上面关于身心关系的发现,并且表明,柏拉图没有必要假定,精神法则的运行方式不同于物质法则。④ 灵魂本

---

① 参 Dodds(1951,页 221,及 233–234 的注释 77)。他认为,《法义》卷十描述的"冥府"是一种精神状态。

② 关于这一点,参 Saunders(1973,页 234,237),及(1991,页 204,206)。

③ 对于那些发生在"神话"语境中,用来"迷惑"精神的个人描写,参 903a10–b2。但是,这位照管宇宙的神不可能是别的神,而就是好的灵魂(世界灵魂或天体的灵魂)。好灵魂的存在和统治前面已经证明过,并变得很明显,因为,据说柏拉图在卷十中力图证明的第二个命题(即诸神照管人类事务),以第一个命题(关于诸神的存在)为基础:因此可以肯定,支持它们的诸论证之间存在明显的关联(参 900b1–3,b6–c1)。此外,在 900d1–3,在证明命题(2)的语境中,也暗示诸神关心人类事务。很明显,这个暗示回到了诸神对宏观宇宙的关注,898c 对神明存在的论证中提到了宏观宇宙。

④ 毋宁说,我们已经发现,在自然领域中,身体和灵魂都共享着起作用及受作用的能力。就此而言,柏拉图似乎可免受如下责难,即唯物论者经常针对二元论者的责难:"科学研究的世界只包含自然事物,它们按照自然法则运行,而非理智的法则",如 Armstrong(1968,页 49)所指出。

身是自我推动者,但是,由于运动发生在空间中,灵魂便占有某种空间,并因此是物质实体。灵魂必定有别于物体就在于,灵魂开启因果链条,而非仅仅是这个链条的结果——这个结果的运动起因于其他某物。此外,吸引和排斥的法则,以及"使自身适应一切行为和情感"(894c)的能力,用于灵魂不比用于物体少。这样,法律以可能最表面的方式植根于自然。甚至,最具唯物论倾向的人也必须看到,他的行为无法脱离宇宙的必然活动。①

在《法义》卷十中,就连末世论也被视为空间世界里灵魂的重新安置。我们读到,不同类型的灵魂,都要占有某个位置(τίνας τόπους,904b8):灵魂越邪恶,就会跌入越低的地方,直到地下深渊之处(904c‑d),而好的灵魂则沿着相反的方向,进入更好的地方(904d‑e)。虽然这一描述穿插在"神话"的语境中(903b1),但我们可以发现,不存在"另一个世界"的暗示。相反,按照桑德斯(Saunders)的评论(1973,页233–234),这里的冥界等于物质世界本身。这证实了我们的假设:在柏拉图的晚期作品中,灵魂不能离开物体和空间而单独存在。

但是,如果事情这样安排是为使邪恶得到应有的惩罚,那么,在这个世界上,善为什么要与恶进行斗争?这不是已经由神(或宇宙)照管好了吗?事实上,从伦理的视角出发,最常见的论证之一是,总体上反对宇宙的目的论概念:如果最终已安排宇宙朝向好的结果,那么,什么来阻止我们陷入懒惰呢?我们的贡献为何如此要紧?②

事实上,柏拉图相信,我们的贡献至关重要。但是,要理解他是否一贯这样认为,我们需要引入对最完美(first bests)与第二完美

---

① 就此而言,关于宇宙正义的论证,可视为对雅典人的对手的直接回应,对手认为,"依据自然的正确生活"是一种统治其他人的生活,而非"依据礼法成为其他人的奴仆"(890a)。

② 这里,例如可参 Attfield(1994,页81)的抱怨。

(second bests)的区分,以及我们可谓"封闭的"目的论系统与"开放的"目的论系统的区分。在一个封闭的目的论宇宙中,所有或大部分事物都独立于人,自行朝着完美发生。对于自然目的论的整体状态,这些事物的行为结果无关紧要,没有任何影响。相反,如柏拉图提出的开放的目的论系统仍承认,宇宙中的事物被安排走向完美,但关键是,它区分了最完美和第二完美。在最完美的宇宙中,理智遍布各个层面,包括人类。相反,宇宙正义的系统——据此,坏人不可避免地成为自己恶行的牺牲品——只是第二完美,因为它表明,虽然某种程度的理性最终获胜,但人类理智并非总是这样做,因此,宇宙的总体结果就不如以下达到的结果:依靠人类的积极合作,维持宇宙秩序。

《法义》卷九讨论的惩罚为这一点提供了重要线索。首先,那里告诉我们,个人的恶行是内在的坏,就像一种痼疾,正是从个体的角度来看,惩罚是第二完美的,即使在最好的情况中惩罚会让个体变得更好;其次,从共同体的角度看,惩罚也是第二完美的,因为有德之人组成的社会,好过要惩罚坏人的社会(参卷九,854b–e,853b–c)。因此,毋庸置疑,柏拉图偏爱的是这样一个世界:在其中,我们用自己的理智提升万物分享美德。宇宙有目的的安排,应起到提升这个世界的作用,而非阻碍我们干预世界。因为关于宇宙正义的知识——作为宇宙目的论的一个方面——让我们不得不有德地行动,并由此为善斗争(卷十,885b)。事实上,通过这样做,我们将会成为神的盟友,并带着令人振奋的信念,认定宇宙站在我们这边。

然而,这项事业相当引人注目,《法义》卷十后面的一段话清楚描绘了它;对于阐明《法义》卷十中恶的问题及其宇宙涵意,这段话最为重要:

> 既然我们之间已经同意,天体(οὐρανός)里充满许多好东西,也有许多坏东西,而坏东西更多(πλειόνων δὲ τῶν μή),那么,

> 我们就得坚称,这类永恒($μάχη……ἀθάνατός$)的斗争会持续下去,需要高度警惕,同时,诸神和精灵是我们的盟友($σύμμαχοι$),而我们终归是诸神和精灵的所有物。不义($ἀδικία$)和肆心($ὕβρις$),加上愚蠢($ἀφροσύνης$),毁灭了我们($φθείρει ἡμᾶς$),而拯救我们的是正义($δικαιοσύνη$)和明智($σωφροσύνη$),还有睿哲($φρονήσεως$)——这些品质居住在诸神注入灵魂的力量中,但有些人也可以清楚地识辨出,有一小部分居住在我们里面。(906a2 – b3)

柏拉图说善与恶之间是永恒的斗争,这是什么意思?我们之前发现,两种宇宙起因间存在二元冲突。是否可能针对令人难以置信的这一点,柏拉图谋划了一个替代方案,而最终出现一个坏的宇宙灵魂?从文本来看,很明显,这场斗争发生在"宇宙"层面,因为那里提到,斗争发生在整个天体中。然而,坏的宇宙灵魂的可能性立刻受到否定,因为我们认识到,我们才是这场斗争的主角,诸神和精灵仅仅是我们的盟友,他们只站在善的一边。从这个角度来看,现在,给我们的任务是高度警惕($φυλακή$),尽管其他地方强调,诸神是护卫者($φύλαξ$,如907a):很明显,我们和诸神必须共同承担责任。愚蠢、不义和肆心再次留在我们这边。柏拉图宣称,宇宙中的坏东西多于好东西。确实,这一悲观主义论断让人吃惊,尤其是,这部作品极力强调目的论的存在及胜利。① 但是,这里我们可以看到,柏

---

① 当然,人们也可以认为,在卷十906a,柏拉图关于恶的存在多于善的说法,只是在表明恶的众多。在宇宙中,坏的人类灵魂及其影响,可能在数量上远多于好的灵魂——包括诸神的灵魂(毕竟,我们在地上发现的恶的多样性,要多于天上),但这并不需要否定如下事实,即好灵魂占主导,因为"更多的恶"并不意味着"更邪恶"。因为,相比数量稀少却重大得多的诸善而言,大量的个人之恶每个都可能很小。而且,有趣的是,在这里,柏拉图并没有提到善的主导地位。毋宁说,他强调的是,在善与恶的力量之间存在永恒的斗争,人类在这场斗争中起主要作用。

拉图如何一步步把宇宙视为人类生活的某阶段。只有关于人类生活,柏拉图能够说,坏东西多于好东西——在《王制》卷二 379c 中,他已经明确肯定了这点。① 这样,在《法义》中,柏拉图最终表达了一种宇宙观,亦即,宇宙打上了伦理和政治所关注的事物的色彩——正如我们看到他在《治邦者》的神话中所做的那样。②

事实上,我想进一步指出,文本中进而暗示,实际上,人类的贪婪不仅要为道德的恶(比如政治上的不义)负责,而且要为自然的恶(比如瘟疫和疾病)负责。因此,将诸神仅与善关联起来(906a – b)之后,雅典人试图根除的看法是,人类可以"过度获取"而不用吃苦头。他提到,贪婪或"过度获取"($\pi\lambda\varepsilon o\nu\varepsilon\kappa\tau\acute{\varepsilon}\omega$)是不义灵魂的恶习(906b3 – c2)。在这个语境中,雅典人继而声称:"刚刚所谓的过错,即取得多于每个人的那份儿($\pi\lambda\varepsilon o\nu\varepsilon\xi\acute{\iota}\alpha$),就是所谓的肉身中的'疾病',节令和年月中的'瘟疫'……诸城邦和政制中的不义"(906c3 – 6),它们由此可视为对人类过度获取的儆戒。③ 但是,我们必须这样看吗? 对于自然的恶,柏拉图岂不能找到更好的解释?

3. 人类与自然的恶

前面我们看到,把自然的恶归因于宇宙(比如坏的宇宙灵魂,或世界灵魂的非理性部分)的几次尝试都失败了。然而,这似乎大体上为解释如下现象留下了空间:既不需要使用那乍看起来难以置信

---

① 事实上,由于 906a3 本身很含混,它也可以读作:"……我们之间已经同意,对我们自己来说($\dot{\eta}\mu\tilde{\iota}\nu\ \alpha\dot{\upsilon}\tau o\tilde{\iota}\varsigma$),天体里充满许多好东西",但更多的是相反的看法。如果这样理解,那么 906a3 的 $\dot{\eta}\mu\tilde{\iota}\nu\ \alpha\dot{\upsilon}\tau o\tilde{\iota}\varsigma$ 会让人直接想起《王制》卷二 379c4 – 5,那里告诉我们,对我们($\dot{\eta}\mu\tilde{\iota}\nu$)来说,善比恶少得多。

② 从《治邦者》的神话可以看出,人类的戏剧性事件同样会投射到宇宙中。

③ 尤其参 906c1 – 2,"取得多于每个人的那份儿"($\pi\lambda\varepsilon o\nu\varepsilon\kappa\tau o\tilde{\upsilon}\sigma\iota\nu\ \dot{\varepsilon}\nu\ \dot{\alpha}\nu\vartheta\varrho\acute{\omega}\pi o\iota\varsigma$)。

的结论,即人类要为每一种恶负责,也不需要用前后矛盾的说法:神(就此而言是宇宙)并非绝对的善,而是在某些方面要为恶负道德责任。相反,关于自然无序的问题可以这样回答:它是物质运动偶然和无心的结果,这些运动来自世界灵魂有意图的行为。可以认为,《蒂迈欧》中给出了这种解释:灵魂有意推动某个物体,然后推动另一个物体,直到灵魂有目的的影响开始减弱,物体开始出现随机运动,而随机运动不再属于灵魂最初的目的范围(参 58a – c,46d – e)。① 在那种情况下,灵魂(甚至好的神圣灵魂)仍然是一切运动的起因,包括作为偶然结果的无序运动。无序运动并非灵魂的本意,因此,灵魂也就不需要对其负责。这不会影响神的美德,充其量,由于物质的本性,它只会强调灵魂不得不去面对的限度。

那么,这幅图景能否适用于《法义》呢?事实上,在卷九(863a以下),柏拉图已经考虑到,恶的起因不同于对恶的道德责任。一旦完成某个行为,灵魂中充满关于最好的意见,那么,即使造成某种伤害,这个已完成的行为也必须说是正义的(864a)。② 根据这段话,严格来说,下述两者定会有差别:一是正义的灵魂,但"会产生与善相反的结果";一是就其本身而言"恶的灵魂"。然而,《法义》卷十没有为这样的区分留下任何余地,因为这两者直接等同(参 896e6和 897d1)。卷十提到,凡是坏的东西,都源于"一种恶的灵魂"(896d5 – e6,897d1)。因此,如果地球上有自然的无序或邪恶,如果它们运动的最终根源是灵魂,那么,至少在那个方面,那个灵魂会是

---

① 对《蒂迈欧》这样的解释,参 Cherniss(1944,页 444 – 445),(1954,页 28 – 29 和注释 44),他把这种解释应用到《法义》上。Brisson(1974,页 503 – 504)遵从这种看法,并反过来把这种解决方法应用到《法义》(2000,页 259)中。对《蒂迈欧》的不同解释,参 Vlastos(1939,394 – 398),Robinson(1970,页 95 – 97)遵从 Vlastos;Easterling(1967,页 31,37 – 38);Mohr(1985,页 159 – 170,184 – 188)。

② 关于柏拉图道德和惩罚理论中这种区分的含义,参 Roberts(1987,页 23 以下);Mackenzie(1981,页 174 – 175,245 – 249)。

恶的（因为它是终极"起因"，因此要"负责"）。这样，《法义》卷十的论证似乎要求，恶的终极因不是神，或全然好的灵魂。

但是，在《法义》中，柏拉图为何要引导我们得出这样一个结论？在卷十中，关于无序，他没有聚焦于任何宇宙根源，这可能是因为，他想转而强调诸神的遍在和关心，以反对无神论。由此，我们可以开始解释，通过我们这里讨论的那种显白的劝诫之辞，①柏拉图除了不提人类外，何以不提自然的恶的起因。这种劝诫之辞意在赞扬诸神的存在及神意（乃至诸神的能力），②并让人们意识到，诸神的美德如此完善，因而似乎只有人要为恶负责。

在这方面，切尔尼斯（Cherniss）可能是对的，他注意到，在不同对话中，恶的起因不是一个，而是好几个。因此，他区分了消极的恶（纯粹是因为，可感世界仅仅是各种样式的反映，不可避免地具有不完善性）、偶然的恶（灵魂有意图的行为的间接后果）与积极的恶（由负道德责任的恶的灵魂直接产生）。③ 然而，在这里，我们还要注意，至少就《法义》卷十而言，它所给出的恶的唯一明确起因是最后一个。因为我们已经看到，文本中没有为偶然的恶留下任何空间，而另一方面，这段话面向不具名的人群，完全由各种样式构

---

① 关于《法义》卷十的这一特征，参 Vlastos(1939，页 392 – 393)。

② 事实上，值得注意的是，尽管《蒂迈欧》指出，理智（仅仅）引导大多数事物（*τό πλεῖστα*）走向完美（48a3），但雅典人在此评论说，神安排一切（*πάντα*），为的是整体的美德（903b5）。他还坚持，对神来说，就像对任何造物主一样，照管小的部分比照管大的部分更加容易（902c – 903a），因此，这意味着，实际上没有什么东西在神的控制之外。这使得像 Mohr(1985，页 185)这样的学者相信，不同于《蒂迈欧》，柏拉图《法义》中的神是全能的（亦参 Cleary [2001，页 135]）。人们会发现，901d7 – 8 尤其能表明这点（"神能做凡人和不朽的人所能做的一切事情"）；不过，我们这里或许只能探讨强调点的不同，而非思想的差别。实际上，我们一定不能忘记，901d7 – 8 那个词语本身并不暗含全能之意，因为不朽者的力量可能在某些方面受到限制（参《法义》卷七 818b，卷五 740e – 741a）。

③ 参 Cherniss(1954)，以及后来的 Brisson(1974，页 449 – 452)。

成——宇宙作为这些样式的反映，可能是不完善的复制品，在这方面，它指的是消极的恶。

相反，文本早已断言，所有的坏东西都属于我们（900e6）。根据这点，看起来，对于那些似乎是自然的恶的东西，我们同样应当负有道德责任。这符合 906c3－5 的暗示，在那里，疾病和瘟疫是恶习（άμάρτημα）和过度获取的例子。后面这两个词语都有浓厚的人类学和道德含义，此外，这里提到，宇宙中的善与恶正进行着斗争，这一语境赋予了这两个词宇宙意义（906a－b）。如果是这样的话，那么，柏拉图在《法义》中所强调的，就是人类行为的宇宙涵意，并带着明显的生态学回响。① 由此，人类的无序被视为一种过度获取或宇宙的混乱，因为它超过了每个事物应得的那份儿（μέρος, μερισμὸν, μόριον, 903b－c）（参 Friedlaender, 1969, 页 439）。这种观点能让我们获益吗？

一方面，现代读者不禁会把柏拉图的看法，跟那些看似支持其观点的重大历史事件联系起来，比如战争引起的饥荒，切尔诺贝利（Chernobyl）核泄漏造成的癌症，或全球变暖导致的气候变化。同样，我们日益意识到，表面上小范围内的事件，影响范围可能很大，比如，在北美喷洒的杀虫剂（DDT），可以在南极的鱼腹中找到。另

---

① 确实，柏拉图意识到环境问题，比如阿提卡滥伐森林，那里的土壤对降水吸收的减少，见柏拉图，《克里提阿》（111c－d；Hunghes［1982，页 7］也注意到的这点）。但柏拉图远非漠不关心，他似乎对当时社会的态度持批判态度。在《高尔吉亚》中，苏格拉底已批评，雅典充满着船只和物质的成功，但缺乏美德（518e－519a）。因而，不足为奇，在《克里提阿》的后面部分，柏拉图对比了雅典当时的处境与过去雅典的理想环境条件，当时雅典人有着卓越的美德（《克里提阿》109c4－d2,110e3－111a2,111b－d,112e2－6）。事实上，近来的研究认为，柏拉图对当时社会的批评，乃是《克里提阿》故事的主要寓意。参 Brisson（1992a, 324－325），他在页 319 提到 C. Gill 和 Vidal－Naquet。关于这片土地作为值得我们关心的家园，并且就是神，见《法义》卷五 740a5－7。参拙作（1998a）。

一方面，人们可以完全正当地抱怨，在柏拉图生活的时代，人类行为的这种大范围影响没有如此明显。然而，看起来，柏拉图建立了一种形而上学，可以解释这些现象，而且他确实在经验上意识到，力量的滥用或多或少会带来不良后果。

要理解柏拉图的看法，这里我们可以对比两种宇宙观：一种是我们看到的，柏拉图在《法义》中提出的有机宇宙观；另一种似乎是他的唯物论对手预设的观点，即宇宙是一个集合体。在一个集合体中，各个部分首先出现，各部分之间的联系是外在的。因此，有一种观点认为，世界由原子构成，这些原子随机聚在一起。由此来看，这些原子作为部分分散时，不会失去自己的本性，它们的本性也不会取决于特定的关系，不管是相互间的关系，还是与整体的关系。①相反，在有机论中，整体首先出现，整体内各部分间的关系不是外在的，而是内在的：因而，如果从整个有机体中分离，心脏就不再是真正的心脏。确实，如果不提心脏在整体中发挥的功能，甚至没办法定义心脏。同样，在有机论中，某个部分的任何变化，都会影响所有其他部分，并影响到整体。因而，柏拉图会这样解释，如果我的手指受伤，受苦的是我整个有感觉的身体，而非仅仅我的手指，这就是为什么我们会说，我觉得手指痛（《王制》卷五，462c－d）。

那么，恰恰是因为，对柏拉图来说宇宙是个有机体，我们不应惊讶于发现，柏拉图认为，某个部分的任何运动都会影响到整体，并且其影响会超出它最初的范围。就此而论，可以更清楚地看到，《法义》为何既要强调我们承担责任的重要性——在这个复杂的世界中，我们是已分配给我们的各部分的统治者（903b－c，904c7）；又要强调，我们也分享着宇宙的理智，宇宙的理智不仅管理

---

① 参 Cornford(1937，页31)，他认为，柏拉图在讨论目的论的时候，把原子论作为首要攻击目标，即使柏拉图对唯物论先驱的阐述，有可能不是基于某个特定的理论，而是对流行于五世纪开明雅典的各种理论的结合论述。关于这一点，例如，参 Solmsen(1942，页133，137)。

我们这部分,而且管理整个世界(896e – 897b)。此外还因为,我们是一个更大的相互联系的系统中的部分,所以我们能理解,在攻击贪婪时,柏拉图为什么要努力弥合关注共同善与自我利益这两者间的鸿沟:他不是简单主张,一个人应当牺牲个人自我利益,做有益于整体的事情,而是认为,服务于整体利益最有利于个人,因为"就你们同源的力量而言,有益于整体的,同样最有益于你自己"(903d2 – 3)。这也符合如下主张——该主张可视为其整体论的基石——"部分乃是为了整体,而非整体为了部分"(903c7 – d1),并且,每个变化的目的,是为了"所有人生活的幸福"(903c3 – 5)。正如不提心脏在整体中履行的任务,心脏就不能发挥作用,甚至无法得到定义,同样,不提我们在更大的宇宙中应发挥的作用,不提效法宇宙会带来美好和秩序(如我们所见),也无法限定或理解我们自己——或者,我们也不能真正繁荣起来。也是因为这点,宇宙论知识以自我认识告终,幸福生活符合与自然协调的生活。①

在柏拉图对世界作为有机体的描述中,人类生活最终怎样成为其关键部分,这点随着论证的展开变得尤为显著。有人提出,不同

---

① 因此,我们可以看到,何以柏拉图远不是在阐明一种人类学的目的论。即使特别强调人类对自然的责任,即使(如我所证明的)柏拉图对宇宙的描述最终会打上伦理关注的色彩,这点依然如此。《法义》认为,重要的是整体的善,我们是整体的一部分,部分为了整体而存在,而非相反(903b – d)。这种看法与《蒂迈欧》相应。《蒂迈欧》认为,生物(无疑包括人类)的存在,必定是为了保存宇宙的完整性,整体比部分更加完美(30c – d,39e – 40a,41a – c)。能否认为,《蒂迈欧》39b – c(那里描述,太阳点着了火,"这样,它就能使整个天体充满光芒,使一切造物可以分享在相同和相似的旋转中获得的数")表达了"部分的人类中心主义"(比如,Sedley,2002,页 65)? 就连这里所谈的人类中心主义也不充分,因为在这个语境下,文本明显有意不具体提及人类(请记住,《蒂迈欧》提到,通过训练理智,动物也有提升自己的可能性:42c – d,92b – c,对比《法义》卷十,904c – e)。再强调一次,在柏拉图的宇宙论中,处于特权位置的是理性(也为宇宙分享,这恰恰是因为它有理解和履行共同善的能力),而非人类本身(人类可能无法成为理性的模范)。

于《蒂迈欧》,《法义》卷十没能提出有机整体(ὅλον)观,因为它仅仅处理"万物"(τά πάντα,895a,对比 896d－e)。① 不过,充其量,这种挑衅的看法只适用于卷十的第一部分,②那里在引介人类在宇宙中的作用之前,只是概括性地讨述了宇宙(从 899d 开始)。然而,值得注意的是,一进入柏拉图的那种描述,我们确实得到了想要的概念,即宇宙是个统一的整体。因而,我们才被说成是诸神的所有物,整个天体(τὸν οὐρανὸν ὅλον)也都属于诸神(902b8－9)。在一个末世论语境中,我们读到,万物(τοῦ παντὸς)的照管者将所有东西聚合起来,为的是整全(τοῦ ὅλου)的保存和美德(903b4－6)。③ 宇宙作为"万物"(τὸ πᾶν),其生活(βίος)的幸福是各个部分和生成的目标(参 ἕνεκα[为了],903c－d)。这比之前更进一步指向了有机整体。先前我们看到,天体是人类善恶的战场(906a)。这一切表明,除非我们把人类事务纳入宇宙必不可少的一部分,否则,柏拉图似乎不会

---

① 参 Moreau(1939,页 67)。沿着相同的路线,经常有人认为,《法义》中的论证关注灵魂之为灵魂,而非包罗万象的世界灵魂。

② 事实上,就连这里也提到宇宙(例如 896e1,899b8),但 Moreau 正确指出,在这个语境中,τό ὅλον[整全]没有出现。

③ 整全这种普遍内在的善,为作为目的论主体的灵魂设定了目标(亦参 904b4－5,903d1－3,卷十二 966e－967a)。这个目标并非大大不同于《蒂迈欧》中造物主追求的目标:"万物应当是好的,尽可能无物为坏"(30a2－3)。然而,在《蒂迈欧》中,可根据与原型的相似性来理解这点(参 39d－e)。通过安置"生命体本身"(ὅ ἔστιν ζῷον),统一的有机整体的概念获得了理想的对应物。"生命体本身"作为原型是完美的(τέλεον,30c－d),它引导造物活动,以产生一个如同生命体的可见世界(32d－33a)。关于诸样式,《法义》卷十似乎没有给出明确的暗示。不管柏拉图是否仍像在《蒂迈欧》中那样相信它们,显然,他在这里反驳无神论,并不需要这种负载着形而上学的主张;大多数公民要过正义的生活,也不需要关于这些实体的知识。不管怎样,在《蒂迈欧》和《法义》卷十中,我们都能发现同样的努力,借助理智的原因维护目的论。

认为这个宇宙是个完整的整体。①

就此而言,柏拉图说,宇宙中的坏东西多于好东西,或者我们是宇宙中的"统治者",就不会让人那么惊讶。为了实现目的论,我们跟神的合作很重要。对此,我们也不应当感到惊讶。因为已经证明,柏拉图的宇宙($\kappa \acute{o} \sigma \mu o \varsigma$)概念,与其人类学的关注密切相关。而且,在《法义》卷十中,柏拉图强调的是,可以看到,在与人类生活的相互作用中,宇宙论最终获得了全部意义。因此,我们做的任何事情,都会在宇宙中得到反映,并影响宇宙,转而又引发它所分配的宇宙结果,这些结果也会影响我们。从这种观点出发,伦理学不能离开宇宙论,而探究宇宙最终能更好地理解我们自己。

参考文献

Annas, J. and Waterfield, R.《柏拉图:〈治邦者〉》(*Plato: Statesman*), Cambridge, 1995。

Armstrong, D.《一位唯物主义者的心智论》(*A Materialist Theory of Mind*), London, 1968。

Armstrong, J.《上升之后:柏拉图论生成像神》(After the Ascent: Plato on Becoming Like God), *Oxford Studies in Ancient Philosophy* 26 (2004)。

Attfield, R.《环境哲学:原则与前景》(*Environment Philosophy: Principles and Prospects*), Aldershot, 1994。

Benardete, S.《柏拉图的〈法义〉:发现存在》(*Plato's Laws: The*

---

① 这并不意味着,柏拉图不认为宇宙作为天体系统是个统一体(因为,如我们所见,例如,在《法义》卷七 821a 他就这样做)。但它确实表明,在卷十前面部分,柏拉图聚焦于作为天体系统的宇宙(897b – 899b),现在柏拉图强调,在任何有关宇宙的完整论述中,人类世界都必须作为其中一部分。

Discovery of Being), Chicago, 2000。

Bobonich, C.《柏拉图〈法义〉中的劝说、强制和自由》(Persuasion, Compulsion, and Freedom in Plato's Laws), *Classical Quarterly* 41 (1991)。

——《柏拉图乌托邦的重塑》(*Plato's Utopia Recast*), Oxford, 2002。

Brisson, L.《柏拉图〈蒂迈欧〉本体论结构中的同一和他者》(*Le Méme et l'Autre dans la structure ontologique du Timée de Platon*), Paris, 1974。

——《柏拉图:〈蒂迈欧〉/〈克里提阿〉》(*Platon: Timée/Critias*), Paris, 1992a。

——《关于柏拉图的演讲》(*Lectures on Platon*), Paris, 2000。

Carone, G. R.《柏拉图终极哲学中"恶的种类"问题》(El problema del "alma mala" en la última filosofía de Platón (*Leyes* X, 893d ss.)), *Revista de Filosofia* 3(1988)。

——《精密的机器或有漏洞的罐?柏拉图〈高尔吉亚〉的道德灵魂学》(Calculating Machines or Leaky Jars? The Moral Psychology of Plato's *Gorgias*), *Oxford Studies in Ancient Philosophy* 26(2004b)。

Cherniss, H.《亚里士多德对柏拉图及学园的批评》(*Aristotle's Criticism of Plato and the Academy*), Baltimore, 1944。

——《柏拉图眼中恶的来源》(The Sources of Evil according to Plato), *Proceedings of the American Philosophical Society* 98(1954)。

——《普鲁塔克的〈论语〉13》(*Plutarch's Moralia* 13), 第一部分, London, 1976。

Cleary, J.《柏拉图〈法义〉中神学的作用》(The Role of Theology in Plato's *Laws*), F. Lisi 编, *Plato's Laws and Its Historical Significance*, Sankt Augustin, 2001。

Cornford, F. M.《柏拉图的宇宙论》(*Plato's Cosmology*), London, 1937。

Craig, W. C.《宇宙论论证:从柏拉图到莱布尼茨》(*The Cosmological Argument from Plato to Leibniz*), London, 1980。

Diès, A.《柏拉图〈法义〉:卷七至卷十》(*Platon: des Lois* [VII - X]), Paris, 1956。

Dodds, E. R.《希腊人与非理性》(*The Greeks and the Irrational*), Berkley, 1951。

——《柏拉图与非理性》(Plato and the Irrational), *Journal of Hellenic Studies* 45(1965)。

Easterling, H. J.《〈蒂迈欧〉和〈法义〉卷十中的因果关系》(Causation in *Timaeus* and *Laws* X), *Eranos* 65(1967), 25-38。

England, E. B.《柏拉图〈法义〉》(*The Laws of Plato*), vol. 2 (VII - XII), Manchester, 1921。

Festugière, A. J.《柏拉图与东方》(Platon et l'Orient), *Revue de Philologie* 21(1947)。

——《至尊赫耳墨斯的启示》(*La révélation de Hermès Trismégiste*), vol. 2: *Le dieu cosmique*, Paris, 1949。

Friedlaender, P.《柏拉图》(*Plato*), 卷三, 英译本, London, 1969。

Gaudin, C.《自我运动与自我影响:柏拉图〈法义〉卷十 894d - 895c 评注》(Automotricité et auto affection: un commentaire de Platon Lois, X 894d - 895c), *Elenchos* 11(1990)。

Grube, G.《柏拉图的思想》(*Plato's Thought*), with new introduction and bibliography by D. Zeyl, Indianapolis, 1980。

Guthrie, W. K. C.《希腊哲学史》(*A History of Greek Philosophy*), 卷五, Cambridge, 1978。

Hackforth, R.《柏拉图的〈斐德若〉》(*Plato's Phaedrus*), Cambridge, 1952。

Hunghes, J. D.《盖亚:从冥府的角度看环境问题》(Gaia: Environmental Problems in Chthonic Perspective), *Environmental Review* 6 (1982)。

Jaeger, W.《亚里士多德发展史的基础》(*Aristotle: Fundamentals of the History of His Development*),英译本,第二版,Oxford,1948。

Laks, A.《理性与快乐:论柏拉图〈法义〉的特征》(Raison et plaisir: pour une caractérisation des *Lois* de Platon),见 J. Mattéi 编,*Actes du Congrès de Nice*, Paris, 1990a。

——《立法与造物:论柏拉图〈王制〉与〈法义〉的关系》(Legislation and Demiurgy: On the Relationship between Plato's *Republic* and *Laws*), *Classical Antiquity* 9(1990b)。

Mackenzie, M. M.《柏拉图论惩罚》(*Plato on Punishment*), Berkeley, 1981。

Mohr, R.《柏拉图的宇宙论》(*The Platonic Cosmology*), Leiden, 1985。

Montoneri, L.《柏拉图哲学中恶的问题》(*Il problema del male nella filosofia di Platone*), Padova, 1968。

Morrow, G.《政治中的造物主:〈蒂迈欧〉与〈法义〉》(The Demiurge in Politics: the *Timaeus* and the *Laws*), *Proceedings and Addresses of the American Philosophical Association* 27(1954)。

——《柏拉图的克里特城邦》(*Plato's Cretan City*), Princeton, 1960。

Moreau, J.《世界灵魂:从柏拉图到廊下派》(*L'Âme du Monde de Platon aux Stoïciens*), Hildesheim, 1939。

Naddaf, G.《希腊自然概念的起源和发展》(*L'origine et l'evolution du concept grec du phusis*), Lewiston, 1992。

Nagel, T.《泛灵论》(Panpsychism), *Mortal Questions*, New York, 1979。

Ostenfeld, E.《样式、物质和心灵:柏拉图形而上学的三分支》(*Forms, Matter and Mind: Three Strands in Plato's Metaphysics*), The Hague, 1982。

Parry, R.《〈法义〉卷十的灵魂与〈蒂迈欧〉中的无序运动》(The

Soul in *Laws* X and Disorderly Motion in *Timaeus*), *Ancient Philosophy* 22(2002)。

Rist, J. M.《爱欲与灵魂》(*Eros and Psyche*), Toronto, 1964。

Roberts, J.《柏拉图〈法义〉论恶行的起因》(Plato on the Causes of Wrongdoing in the *Laws*), *Ancient Philosophy* 7, 23-37, 1987。

Robin, L.《柏拉图式的爱欲论》(*La theorie platonicienne de l'amour*), Paris, 1908。

Robinson, T. M.《柏拉图宇宙灵魂学的两个问题》(Deux problèmes de la psychologie cosmique platonicienne), *Revue Philosophique* 159(1969)。

——《柏拉图的灵魂学》(*Plato's Psychology*), Toronto, 1970/1995。

Saunders, T. J.《柏拉图〈蒂迈欧〉和〈法义〉中的惩罚和末世论》(Penology and Eschatology in Plato's *Timaeus* and *Laws*), *Classical Quarterly* 23(1973)。

——《柏拉图的刑法典》(*Plato's Penal Code*), Oxford, 1991。

Sedley, D.《廊下派之神的起源》(The Origins of the Stoic God), D. Frede 和 A. Laks 编, *Traditions of Theology*, Leiden, 2002。

Skemp, J. B.《柏拉图晚期对话中的运动理论》(*The Theory of Motion in Plato's Later Dialogues*), Cambridge, 1942。

Solmsen, F.《柏拉图的神学》(*Plato's Theology*), Ithaca, 1942。

Stalley, R. F.《柏拉图〈法义〉导论》(*An Introduction to Plato's Laws*), Oxford, 1983。

Vlastos, G..(1939).《〈蒂迈欧〉中的无序运动》(The Disorderly Motion in the *Timaeus*), Allen 编, *Studies in Plato's Metaphysics*, London, 1965。

——(1964)《〈蒂迈欧〉中的创造是虚构吗?》(Creation in *Timaeus*: Is it a Fiction?), Allen 编, *Studies in Plato's Metaphysics*, London, 1965。

不宽容之福

维特克(Albert Whitaker) 撰
马 勇 译 林志猛 校

无神论是一种宗教吗？

1999年7月，美国第十一届上诉巡回法庭裁决了著名的钱德勒（Chandler v. James）案件。这个案件涉及阿拉巴马州的一项法律，该法律允许学生自主在公立学校举行祈祷活动，甚至允许学校强迫所有学生在祈祷时到场。1997年，一个区域法庭的法官（这个碰巧叫德蒙特［Ira DeMent］）①已经判定这项法律违宪，因为它违反"政教分离"，并且永久地禁止执行。

巡回法庭推翻了德蒙特法官的禁令，其中对反对学校祈祷的提倡被认为是惊人的倒退。然而，更令人惊奇的是巡回法庭这么做的理由。正如其他许多人已注意到的，巡回法庭注意到，在美国公共生活（包括其教育系统）中，非教派的祈祷或宗教的象征发挥着巨大作用。正如一些人所认为的，巡回法庭也认为，一个引起某个或更多人争执的行为并不构成违宪。巡回法庭也针对原告指出，在校学生的言论本质上不是州立学校的言论，因此，宪法条款也没有要求州去检查学生关于宗教内容的言论。

---

① ［校按］dement 意为"发狂"。

但最令人惊奇的是,巡回法庭宣称,"'净化'我们公立学校中的所有宗教表达……不可避免地导致将无信仰——无神论——'树立'为国教。由于宪法要求中立,政府不可能喜欢无信仰胜过宗教"。① 宣称公共的世俗主义推进了无神论,以及无神论是一种宗教,这引起了极大的注意。一些评论家们欣然接受事件的这一转变。例如,保守的《马萨诸塞报》(*Massachusetts News*)发表社论(2000年4月)说,严格的世俗主义是"人道主义宗教"的一个分支,不在宪法的保护范围内。② 许多自称的无神论者(从特征上可以说)与无信仰相关联。"无神论也是一种宗教,就像疾病也是一种健康,黑色是一种颜色,光头是一种发型",这一直是他们最引人注目的论调之一。然而,其他一些无神论者称赞这个判决,认为这个判决将迫使国家宽容任何在公共广场作出宗教表达或举行宗教集会的人,"无论他们信仰多少神或者他们根本就不信神"。③

在最公开的公文中,一个杰出的法庭会心安理得地将无神论描述为一种宗教,这表明,在公众的心目中,当今的无神论多么不同于古老的无神论——强硬地反对宗教。无神论者本身应该同意法庭的裁定只是证实了公共意见。在这个理性的时代,没有什么比否定上帝的存在,看起来更理性更科学了。现在,尾随后现代主义,有神论者变成了人道主义者,而无神论者则找到了宗教。

毫无疑问,一些人仍公开确认自己是无神论者,但他们对自己立场的防卫,是否远远超出动听的口号? 他们是我们当中最进步、

---

① 该观点见 http://www.law.emory.edu/11circuit/july99/97-6898.man.html。

② 社论见 http://www.massnews.com/past issues/2000/4 April/400ed.html。

③ 参 Blair Scott 的文章,《俱乐部的好消息和阿拉巴马州的祈祷:好还是坏?》(The Good News Club and Alabama Prayer:Good or Bad?),载于 *SecularSouth* 2002,见 http://secularsouth.org/show.php? column = bible belt&story id = 12. 关于无神论作为宗教的自由辩护,可以对比洛克(John Locke)在《论宽容书简》(*Letter on Toleration*)中的论述。洛克认为,无神论是不应宽容的新信念之一,因为无神论拒绝自然法的基础,自然法本身是所有公私正义的样板。

最受尊敬的科学头脑吗？或者,他们抓住了某个消失已久的科学诺言或理性主义的梦想？当代科学假定,物质有可能不可思议地闯入和越出存在,它是否给那些谨慎的无神论者提供了某些理由,去反对即便是最奇怪的"奇迹"？

尽管我们可以怀疑答案是否定的,但巡回法庭的判决也给传统的宗教组织提出了棘手的问题,这些组织大部分温和回应了这个判决。即便人们允许无神论者仅仅相信上帝不存在,但任何关于神或就此而言一切东西的信仰,都可算作一种宗教吗？没有关于超越性的积极宣称,没有一套相应的伦理规范,可能是一种宗教吗？新异教徒、雷尔教派(Raelians)和各种各样的人道主义组织可能会说:是的。但对于传统的宗教信仰者,有什么理由让他们的"宗教"定义从属于这些新宗派的标准呢？

第十一届巡回法庭对钱德勒案件的判决,如果有谁同意,无疑会支持这种经常重复的主张:美国是世界上最具宗教性的国家。但按照钱德勒案件的标准,逻辑上讲,全部国民必须都是宗教徒。另外,这个案件和其他类似案结提醒我们,关于宗教在公共生活中应具有什么位置乃至什么构成一种宗教的争论,在当今美国仍有活力,可能还在不断增强。但是法庭的判决及其反应也表明,这场讨论的主要参与者可能正在丧失对根本问题的方向感。悖论的是,重获这些方向感有时候是异域之旅的主要益处。这正是本文的意图所在。

华盛顿和德黑兰

研读柏拉图《法义》时,我们已持续注意到,雅典异方人所建议的法律是多么不同于现在的法律和习俗。毕竟,这可能是旅行的最大益处,包括智识之旅,有机会在新的视野下看到自己的道路并由此更好地理解它们。雅典异方人的建议给予读者一个与众不同的视角去考察他们自己的共同体。

然而,雅典异方人的法律不同于当代西方法律的地方,就在于当今所谓的宗教。正如已经看到的,雅典异方人建议,在新城邦中将有频繁的公民节日,全部公民将参加这些节日,并在节日的高潮举行献祭,将神圣的牺牲献祭给诸神。换言之,公民生活将集中在宗教供奉上。其次,雅典异方人建议,在这个新城邦中,祭司是政府官员。现在,在卷十中,他宣称他将制定针对不虔敬的法律,该法律将惩罚彰显在言行上的不虔敬者。美国的做法根本不是这样。

为了公平对待雅典异方人,我们必须注意,在他的政制规划中,祭司的位置很低,他们处于最弱的城邦官员之列,当然他们也不负什么责任。同样,正如在卷八所见,日常宗教节日不是这个城邦的最高活动。它们的存在是为了军事训练(829d)。就连军事训练也不是最高的(但它是最普遍的)教育形式——雅典异方人建议的教育形式。尽管如此,雅典异方人不断引进诸神和宗教作为其法律基础——无论是所谓掌管祖传田产的女神,还是掌管月份的十二神祇,或是掌管统治舞蹈及音乐的缪斯们和阿波罗。看起来,这些神几乎就是缔造他的城邦的根基。

另外,现代民主的方式看起来压根不是这样。最近,美国的法理学已严格限制了宗教在公共领域的作用。在 2000 年,美国最高法院判定,就连学校足球比赛中的祈祷也是对公共生活严重的宗教入侵。其他很多人遵循这一判决,他们最终全都诉诸第一宪法修正案,其中规定,"国会不应该制定法律对宗教的建立表示尊重,或禁止这种自由的行为"。对这一修正案的解释是,在美国,不仅是国会,任何政府机构的行为都不应偏袒哪个宗教。因此,"教会与国家严格分离",或教会与国家之间的"障碍",或"宗教自由"至关重要,这类语词主宰着美国公民及其宗教习俗。

可以肯定,宗教在当今的公共生活中处处可见。美国国会每次开会都以向上帝祈祷开始;货币和公共建筑上的题词常常提到上帝;非官方的圣歌唱道:"上帝保佑美国。"但是,在今天,对这些准宗教的说法的捍卫,常常是将其作为这个国家文化遗产的一部分,而非作为有约束力的或权威的宗教法令。它们并不"确立"权威,也就是,不赋予任何特殊宗教观点以权威,也不强迫任何公民承认任何特殊的信仰。如果他们这样做了,就会受到反对并最终被拒绝。

对于当代美国人,宗教自由主义或公共生活从宗教权威中解放出来,似乎毫无疑问,如同他们自由呼吸空气那样。这使得我们远离当今世界上其他一些最重要的国家,如伊朗、沙特阿拉伯和马来西亚,甚至与他们不和。在《法义》中,情况截然不同。但雅典异方人是一个深思熟虑的人,他提出这些建议必定有些理由。因此,理解他的理由可能有助于我们更好地理解,当今我们对待这些事务与众不同的方式。

教诲而非布道

首先,我们必须牢记,雅典异方人没有必要做他在卷十中所做的。他本可以适可而止。在城邦生活的核心,他本可以对已确立的诸神保持虔敬。他本可以宣布不虔敬(言行上无信仰的表现)为非法。他本可以针对不虔敬者制定包括死亡在内的严酷惩罚。而这些都是克勒尼阿斯想要做的。正如在卷十开头克勒尼阿斯清楚表明的,他不能理解为什么要温和对待不虔敬者。"何必与不信神者交谈呢?"这似乎是他的态度(885c)。

雅典异方人本可以迎合一下就够了。克勒尼阿斯的态度完全受尊重。毕竟,当时的绝大多数人和所有城邦,包括雅典异方人的母邦雅典,都持这个态度。众所周知,在古代世界,雅典作为最不保守的城邦,也对新方法和非传统的观念最开放。尽管如此,雅典也有针对不虔敬的法律,雅典人曾起诉过不信神者。他们怀疑哲人苏格拉底不信城邦诸神而处死了他。雅典异方人本可以设置严厉而简明的法律反对不虔敬,没有人会对此眨一下眼。

但相反,在卷十,针对可能不虔敬的人,雅典异方人呈现了漫长的讨论。实际上,他建议,有相当一部分法典可读作关于诸神的对话。这样做是令人惊奇的。他为什么这样做?他以如下方式透露了他的部分意图:"关于诸神,并且首先是诸神的存在,谁能运用温和的观点劝诫并同时教导那些人呢?"(888a1-2)。此外,他说立法者们对不信神者说话应该"不带血气"(888a5),并且"和声细语,平息血气,宛如与这样一个人交谈"(888a6-7)。

换句话说,卷十不仅仅是为不虔敬制定法律。实际上,那只是次要的目标。主要目标是在诸神问题上教育公民,尤其是教育那些怀疑诸神的人。雅典异方人试图不带血气地教育他们。在这一语境中,他尽其所能给他们提供一个关于神圣科学的导言。

灵魂的全能

首先,雅典异方人做了一件令人惊奇的事。他先呈现了相反的论证:诸神不存在。他其实不必这样做。现在,通过这样做,这个不虔敬的、无神论的论证本身,成了他拟议的法典的正式部分。我们也可以说,他使未来公民的败坏成为可能。毕竟,克勒尼阿斯压根不知道存在这样的论证,他也不知道有些人能成为深邃的无神论者(参885e-886b)。在其拟议的法律中,赋予深邃的无神论重要位置,雅典异方人这样做非常冒险。

他所列举的无神论可概括如下(参886c-890b)。无神论者探讨事物的开端。无神论者说,世界上的事物有三种起因:自然、技艺和机运。他问,"何者居先呢?"答案是机运。机运是巨大的活力。出于机运,存在各种各样的微粒,如质子、中子和电子。出于机运,大约有109种元素而非59或209种。也正是出于机运,重力吸引而非排斥物质。谁知道,为何有这样的定律——如重力定律——而非其他定律？无神论说，原因无它，答案正是机运。

因此，机运决定了万物的起源。一旦机运决定这一切东西，如元素和物理定律，那么，人们就可以说，"宇宙"自行稳步运行着。那就是人们所谓的自然：这个宇宙系统的作品。这个包含诸元素和定律的系统，产生出更加复杂的形式——分子、行星、有机物、植物、动物，最终是人类。机运及其后裔自然创造了这一切事物。而人类一旦存在，人们就开始独立制作东西。那就是技艺。人类制作了工具和茅屋，建立了朋友、家庭、氏族，最后还有政治共同体。这一切都是人工制作的。最重要的是，人类创造了诸神。诸神本身是人类技艺的产物。诸神是造出来让人信仰的。无论人类创造诸神的目的是安慰自己还是威吓其他每个人，诸神都是人类技艺的产物。要不是人类的创造，诸神不会存在。

大体可以说，这就是雅典异方人列举的深邃的无神论。这个论证的前提很清楚：首要的是机运，其次是无机的自然——诸元素和物理定律。其他一切东西都源于这些事物。还会有其他什么东西呢？

雅典异方人列举的另一种伟大选择是灵魂。他问，"在这幅图景中，灵魂的位置在哪里？"（892a）。根据深邃的无神论，灵魂似乎是物质的产物（因此也是机运的产物）。灵魂只是诸多概念之一，是 DNA 或荷尔蒙之类的产物。这正是雅典异方人要挑战的观点。他试图证明，事实上，灵魂是首要的，在万物中最早（892c）。结果表明，对于他论证诸神存在且不仅仅是人类的发明，这一证明至关重要。

此刻，我们已行至雅典异方人的论证最艰深的部分（参 892d – 899c）。这个最艰深的部分涉及运动。雅典异方人从一个很稳靠的前提切入：显而易见，一些事物运动，另一些则静止。尽管诸如前苏格拉底的帕墨尼德和赫拉克利特激烈争论过这点，但看起来，这一看法是个适宜的起点。随后，雅典异方人考虑了运动的事物。他列举的十种运动，不需要分别考虑，但看起来确实合理。它们不是抽象的运动(上、下、左、右、后与前),却是人们在日常生活中经验到的运动。不必多说,最重要的运动是第十种:既推动自身又推动其他事物的运动。

所有人都熟悉这种运动。当渴求某物或试图逃离某物时,任何活物都可以感受到这种运动。任何人都不是木偶,他们熟悉推动他们自身。但是,正如雅典异方人指出的,第十种运动迥异于其他种类的运动。雅典异方人含蓄地问,所有这些运动来自哪里?如果绝大多数运动仅仅推动其他事物,什么在推动它们?这是一个运动链,一种事物推动另外一种事物,但最初是什么东西引起这个运动链?雅典异方人说,答案是既推动自身又推动其他事物的运动。他暗示,由于有在后的运动,那必定是第一运动。而且,由于第一运动不是被其他事物推动,它只能推动自身。所以,这种特殊的运动种类——自我运动——必定是第一的和最古老的。

这是一个重要的结论。随后,雅典异方人问起名称。人们如何称呼推动自身的运动?正如早先暗示的,这是每个活物都熟悉的一种运动。石头不熟悉它,因为石头不能推动自身。只有活物可以。推动自身的运动称为活态的。因此,雅典异方人说,这种运动是灵魂。这就是灵魂的定义:自我运动。由于自我运动必定是第一的和最古老的,那意味着,灵魂也必定是第一的和最古老的。

扩展一下这一观点便是,只推动其他事物而不推动自身的东西是物体,如石头、分子之类。因而,这一论证表明,灵魂必定优先于物体。那意味着灵魂优先于一切物体。灵魂必定是所有物体的原因。那也就意味着,比如,灵魂引起并推动整个世界,包括天体。灵魂无处不在。

雅典异方人论证的最后一步是,由于灵魂是首要的且无处不在,伴随灵魂的事物也可能无处不在。他说,伴随灵魂的事物是,诸如意见、性格、无知和理智这样的东西。但雅典异方人补充说,很可能有一对或很多灵魂引起世界的运动。可能有理智的灵魂推动事物,或愚蠢的灵魂推动事物。但哪一类的统治是首要的?雅典异方人回应说,看看世界。在你看来世界不是井然有序吗?天体看起来不是在有序运动吗?总体上,天体看起来是以有规则的形式移动。在世界上,似乎有令人惊叹的秩序。所以他总结说,理智的灵魂或诸灵魂是最高的。至少,他们推动天体。如果这些推动天体的理智灵魂不称为神,我们该称他们为什么呢?由此,论证断定诸神存在。

雅典异方人对他的听众和柏拉图的读者提出一个挑战:如果你接受这一论证中的所有步骤,那你能不同意诸神存在吗?如果你接了所有的步骤,你能不信神吗?如果你不相信,你不是得从推理中挑出某个错误吗?在这个美妙的被迫旅行后,这就是我们要面对的挑战(关于这个论证可能出现的问题,参附录A)。

神圣的缔造者

在卷十,雅典异方人陈述的第二种不虔敬是,认为诸神不关心人类和人类事务(参889a–900c)。对于持这种信念的人来说,诸神是什么?诸神是如此的高傲,以至于他们对人类的关心,不及人类对尘螨或变形虫的关心。他们完全不知道或漠视人类。人类出生、奋斗然后死亡,但诸神一点也不在意他们的快乐和眼泪。所有的祈祷和恳求都指向一个不会倾听的天堂。这是一个令人悲伤的观点。

在讨论这一不虔敬观点的开头,雅典异方人谈论了这种观点的起源。在处理认为诸神不存在的第一种不虔敬信念时,他有类似的说法。先前的讨论中他暗示,在某种程度上,诸神不存在的信念归于年轻人,年轻人尤其倾向这种信念(888a–c)。但大多数年轻人不是自行落入这一信念的。通过阅读某些作品、诗歌或散文,他们落入此道(890a)。因此,种种论证和结论得出的某些看法,乃是他们认为神不存在的最直接原因。

第二种不虔敬的信念认为,诸神存在但不关心人类,其根源不同于第一种不虔敬的信念。雅典异方人暗示,这种不虔敬的信念源于某些非常普遍的判断。不虔敬的年轻人看到,他们视为不义的人获得称赞,并且据说最幸福。例如,宣称斯大林和其他暴君在谋杀和掠夺其国民后,还能生活得幸福并平静地死去。或者,这个不虔敬的年轻人看到,其他人犯了他视为最不义的罪,却依然备受尊敬,生活富裕。例如,数代的欧洲人在成长中相信,拿破仑这个现代最伟大的暴君之一,是人类中的一位神。

所以,诸神不关心人类的信念,最终源于某些看法,或更确切地说,源于某些判断:不义有时横行并受到奖赏。诸神不关心人类这种独特的信念,为何会持续人的一生(恰如雅典异方人注意到的),这可能就是原因所在(888c)。相反,雅典人说,无论如何,没有人会到老还不相信诸神存在。毕竟,很难判定诸神是否存在。这不是容易评说的事情。这容易使人终生犹疑不定,诸神是否存在。但相反,诸神不关心人类的信念会持续人的一生,因为很容易作出那些关于不义的判断。看看周遭就够了。如果一个人强烈地相信正义,那当他看到不义在人类社会盛行时,他就会很容易愤怒以至于绝望。不过,第二种观点仍是有信仰的观点。至少,那些认为诸神不关心人类的人,还相信诸神存在。他们对诸神的中伤,源于他们与神圣秩序的美妙关系或对神圣秩序的洞察(参900a)。

雅典异方人如何证明诸神关心人类呢?首先,从他关于诸神存在的第一个论证中,他提取了一个前提。他说,人们必须首先记住,已证明诸神是智慧的或理智的灵魂(900a)。随后他说,由于诸神是智慧的,他们便是好的。毕竟,理智是所有美德的领头。由于诸神是好的,他们拥有全部美德和所有高贵的品质(900e)。那么,每个人都会同意,粗心和懒惰是低劣的品质。与之相反,细心和精力充沛则是高贵的品质。这样,由于诸神拥有全部美德和所有高贵的品质,诸神必定是细心和精力充沛的,而非粗心和懒惰。诸神不像"雄蜂"那样,没有做任何工作而又吸取世界的蜂蜜(901a)。所以,既然诸神是细心和精力充沛的,他们必定仔细地监督大大小小的事情。这就是雅典异方人的主要结论(901a – 903a)。他从诸神是智慧的灵魂这个前提转移到如下结论:诸神一定会关心所有事物甚至人类。

现在,在继续前进之前,我们应注意到他迄今为止的论证的一个重要特征,这是个令人惊奇的特征。在一个非常重要的方面,雅典异方人的论证确实与不虔敬的观点一致:二者都同意人类事务和人类均微不足道。与诸神比起来,人类确实是小土豆。雅典异方人的论证并不试图证明,神们关心人类是因为,人类如此独特或如此伟大。他的论证没有表明,人类在世界上是独特的存在者。他没有依赖这样的假设:人类与诸神有一种特殊的关联。他没有宣称,例如,人类是按神的形象创造的,或人类是神们的孩子。相反,正如已注意到的,他似乎同意不虔敬的人说,人类微不足道,几乎什么也不是。

事实上,在某个时候,这曾是他的观点。我们可以回忆起卷七的中间部分(803a – 804b),在那里,雅典异方人有令人惊异的爆发。在那个爆发中,他对克勒尼阿斯和墨吉罗斯说,人类不值得严肃对待,人类只不过是诸神的"玩偶",仅分有一小部分真理。墨吉罗斯抗议并指责雅典异方人贬低人类。但这似乎就是雅典异方人的观点:人类微不足道。他没有弱化那种尖锐的观点,以证明诸神关心人类。相反,他强调人的弱小,甚至可以说,人的毫无价值。这揭示了反对者的如下问题可能的间接原因:为什么诸神应关心如此不重要的存在者?

但回到雅典异方人的论证:迄今我们看到的是,从第一个论证中,他抽取了诸神是智慧的或理智的灵魂这个前提,由此得出,诸神必定关心大大小小的事物,包括人类。但随后雅典异方人做了另外一件出人意料的事。为了完成这一论证,他考虑了所有可能的反对观点并尽力回应它们。可以认为,他问自己,"为何诸神不会关心我们?"他对每个抱怨都给予了回应。

例如,针对那些说神们懒惰的人(901c),他回应说,他已经表明诸神不可能懒惰,诸神非常高贵而不会那样。不过,另一个人可能说,诸神对人类一无所知——他们看不见人类——恰如人类与蚂蚁和变形虫在相同的路上行走,却不知道它们有多少(901d)。雅典异方人回应,所有人都同意诸神看到并知道一切。诸神的洞察力和知识远远超过人的洞察力和知识。就连这样的比较也是不公平的。但有人会说,诸神无法关心人类是因为,他们不够强大——他们竭尽全力去关心星体之类,不可能再花力气去关心人类(901d)。雅典异方人会回应,人人都同意诸神超级强大。诸神是使万物存在的灵魂,怎会没有足够力量去关心大大小小的事情呢?

那好,第四个人会说,对诸神而言,人类什么也不是,无所谓好坏,那诸神为何应该关心人类呢(902b)?在此,雅典异方人会从根本上回应说,

> 人人岂不会同意,人类——事实上万物——都是诸神的所有物?而作为所有物,人类是诸神的某件东西。恰如任何人都关心自己的所有物,即便是微不足道的所有物,诸神作为我们的主人也一样,关心我们,关心他们的财产。

最后有人会说,或许,诸神仅仅关心真正的大事物——行星、脉冲星之类——而不关心渺小的事物,因为渺小的事物缺乏高贵(902c)。诸神太过高贵和崇高,而不在意像人类这样渺小的东西。在此,雅典异方的回应是以艺匠为例,如建筑师和医生。他指出,人类的艺匠关心大大小小的事物,因为,正如人们所说,"魔鬼在细节中"。如果人们不注意小事,大事也会受损害。这样,诸神会比人类艺匠还草率吗?当然不会。诸神必定关心大大小小的事物。这似乎穷尽了所有可能的反对意见。因此,这个论证断定:诸神确实关心人类(903a)。

不过,正当我们认为这就是他所做的一切时,雅典异方人又做了更加出人意料的转向。当这个论证结束时,雅典异方人没有停下

来。相反,他建议,他应增加某些"神话的咒语",去歌唱与论证相同的劝诫,即诸神确实关心人类(903b1)。也就是说,他为论证增加了一个神话。这是奇怪的。在第一个关于诸神存在的论证中,他没有这样做。当然,有很多神话认为诸神存在。但他没有为第一个论证增加一个神话,他没有画蛇添足。但在这里,为了论证诸神关心人类,他增加了一个神话。

为什么？一些人会说,雅典人加入这个神话表明:他刚才提供的论证并不充分;神话补充了修辞力量,也显明先前论述的逻辑有缺陷;同时,这个政治神话是为没什么思想的公民设计的(参施特劳斯,《柏拉图〈法义〉的论辩与情节》[The Argument and the Action of plato's Laws],Chicago,1975,页153)。但这样的解读看起来对雅典异方人和柏拉图相当苛刻。受过启蒙训练的头脑会听出"神话",并开始寻找其中的骗局。但准确地说,如果这就是异方人的想法,那么,加入一个神话会导致修辞性的自我毁灭,而非获得支持。如果神话和论证这两个范畴相对立的话,二者各自就能说得通。但两者并不相对立。看起来更合理的是假设,雅典异方人提供的这个神话,要么是他的论证结果的想象性描述,要么事实上是对某个洞见的描述,他的论证无法证明而只能指向这个洞见。

这个神话教导听众,神是大全的王者和艺匠——神是宇宙的艺匠(903b–905c)。神像一个建造者,他把宇宙的所有部分放在一起组成整体。这个神话也教导,人是其中的一分子。因此,无论你多么渺小,神都会关心你的工作和你的分内事。你可能是一栋三层楼里的小钉子。不过,艺匠把那枚钉子放在那儿;他想让它在那儿;他把它放在那儿是有道理的。只要它在那里,无论它多么渺小,都是在为其目的效劳。同样,无论你多渺小,你在整体的事物中也有一个目的。一般来说,你的目的就是为这个整体的善做贡献。

这位艺匠制作了万物和各个部分,着眼于整体的善——无论是一个物体的健康,还是一所房屋结构的完整。你这分子的存在是为了整体的善。当然,这也意味着,无论在你看来事情有多"坏",无论事情对你有多不幸,事物的整体依然井然有序。因为,有一个理智的神作为它的创造者。这样,尽管事情看起来对你正变坏,你依然能够满足于相信,你还能做有益于整体的分内事。由此,雅典异方人重置了第一个论证中分配给"坏灵魂"的位置(参施特劳斯,《柏拉图〈法义〉的论辩与情节》,页151)。雅典异方人用这一整个讨论去教育他的听众:对于第一部分的论证,第二部分中的神话代表了一种神学的纠正和超越(参阿奎那《神学大全》I. 2. 3 对反对意见的回应)。

最后但不是最不重要的,这个神话教导你如何做得好——如何好好地坚持整体的善——将决定你死后在大全中的位置。对我们来说,死亡并非终点。在生活转变之后、在死后,人的灵魂会经历转变。你会转变到更好和更重要的部分吗?或者,你会降低到一般的有机体之内?这都取决于你如何履行你在大全中的责任。这个神话教导,有一个事物的整体井然有序,可朽的生命无论多么渺小,都不是没有意义的。他们皆有一个目的并受注意。当然,这个神话没有许诺,我们人类能够乃至会完全理解那个目的——这似乎也不是反对者所要求的。

此外,人们会说,这个神话针对的是那些特殊的不信神者已存在的信念。这种人相信诸神存在,但否定诸神关心人类。因此,这个神话也可能针对这种人的潜在希望,即希望诸神会关心我们,诸神最终能摆正事物。这个神话的美妙,没有一种论证能捕捉到,它是让异教徒从失望转向幸福的希望的关键所在。

但这样一种解释假定,雅典异方人不相信神话的教诲,它甚至暗示,他可能怀疑诸神存在的证据。而他在卷十的第一部分曾热情洋溢地提供了这些证据。显然,他修正并改进了他之前提供的教育,他最后还评论到,他非常热切地说出了这些论证,但这些观察绝不能引导我们得出如下结论:雅典异方人提供这些论证不是出于善意。①

---

① 参 Pangle 译疏,《柏拉图的〈法义〉》(*The Laws of Plato*),New York,1980,页 530 - 504。

在雅典异方人三部分的神学讨论中,神圣艺匠的神话占据中心位置。在其中,他描绘了他们一致同意的结论:诸神存在,诸神就是心智和全能的灵魂。但这个神话不仅讨论了诸神,也讨论了信仰者。对于已接受这些论证的人,这个神话加强了其道德状态,在某种程度上,单凭论证无法做到这点。这个神话有助于听众认可其行为、献祭、苦难和快乐的价值。对于人类的不完整感,对于人类作为依然神秘的整全的一分子的意识,该神话提供了一个想象性的回应。人们与其断定这种意识是神的礼物,不如认为这种意识使人想起了诸神。至少,这个神话提醒公民和立法者,正如城邦本身必定是不完善的,它也必定是对宇宙城邦的出色模仿(关于这个论证及其神话可能出现的问题,参附录B)。

牧羊犬和狼群

在卷十,雅典异方人的第三个也是最后的论证教导,诸神是正义的。无论如何,这是一种描述此次论证的方式。通过这样描述,我们可将这一论证与追问"神是否正义?"的整个传统联系起来。这是个神义论传统,谈论神的正义。但更准确地说,这一论证可描述为:无法向诸神求情(888c,905d)。也就是说,诸神不会因礼物或祈祷而改变他们的目的。我们将会看到,这个关于求情的论证与诸神的正义问题紧密相关。

在关注这个论证之前,我们应注意到,宣称诸神可求情暗示了一些东西。这一宣称首先暗示,诸神确实统治着人类事务。那正是人们想要向诸神求情的原因。没有人试图向无权的事物求情。没有人试图向石头或树木求情。人们试图向那些能随意伤害他们的事物求情。这个认识引出了第二个观点:可向诸神求情这一看法暗示,诸神对人类感到愤怒并展现了这种愤怒。试图向诸神求情的人那样做是因为,他感到恐惧;他害怕没有求情的话,诸神将出于愤怒而伤害他。为什么人们会那样想？为什么人们认为,其他人或某个神会因对他愤怒并伤害他？不虔敬的人害怕,诸神会惩罚,但这也意味着,他认为神们关心惩罚,因此诸神关心正义并惩罚坏人。

所以,持有诸神可求情这一不虔敬观点的人相信很多事。显然,他相信神们存在。他相信诸神统治人类事务。他还相信诸神会愤怒,并以惩罚的形式发泄他们的愤怒。因此,他也相信诸神关心正义并确实善于惩罚不义。最后这个不虔敬的观点意味深长。

但是,这些事情有表明过一件吗？在雅典异方人的论证中,不虔敬的人有好的理由这样看待诸神吗？尤其是,有没有好的理由认为,诸神易于愤怒和惩罚？雅典异方人已证明,某一类的诸神存在。但在第一个论证中他表明,这些神是理智的灵魂。诸神是自我推动的存在者,以规则、有序的方式运动。那里没有提到愤怒或惩罚。

在第二个论证中他表明,诸神必定关心宇宙中的万物并留意它们。然而,他也没有提到诸神会愤怒并惩罚人。甚至在他与第二个论证本身区分开的神话中,他也没有谈到愤怒或惩罚的诸神。在他的神话中,神是一位艺匠,出于某个普遍的善安排事物的整体。神旨在创建,而非毁灭或惩罚。雅典人也没有提到,那些没有为整体的善服务的人,会遭受神的愤怒或惩罚。他们凭借自身的行为决定自己在整体中的位置。诸神似乎没有对此插一手。整体似乎独自运行,每个部分各得其位。因此,从一开始,坚持诸神可求情这一不虔敬的观点的人似乎持有一些假设,至少基于自己的论证,雅典异方人不会接受这些假设:诸神会恼怒并惩罚人类。

以一种有点奇怪的方式,雅典异方人的论证开始反驳这种特殊的不虔敬。他开始检审诸神可求情这些主张的前提。人们会说,这个开端非常有对话意味。正如雅典异方人先前在卷十中所说的,我们必须设想自己在与一个年轻人对话,他作出了这些不虔敬宣言(888a)。在对话中,我们应不带怒气地努力看清对手的观点及其来源。那就是雅典异方人在此做的事情。他将对手的观点作为其论证的起点。

但严格来说,他在第一二个论证中并没有这样做。在第一个论证中,他只呈现了无神论者的观点。随后,他展现了自己的论证。他自己的论证从一个假设出发,这个假设不是来自无神论的观点,而是来自人们日常生活的经验。在第二个论证中,雅典异方人以解释对手的观点开始,这个观点认为诸神不关心我们。他是通过谈论此观点的起源来解释的。但是,当开始反驳这个观点时,雅典异方人以自己的前提开始谈论。这个前提就是第一个论证的结论:诸神是理智的或审慎的灵魂。

因此,正是在第三个论证中,雅典异方人与不虔敬对手进行的对话,最接近真正的对话。只有在这里,雅典异方人才开始完全将不虔敬者的观点作为他的起点。但这也意味着,这一论证的前提不是雅典异方人自己的。他不担保第三个论证的起点。这一论证最接近对手的观点,但这可能相当不同于雅典异方人自己的观点。

正如已经看到的,不虔敬的对手的前提是,诸神是人类的统治者,会对人类发怒(905e)。按照不虔敬者的这一观点,那就是为何需要向诸神求情的原因。这个不虔敬者没有宣称比诸神优越。他知道,与那些大鱼相比,他只是小鱼苗。但他确实声称,他知道这些大家伙喜欢得到什么,而尽力为他们提供这些东西。

因此,雅典异方人实际上是问,"你认为诸神是人类的统治者吗?是哪类统治者?"他列举了几种来自人类生活的可能性(905e – 906a)。他们像竞赛中的骑手吗?他们像船只的舵手吗?他们像军队的将领吗?他们像支配身体的医生吗?他们像管理庄稼的农民吗?或者,他们像掌管羊群的牧羊犬?

这是个搞笑的清单。当然,将诸神想象为骑手或牧羊犬很幽默。不过,搞笑也是因为,雅典异方人没有列举最显著的人类统治者,他们可与诸神类比:治邦者或立法者。为什么不问,诸神是否像统治城邦的治邦者?这可能是因为,雅典异方人认为,他的对手非常容易反驳这种可能性。毕竟,可以认为治邦者最关心正义和合法。而那恰恰是不虔敬者希望诸神会偏离的东西。然而,一些治邦者也因接受贿赂而众所周知。或许,这是雅典异方人在此不提他们的另一个原因。

这个清单遗漏治邦者也进一步显明了它的另一个特征:可以说,他列举的"统治者"全都会被期望从他们的统治活动中获利,直接或间接地获利。将领们会冒生命危险,但他们能从自己的功勋中得到巨大荣誉。舵手不会想让他的船只沉没,这不仅是为了乘客的好处,也为了自身的好处。医生们不会因治愈病人而变得更健康,但他们能学到经验且收入颇丰。显然,农民或牧羊人获益于丰收的庄稼或羊群。当然,这些好处不全都相同,这一切活动也都要求奉献。但他们的奉献通常不用像治邦者的奉献那样彻底,治邦者通常必须放弃全部的私人生活和私人兴趣,如果他要追求完满的公共利益的话。因此,或许,这个遗漏承认不虔敬者恐惧的某件事:诸神首先关注他们自身的利益。

雅典异方人问不虔敬者,他认为诸神是哪类统治者。随后,通过陈述可能是在先前两个论证中"我们已经同意"的结论,雅典异方人深化了这个问题(参906a3)。他说他们已经同意,天体里充满善和恶,而且恶多于善(参906a–c)。因此,他说宇宙中有一场"永恒的斗争"会持续下去。诸神及其忠实的追随者精灵们,正为美德和正义而战。人类是他们的财产,或许是通过为正义而战,他们在我们中间培育了正义的目标。

那么,不虔敬者的观点如何适应这里的观点? 由于正义与不义之间有一场永恒的斗争持续进行,不虔敬者就站在另一边,站在不义的一边。他试图讨好诸神——正义的保卫者。他像一只狼,试图收买保护正义的羊群的牧羊犬。

这是在雅典异方人的论证中非常可疑的一步。但在质疑前,我们应该注意到这点:通过谈论一场永恒的斗争,并由此称诸神为看门狗,雅典异方人限定,诸神作为统治者的类型可能有两种:诸神像打仗的将领,或像保护羊群的牧羊犬。如之前提到的,这两种统治者每一个都追求某种好处。但这些好处非常不同。将领可能是为一个完整共同体的好处而战。如果他获胜,整个共同体就获益;如果他失败,整个共同体就遭殃。相反,在某种程度上,牧羊犬保卫羊群的利益,但最终它服务于主子的利益,主子牧羊人乃是羊群的所有者。因此,雅典异方人的论证提出了这些问题:人类是诸神的同盟吗?或是诸神的羊群?如果人类是诸神的羊群,而诸神是牧羊犬,那谁是牧羊人呢?

回到论证,不虔敬者必定坚持的是,诸神类似于这些统治者之一(例如牧羊犬),他们被敌人(狼群)收买了。因此,我们就得出了这一论证的结论。这个结论来得相当容易。雅典异方人使用了可谓搞笑的检验。他想看看,不虔敬者的断言是否会导致可笑的结果(906e)。

他返回到他将诸神比作人类统治者的那个清单。既然不虔敬者说,诸神如同受敌人收买的统治者,那他所认为的受贿的统治者到底是哪些呢?他们像受贿去毁坏自己船只的舵手吗?他们像受贿而输掉比赛的骑手吗?或者,他们像受贿而没完成任务的将领、医生、农民、牧羊人或牧羊犬?

当然,雅典异方人知道,所有这些事以前都发生过。医生曾受贿而杀死病人,运动员曾受贿而放弃比赛。但所有这些人,这些因对手收买而失败的人,看起来全都像输家或失败者。确实,就他们各自的职责而言,他们是输家、失败者。但是,雅典异方人说,"我们"——不虔敬者和他自己——已经同意:诸神是最伟大事物的最伟大保卫者(907a)。那么,诸神与人类的失败者一样坏还是更坏?此时,克勒尼阿斯加入了讨论,他强烈否认神们会是这样的失败者,并厌恶如下看法:诸神会跟放弃责任并向贿赂低头的人类一样坏或更坏。因此,这一论证得出结论:正如"我们"已经同意的,无法向诸神求情。

在这一论证中,有很多错综复杂的地方,这些地方值得旅行者们亲自观察和思索。但是,有个问题应格外注意。如上所述,第三个论证看起来与雅典异方人先前提出的"神话"相冲突。这个神话表明,神是整全的一个艺匠。在此,他把诸神描绘成有巨大的力量,但这种用来斗争的力量甚至大于不义的力量。诸神不掌控事物的整体。当然,诸神也不是这一整体的起因。因此,这幅诸神在整体中位置的图像与之前描绘的截然不同。

哪一种是雅典异方人自己的观点?这很难说。我们必须记住,整个第三部分是以对话形式直接进行的,但也向反对者的观点做了许多让步。正如所见,雅典异方人的重要信念之一是,诸神会发怒,诸神是有情绪的。雅典异方人重新引入了一个看法:诸神必定发起一场反对邪恶的宇宙斗争,看起来,这个看法符合反对者的假设。这似乎是第二部分中神话图景的一种后撤。无论如何,在第三个论证的开头,雅典异方人重申了来自第二部分的观点,此时,他回忆起诸神必定是统治者,因为"他们掌管着整个天体,不受阻碍"(905e3)。事实上,第三类反对者作为第二部分中描述的技艺的肤浅观察者,设想了这个阻碍,即全面的战争。

然而,第三种异议确实推进了先前神话没有完全讲出来的东西,推进了任何言辞可能都无法完整表达的东西。神话宣称,诸神关心人类,就像艺匠关心其工作的各个部分或小件。诸神正义的反对者也声称,诸神关心人类,但诸神是受贿的根源。尤其是在谈到将领和看门狗时,雅典异方人与这一反对者之间的想象性对话,提出了那种关心的特征问题。

如上所述,一位将领关心城邦的公共利益,但在他的命令下,有时他必须牺牲士兵。一只看门狗尽力保卫每只羊,但没有在羊群中间培育共同利益。因而,或许这些例子凭其缺点指明了真理。神话所描述的神匠结合了全能和理智,在其统治下,不会丧失任何一"部分"。因为,他不需要牺牲或丧失任何"部分",这个神能同时关心部分与整体,不用牺牲任何一个。尽管如此,这位神匠规定的私人和公共利益依然神秘,但合理地引出了所有这些问题。

不自由的学习

回到我们自己的现实和阿拉巴马州学生自主祈祷的钱德勒案件,在 1999 年,第十一届巡回法庭的判决被上诉到美国最高法院。高等法院将此案重新命名为 Chandler v. Siegelman,并根据另一个最高法院对学校祈祷案的重审,发回上诉法院重审。2002 年,第十一届巡回法庭重审了先前的判决,并投票维持原判。最高法院拒绝考虑另外一个上诉,从而让这一判决维持不变。当然,如前所述,无论怎么处理钱德勒案,只会表明,信仰与世俗主义的当代论争依然处于悬而未决的状态。

表面上看,雅典异方人的建议会创造一个宗教上相当严厉的共同体。由于法律教导,诸神支持城邦,由于诸神会强迫宗教信仰和习俗,我们可以料想,不信神的表达会远远少于我们的国家。

但这不意味着,雅典异方人预见到质疑信仰的后果。事实上,不应该感到惊奇的是,如我们所见,雅典异方人的论证本身提出很多问题。在首先论证过诸神存在之后,实际上,他就请求听众挑战他并向他提问(899b – d)。现在,可以肯定,法律将宣布鼓吹这些不虔敬的观点为非法。但是,以温和的私下方式提问,非常不同于鼓吹或试图欺骗人们。

确实,我们可以说,雅典异方人尽其所能鼓励这种温和的探究。毕竟,他把所有这些论证放入了他所拟议的法典的序曲。那意味着,他也把这三种不虔敬的观点纳入了法典中(参潘戈,页 503)。这个结论会给某些公民带来思考,并至少向他们表明这一议题的两个方面。

对于大多数人来说,雅典异方人的如下论证是充分的:诸神存在,诸神关心我们以及无法向诸神求情。这些论证将打消他们的疑虑。但是，他的论证以及他对相反观点的陈述将激发其他人去自行思考。确实，在卷十中，他奇妙的论证指向了最最重要的问题：神是什么？可以公平地说，这些论证和《法义》整体，由此指向了他确认为教育的最高学科：神学。

也可以公平地说，对于生活在宗教上相当自由的共同体中的我们，卷十至少提出了另一些问题：雅典异方人的法律能如此巧妙地激发有关神的思想吗？它们能热切地鼓励追求神学吗？它们不会对宗教自由施加限制吗？也就是说，如果法律对神圣事物保持沉默，或者，如果法律自觉地将神圣事物视为不值得严肃考虑的东西，法律会由此阻碍乃至扼杀这些思想吗？围绕钱德勒案的争论，以及关于美国宗教公共地位的更大争论，在面对这些质问时提供不了什么来消除疑虑。然而，如果雅典异方人正确，那问题就是，我们忽略了自己的灵魂处于危险之中。

附录 A
有关诸神存在的论证的可能问题

1. 必须有一个最原初的运动吗？另一个选择是什么？这是可理解的吗？（参 Kreeft, 65 – 66）

2. 即便自我运动是第一的，自我运动等同于灵魂吗？它包括灵魂的所有运动吗？

3. 即便自我运动必定是第一的，它有必要持续到今天吗？它是永恒的吗？它能否停止？

4. 灵魂如何与物体相联系？（考虑雅典异方人给的关于太阳的例子）

5. 宣称理智的灵魂统治一切，乃基于对世界秩序的观察。这种观察和秩序是完整的吗？

附录 B
有关诸神关心人类的论证的可能问题

1. 为何理智必须包括或等同于道德的善或关心他人?
2. 不朽的神们如何知道一直在变的东西(例如人类)?
3. 神匠所瞄准的善是什么?
4. 多种多样的神或愚蠢的灵魂可能威胁整体的良好秩序吗?
也就是说,这个论证及其神话在逻辑上是否要求一神论?

心智的运动

普兰尼克(Zdravko Planinc)　撰

张清江　译

马格尼西亚城邦第一项法律的序曲说,"根据某种自然本性(φύσει),人类分有不朽(μετείληφεν ἀθανασίας),正是这种自然本性(πέφυκεν)使人人深切地渴望不朽"(《法义》721b7 – c1)。玩偶形象(puppet ikon)表明,会背弃分有不朽的本性,也是所有人的自然本性。在序曲中,雅典人提到了这种可能性,他补充说,"自愿(ἑκόντα)舍弃这一份的人绝非虔敬(ὅσιον)"(721b – c)。第一项序曲嘱咐所有马格尼西亚人,神是万物的尺度,要尽力变得像神。马格尼西亚人把神作为一切虔诚的敬畏(τῆς εὐσεβείας σκοποῦ)的目标,是他们所有箭的靶子(716c – 717a,对比962d)。但是,并非所有人都是马格尼西亚人。有些人试图否认,依据自然本性,他们分有不朽。他们自愿不虔敬。这怎么可能?对于这个问题,玩偶形象给出了部分答案。在《法义》卷十讨论不虔敬的言行时,雅典人给出了最完整的回答。部分出于这个原因,按照克勒尼阿斯的说法,雅典人对不虔敬的讨论,应称为"一切法律最高贵和最好的序曲"(887b – c)。

在美德和恶行领域,玩偶形象描述了人类存在,但它仅仅是对人类灵魂的概述。推理(λογισμός)以及快乐和痛苦的绳索所描述的结构,无法完全解释美德和恶行,因为一个人不只是谋划的推理加上身体的情感。雅典人认为,在向上和向下的拉力之外还有其他东西,而这些东西部分弥补了不足。有必要更全面地解释拉力。雅典人将灵魂对拉力的回应描述为各种爱。如果一个人想要获得属神的诸善,尤其是审慎($φρόνησις$)和心智($νοῦς$),那么,他的整个灵魂都必须回应向上的拉力。如果他拒绝向上的拉力,转向不审慎($ἀφρόνησις$)和不理智($ἄνοια$),那么,他的整个灵魂必定转而回应向下的拉力(参886a - b)。灵魂的转离是自爱。雅典人说,自爱是"所有情况下每个人恶行的起因($αἰτία$)"(731e)。同样,灵魂回应向上的拉力,襄助金绳索,可称之为对神的爱,或对神圣理智的爱。在卷十中,雅典人把这两种爱的经验核心放入人类灵魂中,从而扩充了自己的解释。自爱是血气($θύμος$)的核心。雅典人会赞同赫西俄德说,无论如何,拒绝把神放在心里($ἐν θυμοί$)的人,毫无价值。另一方面,在雅典人的第二个形象中,即他讨论的心智运动(897e),描述了可称之为对神的爱的经验核心。

关于不虔敬法律的讨论,面对的是所有这些人,他们自愿舍弃分有不朽的本性。不允许这样的人殖民马格尼西亚,这正是雅典人的打算。因此,讨论可视为考验的一部分——"在一个足够长的时间中,运用各种各样的说服"(736b - c)——城邦的建立者会利用这种考验,净化那群病入膏肓的殖民者,并用某种方法,治愈所有那些天性善良、却被吸引到不虔敬者行列的人。它为什么是一切法律最高贵、最好的序曲(887b - c),这是另一个原因。然而,城邦建立起来之后,对于马格尼西亚的不虔敬法律来说,讨论变成了冗长的序曲。同样,这个讨论连同《法义》中的其他演说,都要让马格尼西亚的孩子们学习(811c - e)。雅典人打算用他的所有演说和序曲(不只是这个),引导马格尼西亚人完全地分有不朽。尽管如此,对于城邦来说,还是必须有针对不虔敬的法律。光有恰当的教育($παιδεία$)还不够。雅典人解释说,"总是有些人,有时多,有时少,会染上这号病"(888b)。

虔敬和不虔敬,并非只是词语或言辞的属性。毋宁说,它们是灵魂的状态,在言行之中寻求表达。特别是,不虔敬是灵魂的一种病态。在《王制》(*Repulic*)中,苏格拉底称之为"灵魂的无知

(ἄγνοια)"。心灵的无知而非不虔敬言辞的无知,才是"真正的谎言"(ἀληθῶς ψεῦδος);言辞中的谎言,只不过是"派生的影像"(ὕστερον γεγονὸς εἴδωλον)(382b - c)。阿德曼托斯(Adeimantus)宣称,所有关于神、诸神或神圣的言辞是"有关神学的模式"(τύποι περὶ θεολογίας),苏格拉底也同意这个说法(379a)。来自病态灵魂的言辞,跟来自健康灵魂的言辞一样,都是一种神学。两者均用可能的话语,证明了人类对神圣的回应。

在《法义》中,雅典人讨论的言辞表明,灵魂背离了神圣;在《王制》中,苏格拉底讨论的言辞则表明,灵魂漫长而艰难地朝向神圣提升。在这两种灵魂状态中,前者认为,话语的表达更有一致性。在《王制》中,关于神圣的言辞,苏格拉底展现了两种尺度,使很多不同的言辞可视为虔敬神学的实例。第一个尺度是神义论。神实际上是好的(ἀγαθὸς ὅ γε θεὸς τῷ ὄντι)。神不是所有事物的起因,而只是好东西的起因。对于人类事务中的恶,神没有责任(ἀναίτιον),而是有其他起因(τὸ αἴτια,379b - c,380c)。第二个尺度表明,神具有永恒的完满性。所有神圣之物都完全没有虚伪(ψεῦδος)。在各个方面,神和一切神圣之物都是最好的。于是,首先,神永不改变;神单一而真实(ἁπλοῦν καὶ ἀληθὲς),绝不会用言行中的幻觉或谎言欺骗人类(381b - c,382e - 383a)。在《法义》卷十中,雅典人对不虔敬神学的讨论,提出了一个类似的结论。他讨论的三个观点,典型描述了不虔敬的无知灵魂的各种表达。无知灵魂所说的话,跟其不虔敬行为紧密相连,均源于相同的心灵状态。雅典人说,所有自愿做不虔敬的事或说不法言论的人,都身处(πάσχειν)下面三种相关的灵魂属性之一:要么,他不相信(οὐχ ἡγούμενος)诸神存在(θεοὺς……εἶναι);要么,他相信诸神存在,但认为诸神不关心人类(οὐ φροντίζειν ἀνθρώπων);要么,他认为诸神关心人类,但很容易受献祭和祈祷求情(εὐπαραμυθήτους)(885b,对比《王制》,365d - 366a)。

在马格尼西亚,没有不虔敬的位置。所有马格尼西亚人都很虔敬,符合苏格拉底在《王制》中提出的虔敬的两个尺度。马格尼西亚的礼法引导他们相信($ἡγούμενος$)诸神存在(885b)。然而,这并不意味着,他们的礼法以惩罚为威胁,独断地要求他们接受这三个观点组成的神学,这三个观点与不虔敬神学的那三个消极观点相对立。① 如果城邦有可能以此种方式建立,那么,其礼法的最大后果,就相当于奠定所有不虔敬神学的灵魂无知。② 涉及神圣的马格尼西亚礼法,不是否定之否定,而是肯定那些消极观点试图拒绝的东

---

① 在对《法义》的现代诠释中,这已是老生常谈,它通常跟对柏拉图晚期神权的独断主义乃至集权主义的批评有关。最近的例子之一,见 R. F. Stalley,《柏拉图〈法义〉导读》(An Introduction to Plato's Laws), Hackett Publishing Company, 1983,页 166-178。

Thomas Pangle 对《法义》卷十的诠释与之类似,但他没有指控柏拉图陷入宗教的独断主义。Pangle 认为,卷十是马格尼西亚的一种"公民宗教"。这个概念来自卢梭的《社会契约论》(Social Contract)(4.8), Pangle 采用了这个术语。他写道,用这个概念来分析《法义》是合适的,因为卢梭对公民宗教的论述基于"古典理解"。卢梭"看到,法律和义务需要神圣的支持"。雅典公民宗教的"主要功能"在于,通过"支撑刑法典"维护公民的秩序。必须有一种公民宗教,因为"除非说服人们相信,看不见的诸神保护他们今世的生活,并在死后提供一种可忍受的生活,否则,他们可能会感受到威胁,而不能为了共同利益牺牲自己的安全"。对马格尼西亚公民宗教的三个"证据"的信仰,"不是理性的"。Pangle 说道:"[雅典异方人的]法律所需要的虔敬和信仰,基本上不立足于公民们理性探究的结果。"公民的宗教独断主义可能不是理性的,但它"绝对是政治生活的必要维度"。参《柏拉图〈法义〉中的政治与宗教:一些初步反思》(Politics and Religion in Plato's Laws: Some Preliminary Reflections),载于 Essays in Arts and Sciences 3(1974),页 22-23;《柏拉图〈法义〉中的宗教政治灵魂学》(The Political Psychology of Religion in Plato's Laws),载于 American Political Science Review 70(1976),页 1060-1061。在 Pangle 的诠释中,对古希腊有关虔敬的论述的研究至关重要,参 Gadamer,《苏格拉底的宗教与宗教性》(Religion and Religiosity in Socrates),见 R. Velkley 译,Proceedings of the Boston Area Colloquium in Ancient Philosophy,卷一,J. J. Cleary 编,Lanham,1985,尤见页 53-60。

② 参 Blair Campbell,《柏拉图〈法义〉中的神与人类主体》(Deity and Human Agency in Plato's Laws),载于 History of Political Thoughts 2(1981),(转下页)

西。这种礼法符合神圣理智,即对人类而言所有属神之善的领头($ἡγεμόν'$)。因此,沿着礼法引领他们的道路,马格尼西亚人就能踏上灵魂之旅,朝神祇上升,远离不虔敬者的灵魂的无知。在言行上,马格尼西亚人接受了苏格拉底虔敬神学的两个尺度,因为这两个尺度是他们拥抱的完善而永恒的神派生的影像。

雅典人说,总有人——通常是年轻人,染上自愿不虔敬的病。从孩提起,他们就蔑视($καταφρονήσαντες$)所有虔敬的表现,这种蔑视表明了他们灵魂的无知。到他们成年时,他们的思想完全败坏了($διάνοιαν διεφθαρμένοις$)。此外,雅典人还说,他们蔑视那些东西并没有依据哪一个充分的论证($ἑνὸς ἱκανοῦ λόγου$)——即便只有一丁点理智($σμικρὸν νοῦ$)的人也会肯定那些东西。他们的蔑视背离了审慎和理智,而非依据它们。但是,若非出于理智,他们为什么会蔑视呢?在向克勒尼阿斯解释如何最好地回应这些人时,雅典人回答了这个问题。他们应当和声细语,"平息血气"($σβέσαντες τὸν θυμόν$)(887c–888c)。自愿不虔敬者的灵魂无知源于血气,如果要治愈这种无知,首先要控制血气。对得这号病的人,首先要结合说服和强制,尽可能使他们变得温顺($ἡμεροῦν$)(890c)。雅典人警告克勒尼阿斯,他们说话必须小心,自己不要带着血气($ἀθύμως$)。然而,他们没有做到。在完成对不虔敬神学的三个观点的回应之后,雅典人特地承认,他的言辞相当激烈。他说,之所以非常热切的($προθυμία$)说出这些话,是因为渴望战胜($φιλονικίαν$)坏人($κακῶν ἀνθρώπων$)。雅典人的好胜心,不是某种形式的自爱。他论说的意图,不是要让不虔

(接上页)页417–446。Campbell 接受传统理解,认为卷十描述的是马格尼西亚的公民宗教,但他主张,"卷十中描述的对诸神的那些信仰,并不必然会导致如下生活样式,即把人类贬低到被动的顺从之中"。Campbell 的结论揭示,公民宗教本身的基础是虚无主义。他主张,柏拉图的公民宗教不是"拒绝了普罗塔戈拉(Protagoras)",而"似乎是在实践上确认甚至超过了普罗塔戈拉。看上去,人不仅是'万物'的尺度,而且是神的尺度"(页418,420)。

敬者完全沉默。好胜心驱动他说话，是因为在说服不虔敬者放弃自己不理智的轻蔑之前，必须首先让他们明白，他们不能为所欲为。在这种情况下，说服前有必要进行某种程度的强制。雅典人告诉克勒尼阿斯，他论证的终极目标，是要说服($πείθειν$)不虔敬者憎恨自己并渴求相反的性情($ἐναντία\ πως\ ἤδη\ στέρξαι$, 907b – d)。换句话说，他想要说服他们憎恨自爱——自爱基于热切地蔑视所有神圣之物——由此，在某种程度上使他们能够爱神。

雅典人明白，并不总是能说服不虔敬的人，憎恨对自己的爱。在这种努力中，成败最终取决于劝说对象的品性。城邦可能产生不同类型的不虔敬，对它们要进行不同的惩罚，论述这点时，雅典人描述了可治愈者与无可救药者之间的差别。他说，有些人压根不信诸神存在，但"性情天生正直"($ἦθος\ φύσει……δίκαιον$)，拒绝行不义。另一些人的性情天生不正直，并且没有节制。这两类人患有相同的灵魂病，但前者的灵魂远比后者健康。特别是，天生不正直的人——他具有通常所说的"好天性"($εὐφυής$)——狡猾无比，欺诈成性。这种人，拥有欺诈所需的"各种伎俩"($πᾶσαν\ τὴν\ μαγγανείαν$)。这种人中最坏的两类是智术师和僭主。通常，智术师有极强的记忆力和才智，而僭主面对快乐和痛苦时，则缺乏任何节制。他们都用自己的才智去满足无节制的欲望，就此而言，他们是类似的。但关于他们，这并非雅典人所要讲的全部内容。他们天生的不正直及其富有血气的灵魂无知，将这些特征变成了一种疯狂($μανία$)。雅典人称之为魔法(908b – d)。智术师和僭主拥有的迷药是毒药，不是身体的毒药，而是灵魂的毒药。他们首先毒害了自己的灵魂，然后通过言语毒害其他灵魂，用"符咒和咒语"说服所有那些有意行大不义的人。由于受自己毒害，这些人变得像野兽($θηριώδεις$)一样，蔑视所有人。对任何比自己优秀的人，他们都心存怨恨，这表明，他们想让所有人都变成野兽。出于这些最卑劣的理由，这种人"极力摧毁个人和所有家庭和城邦"。雅典人说，这些人应当作动物处死(909a – b, 932e – 933e, 934c – d)。然而，天生的正直者无需承受这样的惩罚。虽然由于不理智,他们也变得不虔敬,但他们"没有坏脾气或坏性情"。在马格尼西亚,这种人有机会变得节制($\sigma\omega\varphi\varrho o\nu\varepsilon\tilde{\iota}\nu$)。他们只需要在五年的监禁期内,接受像雅典人这样的人劝说,这些人懂得"拯救灵魂"($\psi\upsilon\chi\tilde{\eta}\varsigma\ \sigma\omega\tau\eta\varrho\iota\alpha$)(908e - 909a)。

在讨论不虔敬前,雅典人先描述,出于对雅典人、克勒尼阿斯和墨吉罗斯(Megillus)的蔑视,这样一个年轻人会说些什么(885b - e)。首先,年轻人会承认,关于所有不虔敬的神学,雅典人概括的三个观点确实为真。然而,年轻人没有说,他没受引导去相信($\dot{\eta}\gamma o\acute{\upsilon}\mu\varepsilon\nu o\varsigma$)诸神存在。相反,他只是说,他和同类人不信仰($\nu o\mu\acute{\iota}\zeta o\mu\varepsilon\nu$)诸神。他选择的语词很重要。伽达默尔(Gadamer)注意到,动词$\nu o\mu\acute{\iota}\zeta\omega$"用于公共领域,跟坚持某事为真的内在经验无关……而是跟行为显著的公共性相关"。① 因此,年轻人宣称雅典人说的是实情时,他是在说谎,并带着一种轻蔑的口吻。年轻人也承认,大多数不虔敬者不去克制行不义之事。然而,他会解释这种行为:他宣称,这种行为符合所谓最好的东西,社会中那些最受尊敬的人甚至大多数人,都视为最好的东西。在年轻人看来,行不义只是在反对古老约定的信仰。目前在社会中占多数的不义者,并不认为自己违背了法律。人多力量大,年轻人可以扭转指控,而使雅典人在言行上显得不义,或有悖于当前关于正义约定的信念(参《高尔吉亚》[*Gorgias*],482e - 484c)。

出于对雅典人、克勒尼阿斯和墨吉罗斯的蔑视,年轻人还可以说很多。他可以嘲弄他们说,既然这三人自称是温和的立法者,那么,不虔敬的人就能要求($\dot{\alpha}\xi\iota o\tilde{\upsilon}\mu\varepsilon\nu$),不可用严厉的威胁对准他们,而只能用言辞说服。当然,不虔敬者提出这个要求,目的是拒绝倾听(参《王制》,327c)。此外,年轻人嘲讽地为讨论本身设置了条件。他要求,雅典人要教导($\delta\iota\delta\acute{\alpha}\sigma\kappa\varepsilon\iota\nu$)不虔敬者,必须"举出充足的证据"($\tau\varepsilon\kappa\mu\acute{\eta}\varrho\iota\alpha\ \lambda\acute{\varepsilon}\gamma o\nu\tau\varepsilon\varsigma\ \iota\kappa\alpha\nu\acute{\alpha}$)。但是,在这些问题上,证据充足的

---

① Gadamer,《苏格拉底的宗教与宗教性》,前揭,页56。

标准是什么？恰当论证的标准又是什么？年轻人要求一种无可置疑的证明（ἀπόδειξις），从他认为自明的真实之物出发，进行逻辑论证。这是不可能的。雅典人只能提供一种表面的证据（ἐπίδειξις，892c）。他只能指出如下心灵体验的现实：年轻人自愿忽视或拒绝去感知，并邀请自己重新去看。① 年轻人相信，最坏的不义者在真理（ἀλήθεια）上讲得好，因此，他不大可能接受只从口头上提出的邀请。

雅典人对不虔敬的讨论，不是一种公共言辞。他的话意在让人研究，而非给人听。尤其是，所有的马格尼西亚人都要研究这些话，这些话最初是作为他们早年教育的一部分（809e，811c-e）。在一个比教室更合适的地方，城邦中产生的不虔敬者，要再次研究它们，以让他们集中注意力。在跟夜间议事会成员的讨论中，他们会研究雅典人的言论。或许，这可以使他们驯服血气。如果他们变得节制，那么，教育就能成功地引导他们远离自爱，依据礼法，他们在成长中要接受这种教育。没有染上不虔敬这号病的学童研究雅典人的说辞，则是出于不同的原因。他们没有受上述描述的不虔敬吸引。他们的教育引导他们朝向最高的属神之善：审慎和理智。他们发现，不节制和不理智为神所抛弃，没有任何吸引力。他们研究雅典人的讨论，是为了了解理智本身。

在讨论一开始，雅典人就告诉克勒尼阿斯和墨吉罗斯，他已经发现，不虔敬的年轻人及其引导者所做的全部论证的根源或源头。这些人说，火、水、土和气是最早的东西，并将它们命名为自然（φύσις）。论证的河流，从这个源头开始流淌。不虔敬者声称，这些自然元素的混合或结合，形成所有存在物：太阳，月亮，所有天体，大地及地上的万物。自然产生的万物，或者毋宁说，自然元素的随机

---

① 关于证明（ἀπόδειξις）和证据（ἐπίδειξις）之区别的讨论，基于 Eric Voegelin，《神说什么》（Quod Deus dicitur），载于 *Journal of the American Academy of Religion* 53(1985)，页 578-579。

结合形成的万物，完全没有灵魂和理智。也就是说，它们是除人类之外的万物。人类拥有的灵魂和理智，是在所有物体或物质（σῶμα）产生后以某种方式生成的。不虔敬者没有解释这如何发生，相反，他们转向了技艺（τέχνη）。人类的理智使技艺得以可能。总体来说，技艺不是自然的。不过，特定的技艺并不产生"带有多少真理"的东西，除非它们"拥有同自然一样（ἐκοίνωσαν）的力量（δύναμιν）"。这并不意味着，在任何情况下，都可用技艺产生由自然和机运所带来的东西。技艺是"靠强力战胜"（νῖκαι βιαζόμενος）自然。因而，一旦人类拥有同自然一样的力量，他们就会用自己的才智和体力在自然领域行动，以产生非自然的却又可能的结果。在政治上，这尤其正确。"最正义的"（δικαιότατον）是，无论什么都允许人们用强力来获取。政治术的这一部分，符合完全自然和真实的东西。其余一切——政治术的最大部分——是法律习俗。整个立法的完成，完全靠技艺，因而，其假设（θέσεις）并非真实（οὐκ ἀληθεῖς）。诸神也不是自然的。因此，诸神存在是一个不真实的假设，该假设本身只作为一种法律习俗而存在。诸神完全是政治术的产物。那些技艺不熟练的人才信仰诸神。换句话说，他们相信天上的石头——太阳、月亮和星星——实际上是诸神或神圣之物，仅仅是因为，那些精于制定礼法的人宣称，这些东西是神。他们甚至会相信，诸神根本没有形体。不虔敬者说，精于政治术的那些人明白，所有这些假设并不真实，但是，没有什么东西阻止他们使用这种信仰，以便战胜城邦中的其他人（886d－e，888e－890a，891c）。

雅典人说，这个根源产生了一大堆"没头没脑的意见"（ἀνοήτου δόξης），威胁着用不虔敬摧毁所有希腊年轻人，并用派系斗争毁灭希腊的所有家庭和城邦。在回应中，雅典人的论证来自不同的源头，它会引导所有希望避免这种摧毁和毁灭的人，走向马格尼西亚。一开始，雅典人说，不虔敬者错误地相信，物体是最早生成的东西，是宇宙中事物生成和毁灭的"第一因"（πρῶτον αἴτιον）。灵魂的生成先于物体。尤其是，灵魂是万物变化和重新排序的主要原因

(ἄρχει)，即便不完全是万物的第一因或主要原因。灵魂统治物体，因为它先于物体生成，因此，灵魂更接近万物产生的根源。在万物中，甚至在人类及人类事务中，灵魂对物体的统治都很明显。与灵魂同类的所有事物，优先于与物体有关的东西。根据雅典人的列举，与灵魂同类的最重要事物是技艺、礼法和理智。他说，对于不虔敬者称之为自然的东西，技艺和理智是它们的"起因"（ἀρχόμενα）。同样，对于不虔敬者认为只是法律习俗的东西，礼法和理智是它们的起因。雅典人说，自然这个词，应该用于指真正最早的东西；同样，礼法这个词，应该用于指真正符合理智的东西（891c－892c；参714a,957c）。马格尼西亚的礼法真正符合理智，并尊敬真正最早的东西，因此，这个城邦能够避免威胁整个希腊的不虔敬和派系斗争。

雅典人说，灵魂比物体更古老，或先于物体。从这一理解得出的东西，为他的论证所证明。还不止于此。从灵魂比物体更古老这一理解出发，引向对如下问题的理解：什么是真正最早的东西，什么被称为起因、神圣理智或神。为了导向这一目标，在开始论证时，雅典人对用词精挑细选。他说，灵魂"曾产生于最早的东西"（ἐν πρώτοις γεγενημένη）。灵魂不可能绝对最早，因而，不应称之为自然。雅典人只是说，由于灵魂先于物体生成，灵魂"尤为自然"（διαφερόντως φύσει）。灵魂"出于"真正的最早之物。因而，说某物"出于自然"，意思是，它符合神或神圣理智，而非符合物体。根据真正的最早之物来理解自然，雅典人就能回应不虔敬者"没头没脑的意见"，亦即，技艺、自然和机运统治着万物。他说："神引领万物（πάντα），与神同在的机运（τύχαι）和时机（καιρός），引领（διακυβερνῶσι）一切人类事务……这些还伴随着第三种东西：技艺。因为，掌舵术（κυβερνητικήν）应该配合恰切的时机"（709b－c，参《斐勒布》[Philebus]，66a－b）。马格尼西亚的法律依据理智，并非因为城邦立法者拥有不虔敬者所敬重的政治能力，而是因为他拥有神的掌舵术的某个时机。

雅典人呈现的论证，从灵魂的优先性出发，由此，任何人讨论这些论证引出的问题,都会导向何为绝对的最早之物。单单从灵魂优先于物体,推论不出什么。灵魂和物体都是生成的。宇宙中的事物的生成和毁灭,人类能感知的,只是灵魂对物体的改变和重新排序。显然,不论述灵魂何以是万物变化和重新排序的主要原因,论证就无法继续。它必须说明,在所有灵魂中,都有神圣理智的存在。此外,由于人的理智寓于灵魂之中,灵魂寓于身体之中,论证也必须说明人类理智与神圣理智的关系。神圣理智本身不是生成之物,但它以某种方式存在于生成的万物之中。

关于灵魂优先性的论证,一开始,雅典人就用比喻向克勒尼阿斯和墨吉罗斯做了描述,那个比喻清楚显现了论证的局限性。他说,他自己的论证——而非发源于不虔敬者的论证——是一条"十分湍急的河流",他们三人必须渡过河,而没有被搞得晕头转向,让其席卷而去(892d – 893a)。河流是一种意象,代表起源或各种形式的生成。更确切地说,这个意象代表那些所谓的聪明人对万物的解释。在《泰阿泰德》(*Theaetetus*)中,苏格拉底使用这一意象展现普罗塔戈拉(Protagoras)、赫拉克利特(Heraclitus)及其他人的论证,称他们为"河流人"(τούς ῥέοντας)。河流人承认,万物总在生成或永恒地运动(《泰阿泰德》,152d – e,181a)。因此,雅典人关于河流的警告表明,除非小心翼翼地跟随他关于灵魂和物体起源的论证,否则,某些人可能会晕头转向,被卷到河流人的不虔敬那里。特别是,从万物皆在生成的信念出发,普罗塔戈拉得出结论说,人是万物的尺度。

为了不被席卷而去,需要哪种清醒的头脑?安全渡河本身又说明了什么?同样,《泰阿泰德》有益于弄清雅典人的比喻。苏格拉底想要摆脱河流人,但他也想避开那些唱反调的人。苏格拉底称后一类人为"整全的捕手"(του ὅλου στασιῶται),如帕墨尼德(Parmenides)、墨里梭(Melissus)及其同类。这类人坚持,无物生成。相反,他们宣称,"万物为一"(ἥεν τά πάντα)。此外,苏格拉底希望避开可能最坏的命运。他说,如果落入两个阵营中间,那么,两边都会抓住他,就像拔河一样,把他往两个相反方向拉。这似乎穷尽了所有可能性:万物都在生成,或存在,或是两者的不稳定结合。然而,苏格拉底想要避开所有这些命题式的主张。他做到这点,靠的是完全摆脱可朽的领域。他说,"这种摆脱就是尽可能变得像神",而变得像神,就是变得"富有审慎的正义和神圣(ὅσιον)"(《泰阿泰德》,176a – b,180d – 181b)。因此,雅典人的渡河并不走向整全的捕手们的论证。他不想抓住运动之物,就像他不想设置运动中的不动之物。要成功渡河,并不取决于发现生成与存在或运动与静止的正确结合。它靠的是通过穿越可朽领域,并尽可能朝着神上升,而获得审慎的清醒头脑。

借由上升,雅典人避开了湍急的河流。一开始,他说了三件事情,表明如何上升,以及克勒尼阿斯和墨吉罗斯如何跟随他(892d – 893b)。他提出,首先要独自过河,自问自答,发现了渡河的安全道路后,再招呼其他人渡过。在《王制》中,这条道路是一条叫做辩证法的通道(πορεία)。为了实现观点的连贯,辩证的提问不是独自进行的。它"用存在而非意见来检验",并靠思想(νόησις)使灵魂看到善本身(《王制》,532a – b,534b – c)。有必要的话,雅典人跟自己的对话将"贯穿整个论证",这是在邀请其对话者,在辩证法的上升中追随他的引导。道路一清晰,克勒尼阿斯就接受了他的邀请(894b)。然而,墨吉罗斯却没有再说话,直到对话结束。在此之前,墨吉罗斯刚刚打破了很长时间的沉默,表示自己赞同反驳不虔敬者的论证(参842a,891a – b,969c – d)。关于论证,雅典人也祈求诸神的帮助。在《法义》中,这是雅典人两次祈祷中的第二次。①神是万物的尺度,雅典人第一次祈求神的帮助,是在建立城邦的时候。对人类来说,建立城邦开启了理智的时代(712b – 714a,715e – 716d)。因而,雅典人与自己的"恰切"(μέτριον)对话,同样指向了祈

---

① Jackson,《苏格拉底的祈祷》(The Prayers of Socrates),载于 *Phronesis* 16(1971),页 15 – 16。

祷的目标。最终,雅典人也告诉克勒尼阿斯和墨吉罗斯,他们可以"进入"($\acute{\epsilon}\pi\epsilon\iota\sigma\beta\alpha\acute{\iota}\nu\omega\mu\epsilon\nu$)论证,抓住"一根安全的船缆"($\acute{\alpha}\sigma\varphi\alpha\lambda o\tilde{\iota}\varsigma\ \pi\epsilon\acute{\iota}\sigma\mu\alpha\tau o\varsigma$),以避开急流。他的比喻让人想起玩偶形象,那里描写说,跟随金绳索向上的拉力,灵魂朝着神上升。然而,通过把金绳索换成船缆,雅典人表明,在他眼下的论证结束后,仍然有更多东西要说。如果想要安全,船缆必须恰当地抛锚。在对话的第三个形象(夜间议事会)中,雅典人描述了如何抛锚。

雅典人开始谈论事物及其表象。他所指的事物是这个词的通常含义:人类感知的事物。雅典人也提到事物的运动。人类感知到的事物运动是一种表象,它可能揭示出某些并非直接显明的东西。从这个简单的出发点,雅典人开始进行论证(893b–e)。他说,事物既非全部运动,也非全部静止。有些东西在运动,有些则保持静止。运动和静止都在位置上发生。运动的东西会在一个位置上运动,或在许多位置上运动。第二类运动是移动,它在很多位置上运动,或是穿过很多位置。有两种移动:滑动(在一条直线上移动)和转动(在圆圈上移动)。第一类运动,即在一个位置上运动,并不简单。确实,雅典人对它的论述相当复杂。他说,这类运动就像圆在转圈。但是,这类运动不止是眼前呈现的那样。它不是圆周运动。只有当圆旋转时,圆周才会转动,而旋转是一种不同类型的移动。雅典人还说,以第一类运动移动的事物,它们运动的力量来自中间($\dot{\epsilon}\nu\ \mu\acute{\epsilon}\sigma\omega$)静止不动的东西。此外,圆的圆周,乃至一个球体,并没有从其中心点获得力量。雅典人没有解释,运动的力量如何从自身不动的东西,转移到以这种方式运动的东西上。接着,他说,第一类运动存在一种旋转($\pi\epsilon\rho\iota\varphi o\rho\tilde{\alpha}$),可携带最大和最小的圆圈一起旋转($\pi\epsilon\rho\iota\acute{\alpha}\gamma o\upsilon\sigma\alpha$),并按理智或比例($\varkappa\alpha\tau\grave{\alpha}\ \lambda\acute{o}\gamma o\nu$)给大小圆圈分配相应的力量。在同一道($\lambda\acute{o}\gamma o\varsigma$)上,许多圆周运动和谐一致($\acute{o}\mu o\lambda o\gamma o\acute{\upsilon}\mu\epsilon\nu\alpha$),这似乎不可能($\acute{\alpha}\delta\acute{\upsilon}\nu\alpha\tau o\nu$)。由于看起来不可能,静观这种运动,在人类身上便产生了一种奇异的体验($\pi\acute{\alpha}\vartheta o\varsigma$)。当然,雅典人所说的唯一这样运动的东西是宇宙。他说,宇宙是"一切奇观

(τῶν θαυμαστῶν ἁπάντων)的根源"。更具体地说,从神奇的不动根源获得力量的宇宙万物,其和谐是人类所有惊异的根源。甚至可以说是所有虔敬的根源,因为,宇宙旋转给人们注入的惊奇感,也转动(περιαγωγή)着人们的灵魂。

从共同感觉开始,到有关宇宙的论述,雅典人的论述进展得相当迅速。宇宙包含万物,包含所有位置和运动。一个人静观宇宙的时候,可能会产生惊奇。就连这种惊奇本身,也是宇宙中的事件。现在,看起来,雅典人有可能认为,宇宙万物的和谐使人类灵魂产生了这种感受,这是人类拥有的最好证据,证明在万物中灵魂统治物体。但是,雅典人没有这样说。相反,他继续列举其他类型的运动(893e – 894a)。他说,第三类运动是分裂。当运动的东西撞到静止的东西时,这种运动就会发生。第四类是结合,发生在两个运动的物体相撞时。第五类是生长或增加。这是一种结合,在其中,事物的状态或固有特性(ἕξις)保留着。第六种是衰亡或减少。这是一种分裂,在其中保留着事物的固有特性。第七种是毁灭。毁灭既可以是结合,也可以是分裂,在其中,事物的固有特性没有保留。下一种运动应该是什么?在第二种到第七种运动的定义中,雅典人建立了一种模式。按顺序,接下来的运动应该是,在生长或衰亡中保留着事物的固有特性。然而,雅典人的第八种运动,指的是别的某种东西。第二到第七种运动的顺序,没有涉及第一种运动,因为所有这些运动都发生在宇宙之内。第八种运动直接单独指涉第一种运动。虽然没有提到《蒂迈欧》(Timaeus)中描述的那种造物主,但最好把第八种运动描述为,宇宙本身的造物的运动。对这种运动的解释,明显区分了两种生成:灵魂和物体的生成,以及物体借助灵魂对物体的重新排序的生成。到目前为止,后一种生成只暗含在论证中。所有运动的不动根源,神奇地维护了宇宙万物的和谐。雅典人的论述也给了这一根源以名称,或者毋宁说,给了它一个名称。

雅典人说,万物的创生始于某种感觉的发生:第一因获得生长(αὔξην)。于是,通过转变或变化(μεταβάλλον, μετακινούμενον),万物生成了。这种转变或变化既是一,又是多。它是一,因为它是第一因的一个转变;它是多,因为它经历了很多转变。雅典人说,第一因获得生长之后,继续进行第二次转变($\mu\varepsilon\tau\alpha\beta\alpha\lambda\grave{o}\nu$),接着再转变,当它到达第三次转变时,出现了感知者的知觉($\alpha\grave{\iota}\sigma\vartheta\alpha\nu o\mu\acute{\varepsilon}\nu o\iota\varsigma$)。当宇宙或万物以这种方式生成时,它就"确实存在"($\check{\varepsilon}\sigma\tau\iota\nu\ \delta\grave{\varepsilon}\ \check{o}\nu\tau\omega\varsigma\ \check{o}\nu$)。它不会遭到完全毁灭($\delta\iota\acute{\varepsilon}\varphi\vartheta\alpha\rho\tau\alpha\iota\ \pi\alpha\nu\tau\varepsilon\lambda\tilde{\omega}\varsigma$),因为它不会经由一种转变而变成其他特性。它所由之产生的第一因,保留着其特性(894a)。

造物主的创生不同于宇宙中事物的创生,但二者并非不相干。不可能通过对比第一因与第五种运动的生长或增加($\sigma\upsilon\gamma\kappa\rho\iota\nu\acute{o}\mu\varepsilon\nu\alpha$),来解释第一因最初的生长。情况与之相反,因为,要理解第五种运动的生长,必须联系第一因的生长来看。在这个过程中,只有事物的固有特性得到保留时——换言之,只有当第一因最初生长出的某种东西可保留固有特性时,结合才能变成生长($\alpha\grave{\upsilon}\xi\acute{\alpha}\nu\varepsilon\tau\alpha\iota$)。

关于第八种运动是造物主的创生,最显著的迹象是,雅典人对其几次转变的描述。他有意模糊了它们的序号。算上第一因的最初生长,似乎有三次或四次的转变。参考雅典人前面对马格尼西亚人数学和立体几何教育的论述,就可以澄清这种模糊性。他说,所有马格尼西亚人都要学习"1,2,3",还有线、面、体之间的关系(818c,819e)。在毕达哥拉斯的(Pythagorean)数字象征主义中,除了其他方面外,四个数字(1,2,3,4)还代表着万物的创生,通过线、面、体的几何系列,万物从超越的太一(One)那里得到体积。太一有三次转变,有三种转变后的状态。在这个系列的第三个状态,拥有体积的万物得以生成。不能把太一视为一种转变,或一种状态或条件。它超越了运动和静止。雅典人对造物主创生的解释与此相似。这种解释之所以模糊,是因为它把转变的序号,变成了转变后的状态的序号。这阻止了将第一因转变的整个过程,理解为一连串的运动和静止。第一因不动,但它不是静止之物。此外,它始终超越它自身转变成宇宙的运动,正如它始终超越它生成的宇宙万物的运动和静止。①

　　对于第八种运动,雅典人的解释很简略,也很模糊。这种简洁符合其原初目标:证明在造物主的创生中,灵魂优先于物体。只有在最终的转变状态,物体才变得明显。当感知出现时,空间、时间、运动和物体全都生成了。毕达哥拉斯学派称,所有这些事物都有"体积"。最终的转变完成了宇宙的创生。因而,不能把第一次转变理解为事物在空间和时间中的运动。这样,第一因获得的生长可恰切地称为一种体验,以表明第一因出现在"体积"本身生成之前。但是,第一因的最初生长是什么?它是第一因的转变,在其中,灵魂得以产生(参《蒂迈欧》,34b-35b)。灵魂是最先创生的东西,物体最后创生(参《法义》892a)。灵魂与万物超然的第一因有紧密关系,这使得宇宙产生之后,灵魂能够支配物体。最终,当感知者感知到宇宙万物时,他们会给出证据,证明灵魂统治物体,而且第一因凭借灵魂奇妙地保存了万物。人不仅可以用眼睛感知时空中的事物及其运动,而且能用自身的灵魂之眼感知宇宙中的灵魂和第一因。人类灵魂"看到"宇宙时的惊异感,类似产生所有灵魂的那种感受。它们有共同的根源,因为第一因也是人类所有惊异的根源:第一因产生了万物,并保存了万物。

　　总体来看,雅典人对第一种和最后一种运动的描述,是对宇宙

---

① 在对894a的讨论中,England认为,雅典人对创生的解释类似于毕达哥拉斯学派的几何学(《柏拉图的〈法义〉》[*The Laws of Plato*]笺注,Manchester University Press,1921,2:465-468)。他得出结论,第一因"似乎被视为一个不可见的点",尽管他引用的证据是新柏拉图主义者(Neoplatonist)把毕达哥拉斯学派的四个数字(1,2,3,4)比作理智、认识、思想和感知($\alpha\ddot{\iota}\sigma\theta\eta\sigma\iota\varsigma$)。对柏拉图来说,理智或第一因并非某个点,甚至不是一个阿基米德点(Archidemian point)。确实,亚里士多德明确写道,柏拉图拒绝作为"几何教条"的点(《形而上学》[*Metaphysics*],992a22)。在理解这点时,新柏拉图主义者有点受到误导,尽管他们颇有洞见地想要通过毕达哥拉斯学派的数字象征主义,把《法义》中对宇宙创生和秩序的论述同《王制》中对分割线的论述结合起来。

的生成和秩序的解释。对他来说,剩下的工作只是要更明确地描述,在宇宙的运动中,产生于第一因的灵魂与物体如何发生关联。通过描述另外两种运动,雅典人做了这个工作,他戏谑地将这两种运动编为第九种和第十种运动。第九种和第十种运动,分别是物体和灵魂的运动。雅典人没有立即揭示这点,相反,他称第九种运动为"推动他物的运动",第十种为"推动自身和他物的运动"。接着,通过重述前面对第二到第七种运动的阐述,他描述了这两种运动。他说,第十种运动始终能推动自身,"即通过结合与分离、增长与减弱、生成与毁灭"。这种运动"属于所有运动之一",因为它跟上面列举的所有那些运动相结合(894b–c)。

在好几个方面,雅典人的新列表都很奇怪。所有运动都是第十种运动的不同方面,都以复数形式给出。这表明,所有这些运动皆发生在宇宙之内。不能用复数形式描述的,只有造物主的创生及宇宙的旋转,在列表中,这两者都没有描述。同样,在一个不同于最初列表的顺序中,雅典人只提到了一种运动——生成。而且很明显,他没有提到衰亡。这两个奇怪之处合起来说明,宇宙中的生成不能混淆于造物主的创生。对它们的理解,应该根据初始列表中确立的定义模式:生成是生长结合衰亡,在其中,事物的固有特性得到保留。最后也没有提到,移动是构成第十种运动的各种运动之一。因而,在雅典人的重述中,移动是物体推动他物的运动。只有当推动自身或他物运动的灵魂以某种方式作用于物体时,物体才会移动。于是,雅典人的重述表明,不存在十种运动。他最初列举的运动,可以重新分为宇宙运动中的灵魂和物体运动,超越的第一因产生了这些运动,并保存了它们。①

这些运动应该如何编号?为了让克勒尼阿斯和墨吉罗斯稍微

---

① 评注者意识到了雅典人的重述,但在细节上弄错了。他写道,第九种和第十种运动是灵魂的运动,而其他八种运动是物体的运动。现代学者普遍没有意识到,这种重述和风格复杂的各种理论,是为了解释柏拉图的(转下页)

明白刚才的说法,雅典人颇费了一番心力。显然,第十种和第九种运动相应地排在第一和第二位。但它们真的排在第一和第二吗?不是。一旦灵魂和物体及其各自运动的排序,要么根据它们在造物主的创生中的位置,要么根据它们在宇宙秩序中的位置,它们就是第二位和第三位。万物的产生是第一因的一种转变,在其中,灵魂和物体拥有其位置。第一因保存的宇宙的奇妙旋转,安排了宇宙中灵魂和物体的所有运动。按照亚里士多德的说法,在宇宙的创生和秩序中,第一种运动都很明显,可称之为不动的推动者(unmoved mover)的运动。不动的推动者这个名称,也适合叫做第一因、太一、神圣理智和神。不管叫什么名字,推动自身和他物运动的灵魂与推动他物运动的物体,都低于它自身。

雅典人的几种说法表明,灵魂及其运动应该受制于真正的最早之物。他说,灵魂最早产生,但又补充说,"按理来看"(κατὰ λόγον),灵魂最早产生(894d)。他将灵魂描述为万物中所有转变和运动的起因,他甚至曾将灵魂的运动描述为"一切运动的起因",但雅典人从未说,灵魂是万物的起因(895b,896b)。在结束这部分论证时,雅典人宣称,灵魂优先于物体并统治物体,这一点已得到证明。他还说,"灵魂依据自然(κατὰ φύσιν)进行统治(ἀρχούσης)"(896c)。依据自然统治,就是依据真正的最早之物统治。结果表明,各种提示并不足以让克勒尼阿斯或墨吉罗斯主动问他,什么是真正的最早之物,雅典人便公开谈了起来。

从向两位对话者进行的论证中,雅典人得出了几个结论。通过其运动,灵魂引导着天上、地上的万物,包括人类。灵魂是所有运动的主要原因,因此也是事物所有状态的原因。换句话说,灵魂是万

(接上页)十种运动如何构成一种系统的整体。关于这种类型的进一步分析,以及出色评述此论题的学术著作,可参 J. B. Skemp,《柏拉图晚期对话中的运动理论》(*The Theory of Motion in Plato's Later Dialogues*),Amsterdam,1967,尤其页 96 – 115,157 – 164。

物的起因，因为它是万物"好和坏、高贵和低贱、正义和不义"状态的起因。因此，灵魂驱动事物并产生其状态的运动——意愿（βούλεσθαι）、探察（σκοπεῖσθαι）、监管（ἐπιμελεῖσθαι）、企望（βουλεύεσθαι）、意见（δοξάζειν），诸如此类——必须有个向导或标准。当其运动遵循这一标准时，灵魂就是天上和地下好的、美的和正义的事物的起因。若不是这样，灵魂就是坏的、低贱的和不义的事物的起因（896c – 897a，对比892a – b）。这个标准就是心智。显然，在一切有理性的人看来，灵魂结合心智引导着宇宙。雅典人说，灵魂在统治时若以心智为助手（νοῦν... προσλαβοῦσα），它就能"引导万物走向正确和幸福之路"（ὀρθὰ καὶ εὐδαίμονα παιδαγωγεῖ πάντα，897b），或者说，便是好的精灵在统治。他甚至说，生成本身就是为了这点："一个幸福的存在（εὐδαίμων οὐσία）可以描绘（ὑπάρχουσα）整体生活（παντὸς βίῳ）的特征"（903c）。由于有心智的灵魂统治着以此方式产生的宇宙，显然，"天体和天体里一切存在物的整个轨道（ὁδὸς）和运动（φορὰ）与心智的运动、旋转和谋划（νοῦ κινήσει καὶ περιφορᾷ καὶ λογισμοῖς）有着相同的本性（φύσιν）"（897b – d）。

　　人类也能"参与心智"，从而受"充满审慎和美德"的灵魂统治。然而，不同于宇宙，人类也能拒绝加入心智。他们的灵魂可能"与非理性结合"，变得"错乱和无序"（μανικῶς τε καὶ ἀτάκτως）。这是那类最坏的不虔敬者的愚蠢行径。受非理性统治的那些灵魂，无法感知宇宙中有心智的灵魂的统治。在一切事物中，他们都看到非理性，而且，他们相信，除了物体之外，宇宙本身别无他物。他们甚至疯狂地宣称，"整体生活"的幸福，只是为了他们的利益而存在。事实恰好相反。人类的存在是为了整体生活的利益，如果有人背弃这点，就必须受到惩罚（903b – d）。

　　雅典人不可能马上让克勒尼阿斯和墨吉罗斯相信，他所说出和暗示的一切真理。他们必须自己想通这些内容。不过，雅典人告诉他们，在思考刚才的说法时，将[他]"作为助手"是恰切的。他们该做的正是灵魂应做的事情:灵魂为了获得审慎并依据其引导来统治物体,应"分有心智"(νοῦν προσλαβοῦσα)。雅典人要他们从考虑一个问题切入,他承认,审慎地说,这个问题难于回答。雅典人想探究,心智运动的本性是什么(897b,d)。跟往常一样,克勒尼阿斯对劝谕敞开。一开始处理问题,他就聚精会神地跟随雅典人。另一方面,墨吉罗斯则始终保持沉默,直到对话结束。他听了很长时间,然后告诉克勒尼阿斯,他会跟克勒尼阿斯一样,跟随雅典人的引导。于是,三人一致同意,在依据雅典人所描述的礼法创立城邦时,他们愿意分担其中的风险(969c-d)。毋庸置疑,假如从克诺索斯(Knossos)出来的路上,克勒尼阿斯没有碰到雅典人,那么,仅在墨吉罗斯的帮助下,他建立的城邦就会不一样(参624a-627a)。

这样,心智运动的本性是什么呢? 显然,它既非灵魂推动自身和他物的运动,也非物体推动他物的运动。① 它也不是造物主创生万物的运动,因为那是独一无二的事件。此外,它也不是宇宙的运动。雅典人说,心智有"运动、旋转和谋划"。宇宙的运动是心智的旋转,而非心智的运动。在讨论"心智的影像"时,这点变得更加清楚(897e-898b)。雅典人让克勒尼阿斯和墨吉罗斯回忆起开头的论证,然后戏谑地告诉他们,在他描述的各种运动中,有一种仿佛是凸缘上转动着轮子(σφαίρας)。他说,那种运动就是心智本身的影像。他没有称之为心智运动的影像。因而,这个轮子是心智影像的意象,显然,宇宙的运动和旋转就是那个影像。雅典人说,类似轮子这样的物体,"与心智的运转(περιόδῳ)具有最大可能的关联和相似",此时,他明显把宇宙的运动等同于心智的旋转,而非心智的运动。心智体现在宇宙的旋转中,但即使在维持宇宙时,心智仍然超

---

① R. Hackforth 令人信服地反驳了所有这些人,他们将灵魂的运动等同于心智的运动,见《柏拉图的一神论》(Plato's Theism),载于 *Classical Quarterly* 30(1936),页4-9。不幸的是,他的论证局限于现代基督教神学思维的框架中,他对自己所认为的柏拉图一神论的展示,通常不怎么可信。

越其上。心智的运动不限于宇宙中常见的东西。宇宙的旋转,使宇宙成为人类一切惊奇和虔敬的根源。① 提升人类灵魂和心智的某种东西源于惊异,那种东西也分有心智。它也是一种心智的运动。

说到言辞中影像的蹩脚匠人($δημιουργοί$)时,雅典人仍然是戏谑的口吻。他补充说,凸缘上转动着轮子的运动,可看作原初的运动,而宇宙和心智本身的运动,可视为它的两个影像(898a – b)。这就把所有在上的东西都降低了,但它是有理由的。雅典人摆弄影像的严肃的目的在于,揭示事物如何显现给不虔敬者。轮子是一个制造出来的物体,对于心智的真实影像来说,它是虚假的影像:宇宙的运动依据理性和秩序。一旦心智的运动被说成人造轮子的影像,那么,看起来,宇宙就只不过是人造物,而心智本身也只不过是人类的生产能力,这种生产缺乏任何引导。当这种愚昧在人类中占优势时,就会产生不切实际的幻想世界。在《王制》中,其中一个言辞中的美丽影像,即从洞穴上升的影像,就描述了这种世界。②

雅典人试图引导克勒尼阿斯和墨吉罗斯远离这种疯狂,而转向对心智的审慎理解。然而,雅典人警告他们,在考察心智运动的本性时,一定不能"直视"心智。他说,如果他们直视太阳,"正午就变成了夜晚"。如果直视心智,也会发生同样的情况(897d – e)。一旦将雅典人的这些说法与《王制》和《斐勒布》中的类似段落对比,

---

① 《蒂迈欧》(28a – 29a)给出了一个更具有毕达哥拉斯学派意味的阐述:宇宙是永恒样式($παράδειγμα$)的美丽影像,它是所有生成物中最美的(参《法义》897e)。关于《蒂迈欧》中影像和样式之间关系的精彩讨论,参 Voegelin,《秩序与历史》(*Order and History*),卷三,Baton Rouge,1957,页 194 – 203。

② 在《书简七》(*The Seventh Letter*,40a – 344d,尤其 342a – 343b)被称为"哲学题外话"的部分,柏拉图继续严肃地摆弄轮子。那几页面对的对象,是所有"跟随"柏拉图的"神话和航行"的人(344d)。或许,要解开柏拉图对话的意义,这几页是最好的诠释钥匙。对《书简七》引人入胜的研究,参 Gadamer,《对话与辩证法:柏拉图诠释学研究八篇》(*Dialogue and Dialectic: Eight Hermeneutical Studies on Plato*),P. C. Smith 译,New Haven,1980,页 93 – 123。

它们的全部意义就会显露出来。

在《王制》中,苏格拉底告诉格劳孔(Glaucon),一旦试图直视太阳本身,眼睛就会变瞎。心智是灵魂的眼睛,只有通过它才能看到太阳。心智识别出,太阳是善本身的产物。然而,心智只能简略或短暂地看到善本身。用雅典人的话说,如果心智企图"直视"的话,它也会变瞎。无论在可见领域还是心智领域,那都同样愚蠢。视觉和光都"像太阳"(ἡλιοειδῆ),但相信它们其中之一是太阳,那就错了。这样一种信念的盲目性,会使人既看不到太阳,也看不到阳光。因而同样,人类心智拥有的知识和真理(善之光),也都"像善"(ἀγαθοειδῆ),但相信其中之一是超越存在的善,那也错了。这样一种信念的盲目性,会使心智既看不到善,也看不到善之光(《王制》,508e–509b,515e–516b)。在《斐勒布》中,对于超越存在的善,苏格拉底给了它另一个名称。苏格拉底主张,人类的美好生活是拥有审慎、心智和快乐的生活,快乐要符合审慎和心智。此时,斐勒布(Philebus)表达了一个自认为清晰的反驳:"苏格拉底呦,你的心智不是善。"苏格拉底回答说:"或许,斐勒布噢,我的心智不是善,但真正而神圣的心智是善(ἀληθινὸν...καὶ θεῖον...νοῦν)"(《斐勒布》22c)。超越存在的善是神圣心智。跟人类心智与善本身的关系一样,关于人类心智与神圣心智的关系,也可以那样说。雅典人警告克勒尼阿斯和墨吉罗斯,要区分人类心智和神圣心智。以同样的方式,《王制》中苏格拉底区分了人类心智与善本身。一旦人类心智"直视"神圣心智,就会产生最可怕的盲目,《法义》和《王制》都把这种盲目描述为疯狂。诡辩的疯狂和最坏的不虔敬的疯狂,同样是灵魂的疾病。

在其警告中,雅典人也说,对于凡人的眼睛,心智并非可见,或完全可知(γνωσόμενοι ἱκανῶς)。这个说法有两种理解方式。在接下来的讨论中,雅典人解释了他的两种含义。在第一种意义上,这个说法表明,由于假设凡眼可充分认识心智,正午就变成了夜晚。只用凡眼去看的那些人,看不到心智的所有证据。这些人相信,一个可见的人造轮子是宇宙和心智的起源,而宇宙和心智本身只是影像。雅典人这个说法的第二种含义,导向相反的方向。通过某种方式,凡眼可以看到乃至认识心智。宇宙的旋转是神圣心智的影像,也是人类所有惊奇的根源。如果人类的凡眼与不朽的心智一起在惊异中观看宇宙,并把它视为心智的影像,那么,由此说心智变得可见、可知,也就没什么错。以任何其他的方式去观看宇宙,都将导致心智的盲目和不虔敬。

对于那些可救的不虔敬者,如果他们有足够的时间和闲暇,仔细研究说过的所有东西,并且有个人能指导他们的研究,那么,目前雅典人的论证就能让他们沉默。当然,论证已经说服克勒尼阿斯,虔敬源于静观宇宙时的惊奇,不虔敬则源于相反的东西。然而,雅典人提出了最后一个问题。考虑到有心智的灵魂驱动($περιάγει$)整个宇宙,雅典人要克勒尼阿斯考虑,对于天体中任何特定的东西,这样的说法是否真实(898c–899a)。按照呈现论证的方式,对任何人来说,这个问题都很难做出审慎地回答,更不用说克勒尼阿斯。雅典人想以此证明,从几何思维中,不虔敬如何产生。尽管他自己的论证表明,那样做不合适,但为了讨论天上之物与超越它们的东西之间的关系,雅典人还是使用了普遍与特殊的关系,这种关系适合从公理进行几何学推理,也适合技艺的产物。雅典人要克勒尼阿斯只考虑太阳。他说,每个人都可以用凡眼看到太阳的形体,但没有人能看到引导其形体的灵魂和本性。只有靠心智才能理解它们。这大多已得到证实。但现在,雅典人不是讨论这些有心智的物质,而是运用"思想"($διανοήματι$)阐释了三个观点。他说,要么,灵魂居住在太阳的体内,就像居住在人体中一样;要么,灵魂居住在其他物体中,间接推动太阳的形体;要么,灵魂完全没有形体,而是拥有"某种极其惊人的力量"($δυνάμεις...ὑπερβαλλούσας\ θαύματι$),引导着太阳的形体。对克勒尼阿斯来说,这个问题可能不公平,因为他太容易被说服,这些观点中有一个必然为真。雅典人阻止他从中选择,以免他出现这种选择的后果。这几个观点都不真实。

这三个观点让人想起另外三种说法,只有用到宇宙整体时,这三种说法才真实。在宇宙中,有心智的灵魂统治所有物体,因而,在某种程度上,宇宙类似于某些人。推动自身和他物运动的灵魂,推动着宇宙中的所有物体;物体本身只有推动他物的运动。神圣心智拥有"某种极其惊人的力量",它超越于宇宙,但通过安排灵魂的运动,它能够维护宇宙。因此,对于将心智作为其凡眼的向导的人类来说,神圣心智是"一切奇观的根源"。一旦运用思想把这三种说法用于天上的具体事物,它们就可能成为不虔敬的起因。显而易见,第二个观点可能成为不虔敬的起因。如果太阳是唯一的物体,受居住在其他物体中的灵魂驱动,那么,灵魂何以会居住在这些物体中,而非居住在太阳中?因此,在宇宙中,灵魂全都居住在物体之中,似乎是个不必要的假设。第一个观点可得出同样的结论。如果太阳的灵魂居住在自身的形体中,并自动推动自身和他物运动,那么,太阳拥有心智的方式,必定与人类相同。由于并非如此,太阳和所有其他天体看起来只有形体,而没有灵魂。为了坚持宇宙中没有灵魂或心智,不虔敬者本身会推进第三个观点。他们会说,独立于人类灵魂和心智的灵魂,必定拥有惊人的力量来统治宇宙中的物体;但是,由于这种力量只体现在人类心智对事物的支配中,结果便是,在宇宙中,不存在独立于人类的灵魂和心智。

要谈论宇宙和其中的万物,最好的标准是惊奇感。一旦人类向神圣心智敞开,并静观宇宙及其运动,就会产生这种感受。人类表达这种感受的一种方式是,给其根源一个名称。雅典人称之为起因和心智;其他的名称是善和神。在宇宙中,能导致对整全产生惊奇的所有事物的类似感受,都是这样。对此,雅典人向克勒尼阿斯做了解释,他说,每个人都应当将太阳视为神($\vartheta εὸν\ ἡγεῖσθαι$, 899a – b)。对太阳的描述,雅典人没有依据那三个有关事物的变形观点之一。靠心智可以得知,对整体宇宙而言,那三个变形观点都是真的。相反,雅典人说,太阳是一架马车,给所有人带来好的灵魂——分有心智的灵魂——的光明。称太阳为神是合适的,因为太阳的光照是惊奇的根源,感受到该惊奇的那些人,会被引向产生所有惊异的根源。太阳是由神统治的一位神。在《王制》中(508a – 509c),苏格拉底向格劳孔描述,太阳这位神是超越存在的善之子。

雅典人继续向克勒尼阿斯解释说,天上的月亮、星星——甚至依据宇宙的运动来安排的年、月和四季——都可以恰切地称为诸神。对于克勒尼阿斯可能出现的困惑,雅典人做了让步,他说,这些东西是诸神,因为灵魂或诸灵魂是这一切东西的起因,而且诸灵魂在"每一种美德上都是好的(ἀγαθαί)"。然而,根据他自己的论证,有一种灵魂是所有秩序的起因,因为它分有心智或超越存在的善。雅典人论证的结论引用了泰勒斯(Thales)。不虔敬者经常引用泰勒斯的话。然而,雅典人在说服不虔敬者对超越性敞开时,这些话是对的。他说:万物充满诸神(参亚里士多德《论灵魂》[De anima],411a)。

针对那类最坏的不虔敬的论证结束了,但没有回答那个问题。什么是心智的运动?雅典人把宇宙的运动描述为心智本身的影像。然而,这是心智的旋转,而非其运动。他也区分了人类心智与神圣心智,并暗示,要理解两者的关系,应当依据《法义》的第一个影像,即神的玩偶。论证的开头,雅典人警告说,追随他的人必须在神的帮助下抓紧安全的缆绳,由此,雅典人暗示,一旦人类心智尽可能追随金绳索向上的拉力,朝向拉力的源头——神圣心智,人类就可以变得像神。通过沿着谋划之路上升,人类可以逃离可朽的领域,但无法完全脱离。他们仍然必有一死,并在某种程度上,总是受到向上和向下拉力的拉扯。换句话说,人类心智沿着谋划之路上升,始终无法到达终点。人类心智不是神圣心智,也不可能成为神圣心智。人类心智的提升,必定总是伴随着原路的下降。对一个人来说,最好的生活是上升和下降不断重复的生活。这些就是心智的谋划,在反对不虔敬者的论证中,雅典人提到了这点,但从没解释它(897c)。只有当雅典人描述完对话的第三个影像——夜间议事会——时,心智的谋划才变得可以理解,接着,第三个影像也有可能结合玩偶影像与审慎和心智的影像,以获得对可能最好的人的完整论述。然而,心智的谋划虽安排了人类可能最好的生活,却不是心智的运动,而只是宇宙的旋转。雅典人明确指出,心智拥有"运动($κινήσει$)、旋转($περιφορά$)和谋划"。心智的谋划是心智本身的影像,而非心智运动的影像。

那么,什么是心智的运动?它既是宇宙的旋转,又是人类的谋划。因此,雅典人的全部三个影像,都是在描述心智的运动。雅典人也暗示,宇宙万物的创生连同其旋转,应该理解为心智在万物中的显现,恰如可以结合玩偶影像和夜间议事会影像,去描述心智在人类中的显现。不过,对于造物主创生的描述,他没有称之为影像。任何人认识这种创生的方式,都会不同于认识心智的其他三种显现方式。心智的运动是唯一的。在宇宙和人类中,它做不同的运动。但是,当一个人惊奇地静观宇宙中的心智那令人惊讶的力量时,这两种运动可以合一。① 反过来,这又会通向对造物主创生的某种理解。

在《斐德若》(*Phaedrus*,246a – 248e)中,苏格拉底对天外的领

---

① 在关于太阳的第三个观点中,雅典人说,太阳的灵魂可能拥有某种极其惊人的力量去引导($ποδηγεῖ$)它——从字面上看,去引导它的步调。在柏拉图作品中,唯有《书简七》(340c)又用到$ποδηγεῖ$。它出现的语境是柏拉图对如下问题的描述:如何确定一个人的灵魂是否因哲学而变得火热。他说,最好的测试是表明,通向哲学的研究非常困难。如果一名学生爱智且神圣($θεῖος$),就要引导他认为,他已经看到一条令人惊奇的道路($ὁδὸν θαυμαστήν$),必须立刻启程。他将不能离开那条道路,直到他和他的引导者($ἡγούμενον$)到达目的地,或者,直到他获得力量($δύναμιν$)去引导自己的步调(340b – c)。总的来看,柏拉图对$ποδηγεῖ$的两次使用说明了很多事情。雅典人第三个观点中提到的令人惊异的力量,不是灵魂的力量,而是心智的力量。心智令人惊异的力量,不仅照亮了宇宙,而且照亮了通往哲学生活的道路。这不仅表现在宇宙灵魂的力量以一种惊人的方式推动物体,而且表现在,人类灵魂的力量推动双脚走向一条惊人的道路。拥有这些力量的心智是神圣的。宇宙及人类的灵魂和形体,各自受它们的力量推动,却朝向同样的目标。那条朝向哲学生活的"令人惊异道路",可能始于对宇宙中心智的惊人力量的证明,并受其支撑。

域(ὑπερουράνιον τόπον)大唱赞歌,他描述了心智运动的两个方面。一切有灵魂的存在者都想上升到这个领域,因为灵魂是不朽的,天外(ἔχω του οὐρανοῦ)的不朽之物是养育灵魂的源泉。只有在节日的场合,上升才有可能。尤其是,在每次宇宙旋转(περίοδοι)的周期(περιφορά)完成时,上升都有可能。在这样的时刻,人类灵魂就会乘着心智的翅膀向高处飞升。然而,飞翔会受制于可朽之躯,也会受制于灵魂中抵制上升的那些部分。这两者会以各种方式,拽着灵魂往下降。只有人的头(κεφαλήν)可以上升到外面的领域(του ἔχωουρανοῦ),而且需要很大的努力。一旦飞升到外面,它就靠旋转来循环(περιάγει),但只是很短的时间——几乎不够时间静观存在者(τά ὄντα)。在天外的领域,"真正的存在者(οὐσία ὄντας οὖσα)只对心智可见,心智是灵魂的舵手(ψυχῆς κυβερνήται μόνοι θεατή νοί)"。正是这个领域能够滋养人类灵魂的心智之翼。然而,即使在成功上升的情形中,它们也很少得到滋养。这不仅因为人类心智很难静观存在者,而且,它几乎不可能静观万物的根源——超越真正存在者的万物。在这个领域,在某个时期的旋转中,人类心智不可能占有任何重要地位。也就是说,在宇宙旋转的外面,人类心智只能保持一段短暂的时间,因为在宇宙旋转时,人类形体和灵魂的运动,不可避免地要拽着它下降。人类形体和灵魂的运动,受限于宇宙形体和灵魂的运动。一旦上升的时刻过去,灵魂必须原路返回,即使它没能到达天外的领域。一旦下降到天空,"它就回家了"(οἴκαδε ἦλθεν)。在结束歌颂时,苏格拉底使用了"无法逃避的"复仇女神(Nemesis)阿德剌斯泰娅(Ardrasteia)的法律。他说,追随神的灵魂,瞥见任何天外真理的灵魂,会免于受到伤害,直到下一个上升的周期或时刻。

　　从雅典人对心智运动的论述中,马格尼西亚人能够理解的,可望比克勒尼阿斯和墨吉罗斯所能理解的多得多。他们第一项法律的序曲,要求他们在各方面尽可能分有不朽(721c)。他们世世代代都向着神上升,这位神就是心智。在对马格尼西亚殖民者说的第一句话中，雅典人就明确描述了神的运动："有一位神，掌握着一切生灵（τῶν ὄντων ἁπάντων）的开端、终点和中段，他通过循环完成依据自然的直接进程（εὐθείᾳ περαίνει κατὰ φύσιν περιπορευόμενος）。"雅典人继续说道，紧随这位神的总是正义女神，她是那些背弃神法（θείου νόμου）的人的报复者。正义女神的信使，是复仇女神阿德剌斯泰娅（715e–716a，717d）。在《法义》最后的影像中，雅典人描述了所有马格尼西亚人进行不朽的上升和安全返回的向导。夜间议事会是城邦的头（961d）。每一天早上，它都要上升到天外的领域一段时间，这样，它就能依据神的准则，在那天用审慎和心智引导所有马格尼西亚人。

《法义》卷十中的劝谕与强制

梅修(Robert Mayhew)　撰
罗　峰　译

在柏拉图最后也是最长的作品《法义》中,他摒弃了《王制》中推崇的哲人—王的绝对统治,并勉强认可了他所认为的第二好的统治:法的统治。[①] 不过,柏拉图认为,颁布法律是不够的,还必须向公民们提供支撑每项法律的论述,这些论述采用了法律序曲的形式。正如雅典异方人(主要的对话者)[②]所问:

> 那么,负责我们法律的人,在法律的开头不会发布这样的序曲吗？他是否只要径直说明什么应该做和不应做,并加上惩罚的威胁,就转到另一条法律,而连一点鼓励或劝谕($πειθοῦς$)

[①] 关于法的统治是第二好的统治,参《法义》9.874e3 – 875d5,《治邦者》(*Statesman*)293a6 – 297e5。亦参《法义》4.713c2 – 714a8 和 5.739b8 – e5。

[②] 他的两位对话者是克勒尼阿斯(克里特人)和墨吉罗斯(斯巴达人,他在《法义》卷十中几乎没有发言)。我将这样假设——在此,我无法为此辩护:雅典异方人实际上是柏拉图的代言人。R. Kraut 为如下观点作了辩护:通常以及(或)在大多数情况下,柏拉图对话中的主要发言人都代表了柏拉图的观点和意见,参《柏拉图研究导论》(Introduction to the Study of Plato),收于 *The Cambridge Companion to Plato*,R. Kraut 编,Cambridge,1992,页 25 – 30。亦参 D. Sedley,《柏拉图主义的助产士:柏拉图〈泰阿泰德〉的正文与潜台词》(*The Midwife of Platonism: Text and Subtext in Plato's Theaetetus*),Oxford,2004,页 6 – 8。

的话也没加入他的法令中?①

雅典异方人期望并得到了否定的回应。稍后,他表示,立法者们现在呈现的法律只使用暴力(亦即惩罚的威胁),但事实上,呈现法律的方式有两种:"通过劝谕和通过强迫"($\pi\varepsilon\iota\vartheta o\tilde{\iota}\ \varkappa\alpha\grave{\iota}\ \beta\acute{\iota}\alpha$)。② 雅典异方人说,他推崇第三种方式:"结合强迫与劝谕"(4.733b4 - c4)。为什么这种呈现法律的方式——凭借序曲,而非仅仅凭靠惩罚的威胁——比旧的方式更好?因为,如果给公民们提供法律序曲(以及作为命令的法律本身),他们就会"更乐意"接受法律,并由此会"更易于学习"某些东西(4.723a4 - 7)。因此,《法义》中呈现的大多数法律,前面都有这种序曲;结果,我们发现,整个对话所用的劝谕性语词多于《王制》。

尽管柏拉图坚持,劝谕和法律都需要,但大多数学者均无动于衷。譬如,波普尔(Karl Popper)从《法义》中看出的那种劝谕观念,在许多方面类似于20世纪最糟糕的僭政所具有的不实宣传;虽然莫娄(Glenn Morrow)比波普尔更具学者风范,也没有充斥着波普尔叙述的心理分析,但他仍断定,柏拉图考虑的不是理性的劝谕,或与思想自由有所相符的劝谕。③

---

① 《法义》4.719e7 - 720a2。译文为我根据希腊文译出。《法义》的文本,我使用的是 É. Des Places 和 A. Diès,《柏拉图全集》(*Platon*, *Oeuvres Complètes*),卷九至卷十二,Paris,1951 - 1956。[译注]文中《法义》的中译文均见林志猛的未刊稿。

② 立法者能在何种程度上使用其中之一,似乎部分取决于"杂众"(ochlos)是教养良好还是缺乏教养(参4.722b6 - 7)。

③ K. Popper,《开放社会及其敌人》(*The Open Society and Its Enemies*: *The Spell of Plato*),平装版,Princeton,1971,第一卷,页138 - 143,194 - 195,270 - 272(注释5、9、10);G. Morrow,《柏拉图的劝谕观》(Plato's Conception of Persuasion),载于 *The Philosophical Review*,62(1953),页234 - 250。两者的讨论都不限于《法义》。

在《柏拉图〈法义〉中的劝谕、强制与自由》一文中,伯勃尼希(Christopher Bobonich)针对波普尔与莫娄的评论,迄今最有力地辩护了《法义》中的劝谕观。① 伯勃尼希密切关注一些关键段落,他认为,

> 柏拉图是在主张,法律应有理性的劝谕,他还认为,劝谕的美德对立于强制,这基于他关于以下这点的看法,即自由人应得到什么样的对待,或什么样的对待会有利于他们。

柏拉图要求"公民们,不要只是盲目地接受法律倡导的神学和伦理观"。法律要做的是教育公民,亦即给出"采取法律要求的行为规范或那套信念的充分理由……"法律绝不能"向公民们提供糟糕但貌似可信的理由",也绝不能使用"虚假宣传",或利用"只是激起情绪的修辞术"。伯勃尼希的文章以如下肯定的评价作结:无论柏拉图的自由与理性劝谕观的限度是什么,他认为,这

> 首次在西方哲学中,至少在某种程度上,让我们看到有人试图根据他/她的理性探究和理解能力,解释个体自由,并在正义城邦的所有公民身上,培养这些能力和这种自由。②

---

① C. Bobnich,《柏拉图〈法义〉中的劝谕、强制与自由》(Persuasion, Compulsion, and Freedom in Plato' Laws),载于 *Classical Quarterly*,41(1991),页365–387;再版收于 G. Fine 编,*Plato: Ethics, Politics, Religion, and the Soul*,Oxford,2000,卷二,页373–403(本文对 Bobnich 文章的所有引文,皆出自后者)。亦参 C. Bobnich,《柏拉图乌托邦的重塑:柏拉图晚期的伦理学与政治学》(*Plato's Utopia Recast: His Later Ethics and Politics*,Oxford,2002,页97–119。

② C. Bobnich,《柏拉图〈法义〉中的劝谕、强制与自由》,前揭,页374,383–384,402。

我不赞同伯勃尼希对《法义》的这一解读。① 但在此,我的目的不是回应伯勃尼希的全部观点,并另行解读他在辩护中引用的所有文本。相反,我聚焦于《法义》卷十,以此为检验的例子。在下文中,我自认为会表明,至少,就卷十对宗教和有关不虔敬的法律的讨论而言,伯勃尼希对《法义》中劝谕的阐述是错误的。②

《法义》中最冗长的序曲,出现在有关不虔敬的法律之前。这构成了《法义》卷十的主体,实际上,这全都致力于反驳三个不虔敬的信仰:无神论、自然神论(认为诸神存在,但不关心人类)以及传统有神论(认为诸神存在,但能用祈祷和献祭收买)。③ 柏拉图认为,劝谕在这种背景中也很重要。

在《法义》卷十前面,在替一名假想的年轻无神论者说话时,雅典异方人说了这番话:

> 雅典异方人,还有拉刻岱蒙和克诺索斯的异方人,你们说的可是实情哟。我们中的一些人根本不信诸神,另一些人则相信诸神是你们所说的那样。现在,我们要求——正如你们在法律上所要求的,在你们严厉地威胁我们之前,你们应努力说服

---

① 值得注意的是,Bobnich 之后的 Randal Baldwin Clark,《最美和最好的法律:柏拉图〈法义〉中的医学论证》(*The Law Most Beautiful and Best: Medical Argument in Plato's Laws*),Lanham, MD, 2003。Clark 认为,在《法义》的政治哲学中,柏拉图显得是在提倡使用劝谕而非强迫,但事实上,密切关注柏拉图对医学和魔法的讨论表明,统治者必须"乐意运用理性论说的温和劝谕,以及非理性修辞的迷人强迫"(页 xi)。在处理年轻人的教育和抚养时,这种"非理性修辞"尤其有必要。我认为,波普尔及其评论的这一替代观点不太有说服力。无论如何,Clark 几乎没有关注过我在本文讨论的《法义》卷十的那些段落——在我看来,这些段落表明,"非理性修辞"并不是为年轻人保留的。

② 尽管我的解释与 Morrow 的相近,但我仔细考察了他没有(或至少没有那么细致)处理的几个段落。

③ 这些并非柏拉图的术语。在此,无神论泛指那些不信神的人的观点,包括普罗塔戈拉这样的不可知论者。

并教导说,诸神存在——你们要举出充足的证据哦,而且诸神好极了,不会受某些礼物的诱引而背离正义……对于那些声称并非残酷而是温和的($\H{\eta}\mu\varepsilon\varrho o\varsigma$)立法者唷,①我们要求,首先对我们使用劝谕($\pi\varepsilon\iota\vartheta o\~\iota$)……(10. 885c5 – e3;亦参 899c2 – d4)

这段话似乎支持了伯勃尼希偏爱的解释。② 但要注意,这是虚构的无神论者与雅典异方人之间一场假定的交谈,这种谈话在马格尼西亚(Magnesia)公民中是非法的③(除了在名为感化所的特殊监狱外,关于这点,见下文第四部分)。

雅典异方人及其对话者们都同意,必须证明诸神的存在和本性,无论这会使有关不虔敬的法律序曲变得多冗长(10. 886e8 – 887c5)。雅典异方人问道(呼应了上文引用的《法义》卷四的段落):

> 你认为立法者应当如何面对这些由来已久的做法呢?他应该仅仅站在城邦一边威胁所有人吗,如果他们不承认诸神存在,并在思想上不遵从法律证实的有关诸神存在的看法——关

---

① 在这里以及下面的段落中,我把希腊语 $\H{\eta}\mu\varepsilon\varrho o\varsigma$ 译为"温和的",也可译作"温顺的"——尤其相对于 $\mathring{\alpha}\gamma\varrho\iota o\varsigma$("野外的",以及"野生的","野蛮的")。我选择了"温和的",以避免显得有偏见。但是,我们无法回避一个事实,即在 $\H{\eta}\mu\varepsilon\varrho o\varsigma$ 和 $\mathring{\alpha}\gamma\varrho\iota o\varsigma$ 的任何对比背后,都有何为温顺与何为野蛮的看法。当该词用于立法者时(如当前这一段落),指的是温和、有教养的统治者,与野蛮、残忍、无教养的统治者相对。当该词用于要受劝谕的公民时(见下一段引文,890b5 – c8),则表示通过劝谕驯服民众。

② Bobnich 的确运用了这一段落。参《柏拉图〈法义〉中的劝谕、强迫与自由》,前揭,页 382。

③ 有时,雅典异方人及其对话者们将他们正在言辞中建立的城邦称为"马格尼西亚人的城邦"(8. 848d3,9. 860e7,11. 919d5,12. 946b6,969a6 – 7)。我有时称之为"马格尼西亚"(Bobnich 和《法义》的大多数其他研究者也这么称呼)。

于高贵之物、正义之物和一切最重大的问题,同样可以这样说,关于任何指向美德和邪恶的东西,也有必要如此为之,并以立法者在著作中所指示的方式思考——他应该这样说吗,无论谁没有表明自己服从法律,在某种情况下都必须处死,在另一种情况下必须受殴打和监禁,或遭凌辱,而在其他情况下,则遭削减财产和流放?他不应该为人们提供劝谕吗,并在他为人们立法时将劝谕渗透进他的言语之中,以尽可能使人变得温顺?(10.890b5 – c8)

雅典异方人及其对话者们均认为,有关不虔敬的法律应有这样的序曲,以说服公民们相信正确的神学信仰。

在《法义》卷十中,柏拉图不时宣称(或显得是在推进),劝谕至关重要。在下文中,我考察了《法义》卷十中的四个段落,这些段落表明,理性的劝谕并非柏拉图思想的核心——或至少不是他对宗教与法律看法的核心。接着,在结论中,我还要表明,柏拉图说明劝谕的语境,亦即《法义》的政治哲学,实际上使真正的理性劝谕变得不可能,无论柏拉图宣称总体上如何看待(或确实那样看待)理性劝谕的本质和价值。①

一 憎恶无神论者(887c8 – 888a3)

柏拉图告诉我们,在试图说服无神论者相信神存在时,雅典异方人及其对话者们面临一个问题:如何在不动怒的情况下与无神论者讨论诸神——雅典异方人及所有人都有充分的理由憎恶

---

① Bobnich 似乎认为,对于确定柏拉图在何种程度上重视自由与理性的劝谕,这种语境根本无足轻重。譬如,参《柏拉图〈法义〉中的劝谕、强迫与自由》,前揭,页390,以及《柏拉图乌托邦的重塑》,前揭,页112。

这些无神论者。我们无法在对人们愤怒(或至少表现出愤怒)的同时,成功让他们信服某事,我们必须温顺或温和(10.885c2 – e6 和 888a1 – 2)。

然而,柏拉图为什么认为,无神论者是憎恶的适当对象呢?

> 因为,无从避免,我们会严厉对待并憎恶一些人,他们过去和现在都对我们卷入这些观点负有责任:他们不相信从自己的保姆和母亲那里听来的神话,那时,他们还是哺乳期的幼童,听她们讲神话就像在逗乐地和严肃地念咒($\dot{\varepsilon}\pi\omega\delta\alpha\tilde{\iota}\varsigma$)。① 孩子们在祭献的祈祷中听到这些故事,并看到与之相伴的、在献祭中举行的表演,至少,年轻人最喜欢观看和听说这些表演。孩子们看到,父母们为了自身和他们,呈现出最高的严肃性,他们以祷告和祈求跟诸神交谈,诸神被设想为最高的存在。太阳和月亮升落之时,孩子们听说并看到,希腊人和所有外邦人,都以各种不幸和幸福的方式跪下匍匐着——这些东西不像不存在,而像是最高的存在,没有迹象表明,它们不是诸神……②

根据柏拉图,憎恶无神论者是可以理解的,这不仅是因为无神论者为错误而危险的观点辩护,而且(这里强调的)是因为:(1)他不相信自己幼年时期从母亲或其他人那里听来的故事;(2)他知道父母信仰诸神,但他不信这些神(就像在各种各样的宗教仪式上,他目睹的那些伴随信仰的活动);(3)在任何情况下,他都不信仰(几乎)所有希腊人和外邦人皆信仰的诸神。

这种对待无神论者的态度,对柏拉图的劝谕观具有重要意义。

---

① 第三部分讨论了柏拉图对"咒语"($\dot{\varepsilon}\pi\omega\delta\dot{\eta}$)的使用。
② 《法义》10.887c9 – e7。Bobnich 没有讨论这一段落,但他的确引用并讨论了接下来的那一段落(887e8 – 888a7)。参柏拉图〈法义〉中的劝谕、强迫与自由》,前揭,页 382 – 384。

显而易见，柏拉图认为，人们（在大多数情况下）应相信从小就相信的事情，那些不相信的人有问题——以至于至少就无神论而言，这种人应受到正派人的憎恶。

柏拉图让雅典异方人补充道（可算是事后的想法），无神论者否认诸神存在，"连一个充分的理由也没有"（10.887e8）。他尚未证明这点（我们会认为，无神论者的观点，至少跟他的观点不相上下）。但是，即便我们承认柏拉图的这一假设，这仍意味着，在柏拉图看来，较之坚持那些虽可能错误但独立得出的结论（可能还经过独立的推论），跟母亲、城邦和传统步调一致，更符合有关人们本该被劝服去信仰什么的恰切看法。换言之，柏拉图更欣赏那种人是，作为孩子听从父母，并接受关于人类、宇宙与诸神的官方故事，而且其想法没有偏离父母、城邦及其领导者，以及事实上整个世界所相信的东西（至少在关于诸神存在的问题上）。此外，看上去，序曲中提供的那种劝谕，对教养好的人并无必要（或不用那么频繁）。这似乎会降低柏拉图赋予理性劝谕的价值。

有人认为，公民们生活在极其严格管制的环境里，会使理性劝谕变得不可能，在回应这种异议时，伯勃尼希为柏拉图辩护说：

> 马格尼西亚的公民们将意见纷呈：《法义》本身会被用作教科书，在《法义》中，柏拉图经常讨论他反对的意见和论述。（卷十可见关于这点的好例子，在那里，通过一场与无神论者的虚拟对话，雅典异方人详述了马格尼西亚的官方神学并为之辩护）①

---

① Bobnich，《柏拉图〈法义〉中的劝谕、强制与自由》，前揭，页389。回想一下我在上文表明的与这段话有关的观点：这种对话在马格尼西亚（非统治者的）公民中是非法的。

相反,序曲作为官方的政治声明,那些阅读后的公民会得知,憎恶无神论者是恰当的,或至少可理解(但有义务与无神论者论争的城邦官员不应表露他们的憎恶,而应克制憎恶之情,使用温和的言辞)。① 这不是在呈现激发独立思想的各种意见,也不怎么符合理性的劝谕。

《法义》卷十很早就出现了一种老生常谈的劝谕观——与其说是理性的不如说是保守的——我们还发现,为了确立自身的神学观,柏拉图除了诉诸各种论证外,还诉诸情感和传统神话,对此,我们不应感到惊奇。

二 渡河的类比(892d8 – 893a7)

伯勃尼希写道,"柏拉图强调,立法者必须在各方面说服公民相信其立法,并使其不只是盲目地接受法律倡导的神学和伦理观"。稍后,他指出:

> 序曲中的论证通常都有些简化:有时,一些重要术语没有得到清楚界定,可能的异议也没有得到充分考虑。另一方面,在序曲中,我们的确发现一些非常缜密的论证:譬如,卷十关于柏拉图基本神学原则的冗长而复杂的论证,就是关于不虔敬的法律序曲的一部分。②

---

① 稍后,在《法义》卷十中,柏拉图宣称,倘若进展顺利,无神论者将开始憎恨自己:"如果在某种意义上,对于说服这些人憎恨自己并渴求相反的性情,我们作了点小小的贡献,那么,这个关于不虔敬的法律序曲,我们就可以高贵地说出来了"(907c5 – d2)。此外,所有公民也会获知这点。
② Bobnich,《柏拉图〈法义〉中的劝谕、强制与自由》,前揭,页383,394。

这两个说法我都同意。但是,伯勃尼希认为,柏拉图愿意将缜密的神学论证纳入序曲,这表明他坚持理性的劝谕,对此,我得出了不同的结论。

就在转向卷十(可能也是《法义》全书)最难的问题之前,雅典异方人表示,事实上,克勒尼阿斯(Kleinias)和墨吉罗斯(Megillus)把讨论移交给了他。他用了一个渡河的类比来解释为何这样最好:

> 假定我们三人必须渡过一条十分湍急的河流,而我恰好是我们中最年轻的,并具有丰富的水流经验,我说,我自己应当第一个尝试下水,把你们留在安全处,我要摸索一下,像你们两位年纪较大的人能否涉水过去,情况如何。要是我认为可以,那我就招呼你们,并用我的经验帮助你们渡河。但如果你们不能渡过,冒险的就只有我啦。我这样说似乎得体。现在,论证进入到湍急之处,或许,凭你们的力量几乎不可能渡过。为了防止你们被搞得晕头转向,让一些不熟悉的提问席卷而去,而造成一种不悦的难堪和失态,依我看,我现在应当这样进行:首先,我应该自己提问,而你们太太平平地听,然后我再自己作答,并以此来详细审查整个论证,直至完成有关灵魂的讨论,并证明灵魂先于物体。(10.892d8–893a7)

我们比较一下柏拉图关于这两个类比说了什么:渡河与为有神论辩护。

渡河:

1. 最有资格的人,即渡河经验最丰富且最年轻者,应先独自尝试并试水。

2. 这一预防的理由是:最重要的是两位老人的安全,而且为了不让他们有任何难堪。

3. 隐含之意是,最有资格者才能渡河。问题在于,另外两人能否渡过——在哪种情况下,最有资格者会帮他们渡过——或者,他们是否不能渡过(无论得到何种帮助)。看起来,对两位老人而言,不可能让他们独自过河。

为有神论辩护:

1. 最有资格者,即最睿智者和最精通哲学者,应先独自尽力探究有神论的例子。①(由于柏拉图认为,对话是哲学活动的关键,雅典异方人将独自进行一场对话)

2. 这一预防的理由是:最重要的是尽可能成功地为有神论辩护,而且为了不让其他人有任何难堪。

3. 隐含之意是,雅典异方人能为有神论辩护。问题在于,另外两人能否在雅典异方人的帮助下,领会他对有神论的论证,抑或他们根本就不得要领。但是,柏拉图告诉我们,他们将要面对的这场论证,"凭你们的力量几乎不可能渡过"(10.892e6-7),也不清楚这是否意味着,另外两人没有雅典异方人的帮助,就无法领会他的论证,抑或他们根本就领会不了这一论证。②

显然,无论我们如何理解这个类比的最后一点,雅典异方人都必须在理智上担负起全部繁重工作。在接下来的段落中,柏拉图似乎将克勒尼阿斯(可能还有墨吉罗斯,虽然他缄默不语)表现为能吃力地理解这些论证,不过,这种理解方式呈现为简单的同意。克勒尼阿斯或墨吉罗斯并非真正有助于无神论的讨论,他们在把握材料上明显显得困惑不解、举步维艰,并且,重大的争议在于,对于雅

---

① 在《最美和最好的法律》中,Clark 认为雅典异方人是在说:"正如在角力竞技和选美比赛中,年轻人能轻而易举地打败老年人,因此,在修辞方面,年轻人同样占有相对优势"(页12)。但是,重点在于能够处理:(a)渡河,(b)艰深的哲学论证。有能力处理(a)关乎年轻和力量,有能力处理(b)则关乎智慧和哲学洞察力(而非体力或游泳的能力,或年轻)。

② 参见《王制》6.506d1-e3,在此,在讨论善的样式之前,苏格拉底告诉格劳孔和阿德曼托斯,他必须离开他们。

典异方人的议题及其呈现的论证,他们的理解能有多深。

考虑到雅典异方人涉及的问题难以理解,这毫不奇怪。这些主题包括:运动的不同种类(譬如圆周运动、生成与毁灭、推动自身的运动);灵魂的性质与定义;灵魂的名称、定义与存在之间的区别;灵魂之于物质的优越性;灵魂在诸天体中的运动;好灵魂与坏灵魂的区别。墨吉罗斯在整个讨论中都沉默不语;克勒尼阿斯偶有发言,有时是赞同雅典异方人,但通常是表达他的困惑不解。① 临近尝试反驳无神论的结尾,雅典异方人说:"克勒尼阿斯啊,你极好地倾听了论述"(10.898c9)。这场对话不仅很好地表明,在《法义》卷十大多时候,尤其是在讨论最难的哲学问题期间,克勒尼阿斯的智力参与具有消极性,而且很好地表明了雅典异方人(以及柏拉图)对这种消极性的积极评价。

柏拉图可能会宣称,克勒尼阿斯和墨吉罗斯信服了雅典异方人对诸神存在的论证,并由此相信无神论的谬误,但是,这仍是老生常谈的劝谕观(在任何稳妥的意义上,很难认为这是理性的劝谕)。不过,我们怀疑,反对无神论的论证,同样会消极地"说服"马格尼西亚的大多数公民。事实上,我们在前一节看到,在这个问题上,大多数公民几乎或压根无需劝谕,就像他们会理所当然地听从那些关于诸神的神话,在他们成长过程中,他们得知了这些神话。实际上,序曲相当于向唱诗班布道(意为多此一举——译注);唱诗班成员会倾向于默不作声地作出反应(就像墨吉罗斯),或者偶尔作出评论、提出问题,辅以一句简单的认同(像克勒尼阿斯那样)。此外,尽管很容易说服克勒尼阿斯和墨吉罗斯(却是以这种消极的方式),但在任何这类讨论中,由于没有得出恰切的、城邦认可的结论,马格尼西亚公民随时会受到严惩的威胁(关于这种威胁的更多讨论

---

① 关于克勒尼阿斯的重重困惑,参见,譬如 894b2,b5,d7,d9,e3,895c3,895d3,d7,d12。关于可期待公民领会这些问题的程度,参见 7.809c1 – e2,817e5 – 818d8,820e8 – 822d1,尤其是 12.966c1 – 968a4。

见第四部分)。

三 神话的咒语(903a7 – 905c7)

在尽力反驳无神论者后,柏拉图转而关注自然神论者,"那些人认为,诸神存在,但不关心人类事务"(10.899d5 – 6)。也许是因为,对自然神论的指控基于先前对无神论的反驳,这些论证就没有那么复杂或充满哲学的艰深。然而,一旦有必要,雅典异方人还是愿意帮助他的两位同伴度过这些论证的所有难关:

> 但你们,克勒尼阿斯和墨吉罗斯呀,得担任年轻人的角色来回答,正如你们在先前的论证中所做的那样;如果在论证中出现什么困难,那么,我会从你们两位接过手,像刚才我做的那样来过河。(10.900c1 – 4)

柏拉图表示,自然神论者断定诸神忽视人类,因为他相信自己看到,恶人能得到幸福(事实上,恶有时甚至显得有助于幸福)。自然神论者认为,倘若诸神看顾人类,就不会有这种情况发生,因此,诸神并没有看顾人类事务。由此,柏拉图反对自然神论的论证,旨在证明两个相互关联的命题:(1)诸神的确看顾人类,因此(2)情况并非是,任何人真的能既邪恶又幸福。简言之,柏拉图认为,诸神忽视人类,只是出于无知或恶习——这些都不可能发生在诸神身上——因此,诸神不可能忽视人类(10.899d5 – 903a9)。

总之,柏拉图表示,"通过论证迫使他"($βιάζεσθαι\ τοῖς\ λόγοις$),雅典异方人使虚构的自然神论者看到了其方式的谬误(10.903a10)。但此后不久,柏拉图写道:"让我们用这些论点来说服这位年轻人[即自然神论者]"($πείθωμεν\ τὸν\ νεανίαν\ τοῖς\ λόγοις$,10.903b4)。但是,随后那些"论点"或解释,发展为一个复杂的神话,或关于统治宇宙的诸神的一系列神话(人们把诸神称为或比作统治者、艺匠、弈手和王者),以及诸神如何将灵魂从一个身体或位置移向另一个的神话。①

柏拉图认为,第一次论证还不充分——至少,对可能在他们城邦出现的每个自然神论者而言还不够充分。因此,他表示,他们也需要"某种神话的咒语"(ἐπῳδῶν...μύθων...τινῶν, 10.903b1-2),以完善这种劝谕或使之完全奏效。伯勃尼希评论道,在此,雅典异方人"继续给出了同一个结论的另一个论证"(显然,使用"论证"是就解释符合理性劝谕而言)。② 不过,我认为多兹(E. R. Dodds)是正确的,他认为,这些"神话的咒语"并不是理性的,虽然在柏拉图看来,它们"服务于理性的目的"。③

倘若柏拉图认为,先前的论证令人信服(说服力大到可算作威力),那么,为何还需要神话呢?柏拉图不会指望,神话与哲学论证

---

① 注意理性劝谕与非理性劝谕的混淆(我认为是有意为之):柏拉图用"通过论证迫使他"指称哲学论证的呈现,并以"用论证……说服"指称神话的呈现。

② Bobnich,《柏拉图〈法义〉中的劝谕、强制与自由》,前揭,页385。Bobnich没有详细讨论这一段落。他宣称,ἐπῳδή[咒语]具有神秘的、非理性的含义并不意味着,该词的每种用法必然带有这种含义。不过,他还是承认,该词通常带有这种含义,但只有在"教育孩子"的语境里。Bobnich说,这种措辞用于表示"与法律的劝谕相关"的唯一例子,就是在当前这一段落中。但我认为,此处使用"咒语"(ἐπῳδή)可能不是例外,而是基本用法,就像在使用神话和歌谣恰切地教育孩子的语境中一样。

Morrow对咒语(或魔力,他对ἐπῳδαί的翻译)有很好的讨论,参《柏拉图的劝谕观》,前揭,页238-242,但我认为,他把《法义》中的所有序曲都当成这种咒语的例子是错误的。

③ E. R. Dodds,《希腊人与非理性者》(*The Greeks and the Irrational*),平装版,Boston,1957,页212。亦参G. Morrow,《柏拉图的克里特城邦:对〈法义〉的历史解释》(*Plato's Cretan City: A Historical Interpretation of the Laws*),重版带有C. Kahn的前言,Princeton,1993,页485。

一样强有力。他可能会宣称,之所以需要神话,恰恰是为了那些无法理解或回应严肃的哲学讨论的人(尤其是年轻人)。① 不过,这就是说,城邦中的某些人(可能是多数人)得借助非理性的手段来劝谕,而非凭靠诉诸人的理性的论证。我们将看到,柏拉图打算利用神话,如果神话算不上"不实的宣传"(波普尔对此的描述),无疑可算作"激发感情的修辞术"(用伯勃尼希的话来讲)。

限于篇幅,我无法探讨(乃至引用)所有"神话的咒语",在此有一个典型例子:

> 万物的监护者将所有东西聚合起来,为的是整体的安全和美德,并让每一部分遇到并去做力所能及的有益于自身的事情。统治者们②已为每一部分,制定了它们在各个时期的遭遇和活动,直至最小的方面,他们在每个细节上都达到了完美……
>
> 由于灵魂始终与身体结合在一起,有时与这一个[身体],有时与另一个,由于灵魂经历了由它本身或另一个灵魂引起的各种变形,③那么,没有别的任务留给下跳棋的奕手了,除了将

---

① 参见《法义》2.659c9 – 660a8,尤其注意"灵魂的咒语"(ἐπῳδαὶ ταῖς ψυχαῖς)。亦参664b3 – c2,665c2 – 7。

② 显然,"统治者们"指的是诸神,但也可能包括精灵(参《斐得若》[Phaedrus]246e4 – 247a4,《治邦者》271d3 – e4,《法义》5.747e3 – 5,10.906a6,以及《厄庇诺米斯》[Epinomoi]984d2 – 985c1)。

③ 关于这句难懂的话,有三种看法:首先,指灵魂始终与身体合在一起,我认为,柏拉图所用的"始终"(ἀεί)意为"经常",因为他不可能认为,所有的灵魂始终附在身体上。其次,"有时这一个[身体],有时与另一个"指的是个体灵魂可能经历的一系列依附肉身。第三,依我之见,"由它本身或另一个灵魂引起的各种变形"可能指(a)由个体灵魂本身造成的性质变化——一个人在一生中使自己变得富有德性或不道德(或有点道德或不道德);(b)源于父母、教育者、治邦者、法律等影响的性格方面。

已变好的性情移到更好的位置,将已变坏的性情移到更坏的位置,这样做依据的是适合每个灵魂的东西,以使它得到相应的命运……

既然他(即"我们的王者",904a6)看到了这一切,或许,他就为每一部分设计一个位置,这样,在整体上,美德就会以最轻松和最好的方式大获全胜,邪恶则一败涂地。为了整体,事实上,他就如此设计,所以,当某种东西产生时,它必须始终占有某个位置,而后居住在某些区域内。他也给我们每个人的意愿分配了成为哪类人的责任:我们欲望的方式和我们灵魂的性质,几乎在任何时候和绝大多数情况下,决定了我们每个人的类型和性格的形成……

因此,分有灵魂的万物都有转变,转变的原因包含在自身内部,在进行转变时,它们根据命定的秩序和规则运动:对于性情上转变较小和较少的,存在一种横向的区域运动;当转变较大和较不义时,无论他们是活着、在睡梦中,还是他们脱离了自己的肉身,皆会跌入深渊和据说是下面的地方,害怕的人称之为"冥界"和其他与此有关的名称……

"这就是居住在奥林波斯山上诸神的判决",①小伙子和年轻人啊(你们认为诸神忽视了你们):变得更邪恶的人被带到较邪恶的灵魂当中,变得更好的人则被带到较好的灵魂当中,同时,在活着和每一次死亡中,他遭受的和做过的事情,合乎相应的灵魂做过的相应事情。无论你还是其他任何变得不幸的人,都绝不能夸耀逃脱了诸神的这一判决。规定这一判决的诸神,将此规定为一切判决中的显著判决,对于该判决,我们在方方面面都应当小心谨慎。(10.903b4 – 905a4)

这些神话作出了两个重要宣称:(1)灵魂能免除身体的死亡,

---

① 柏拉图引用的是荷马,《奥德赛》(*Odessey*) 19.43。

而且，人死后灵魂遇到的事，源于此人在有生之年有多大的德性或邪恶；(2)诸神统治整个宇宙，他们不会忽略任何事物（无论多微小），因此也不会忽略人类（即便或特别是在死后）。

在讨论这一段时，伯勃尼希写道：

> 首先，应注意，"神话的咒语"有别于论证，无神论者两者都会接受。但也要注意，事实上，柏拉图所谓"神话的咒语"就是论证：这是在呼吁无神论者根据理性思考改变自己的看法。①

我认为，"理性思考"这种表述是滥用，因为它包含了诉诸恐惧。一个人面对歹徒的枪口交出自己的钱包，这可能算理性，但是，如果我们认为，歹徒赋予此人"理性思考"，那就错了。诉诸地狱之火也一样。

尽管柏拉图靠的是先前对自然神论者的反驳，但是，这些故事并不包含对自然神论的论证，也没有论证来证明有关王者和弈手等人的主张，或证明关于来生所讲的故事。这些神话无疑是为了劝谕，但不是理性的劝谕。这明显表现在故事的结尾，在那里，雅典异方人反驳了自然神论者所关注的神的疏忽，并明确诉诸恐惧：

> ［诸神的］这一判决永远不会忽略你②——哪怕你小得足以沉入地下深渊，哪怕你高得足以飞入上天③——相反，你会

---

① Bobnich，《柏拉图〈法义〉中的劝谕、强制与自由》，前揭，页385。

② 这一判决是："变得更邪恶的人被带到较邪恶的灵魂当中，变得更好的人则被带到较好的灵魂当中，同时，在活着和每一次死亡中，他遭受的和做过的事情，合乎相应的灵魂做过的相应事情"（904e4 – 905a1）。

③ 由于这是一则神话，它可能比一般的散文更富有诗意，更能激发感情，在讨论一名罪犯试图变得"小得足以沉入地下深渊，或高得足以飞入上天"时，柏拉图似乎在借用欧里庇得斯的形象（参见《美狄亚》[*Medea*] 1296 – 1300，以及《希珀吕托斯》[*Hippolytus*] 1290 – 1295）。

受到相应的惩罚,无论活着的时候,或者被带到冥界之后,还是被移到某个更可怕的($\mathit{ἀγριώτερον}$)①地方之后。(10.905a4 – b1)

这些"神话的咒语"与《王制》最后的俄尔神话作用相同。在为美德与幸福的关联作出哲学论证之后(尤其是在《王制》卷四)——这个论证后来得到有关样式的形而上学的支撑(在卷四至卷五中)——柏拉图仍认为,有必要讲述一个关于来世赏罚的故事(《王制》10.614b2 – 621d3)。我认为,在柏拉图看来,这不仅是出于克法洛斯(Kephalus)这类人的需要——克法洛斯显然明白正义与关切死后命运的关联,他在听到哲学论证前就离开了讨论(《王制》1.328b5 – 331d10)——而且(主要)是为了孩子,倾听这类故事对孩子的成长有益。

伯勃尼希没有否认,柏拉图诉诸了神话和情感;相反,他认为,柏拉图绝不只是诉诸这两者:如果柏拉图运用神话和情感,那也只是用来补充论证。② 然而,即便我赞同这种假定,我还是不同意伯

---

① 主要手稿和 Eusebius 用的是 $\mathit{ἁγιώτερον}$[更神圣的],在这种语境中似乎不可能,因为柏拉图是在描述某个比冥府更糟糕的地方(并且,$\mathit{ἅγιος}$用在邪恶或不虔敬的东西前面表示敬畏的含义,这在古典时期的其他地方没有佐证)。根据某些手稿边缘的诸种迹象,大多数编者和译者都要么选择 $\mathit{ἀπώτερον}$("更遥远的"),要么选择 $\mathit{ἀγριώτερον}$("更野蛮"或"更荒凉的")。(参见 E. B. England 中的讨论,《柏拉图〈法义〉》[The Laws of Plato]笺注本,两卷本,Manchester,1921,卷二,页 498,以及 Des Palces - Diès,《柏拉图全集》中的评注。)我认为,$\mathit{ἀγριώτερον}$更说得通。如下事实支持了这种校读:后来,柏拉图表示,那座关押最坏罪犯的监狱,应建在某个荒芜之地,"偏僻之极"($\mathit{μάλιστα\ ἀγριώτατος}$,908a7)。

② 譬如:"公民们不仅要接受有益的神话,也要接受《法义》本身中呈现的哲学解释"(Bobonich,《柏拉图〈法义〉中的劝谕、强制与自由》,前揭,页380)。

勃尼希的看法,因为,依我之见,柏拉图凭借这些神话并诉诸情感——柏拉图相信,马格尼西亚的统治者需要用到,很多公民也需要听从之——并不削弱他信奉并积极评价理性的劝谕。①

四、惩罚不虔敬的信仰(908a8 – 909d2)

我们已看到,柏拉图没有将惩罚的威胁,呈现为理性劝谕的替代物,而是将两者混合在一起。在《法义》卷十中,关于不虔敬的法律那部分,描述了对不虔敬信仰和行为的惩罚,在其中,我们最清楚地看到了这种混合(及其问题)。

有三种不虔敬:无神论、自然神论和传统的有神论。此外,每种不虔敬者还分两类:正直者与虚伪者(εἰρωνικὸν)(10.908e1 – 2)。因此,"就有了六种值得区分开的过错,它们涉及神圣事物,不需要相同的或相似的司法惩罚"(10.908b2 – 4)。以下是柏拉图关于两类无神论者的说法:②

有一种人可以描述为,压根不信诸神存在,但性情天生正

---

① 我们不妨认为,实际上,柏拉图的确沉迷于"不实的宣传":为了奏效,支撑自然神论的神话必须表明或暗示,每个人都要为他/她自身的品德负责;事实上,柏拉图表示,王者(即神)"给我们每个人的意愿(βουλήσεσιν)分配了成为哪类人的责任"(904b8 – c1)。然而,这似乎不符合如下观点:"没有哪个不义者是自愿(ἑκών)不义的"(5.731c2 – 3)。(但是,柏拉图的立场并不明朗,因为他似乎认为,一个人会自愿行不义,但不会是自愿不义的。参9.860d1 – 861a3)

② 无神论是柏拉图在这里详细讨论的唯一不虔敬,他区分了正直的无神论者与虚伪的无神论者。显而易见,对柏拉图来讲,重要的区分是真正的不虔敬与伪装的不虔敬,而非一个人是无神论者、自然神论者,还是传统的有神论者。

直;这种人确实憎恨坏人,并由于厌恶不义而不愿去行不义;他们避开了不义之人去寻求正义者。但另一种除了认为万物与诸神无关外,可能还受折磨于快乐和痛苦上的不节制,也可能拥有很强的记忆力($μνῆμαί\ ἰσχυραί$)和敏锐的学习能力($μαθήσεις\ ὀξεῖαι$)。不信诸神是这两类人的通病,但就对他人的危害而言,一种人危害小些,另一种人危害大些。在谈到诸神、祭献和誓言时,前一种人极为坦率,而且,他对别人的嘲笑,可能会使他人变得像他一样,如果他没受到司法惩罚的话;相反,后一种人与他人意见相同,具有所谓的"好天性",并且狡猾无比,欺诈成性。这类人有许多是占卜者和要弄各种巫术的人,有时则是僭主、煽动家和将领,还有那些密谋者——他们利用私人的秘仪,以及那些所谓"智术师"的伎俩密谋($σοφιστῶν\ ἐπικαλουμένων\ μηχαναί$)。(10.908b4–d7)

正直的无神论者危害较小(虽然不无危害),因为他观点开明,还因为他不会因自己的无神论而行不义。在表达自己的看法并嘲笑非无神论者的观点时,正直的无神论者可能使某些人皈依无神论,因此,他必将受到惩罚。但柏拉图表示,因正直的无神论者公开其观点而产生的危害不会那么大,因为(a)他不会骗人,(b)他没那么理智。至少后面这点显得是言外之意:因为,稍后柏拉图写到,正直的无神论者"由于不理智"(或愚蠢[$ἀνοίας$])而变得"不虔敬"(10.908e6–7)。在此,认识能力不足——我们甚至会认为,理性论辩和理性劝谕能力较弱——似乎成了某种优点。

然而,由于其欺诈能力,虚伪的无神论者更具危害性。柏拉图指的是哪类人呢?(1)宗教骗子,他想获利靠的是,宣称自己是其所不是的那种人,并能做其所不能的事情:"占卜者和要弄各种巫术的人",可能还有"那些利用私人秘仪的人"。相当于现代那种伪装的福音传播者和实施信仰疗法者,欲通过欺骗容易受骗的宗教信徒致富,或相当于这种人,他知道占星术是伪科学,却为他人解读星象图,收取费用。(2)那些通过某种宗教骗局取得政治权力的人:例如,"僭主、煽动家和将领"(可能还有"那些利用私人秘仪的密谋者")。与之对应的现代人,譬如中东国家非宗教的独裁者,他假装信仰伊斯兰,以助于确保自己的权力。注意,由于其智力,虚伪的无神论者更具影响力。柏拉图表示,这样的无神论者拥有很强的记忆力和敏锐的头脑,并被认为天资聪慧。这些认识能力使这种人的欺骗更好得逞——但是,由于这种人"在快乐和痛苦上不节制",这些能力似乎没有使他更垂青理性的劝谕。

意味深长的是,柏拉图把智术师放在了虚伪的无神论者之列。他为何要在这里纳入智术士们呢?众所周知,智术师们主要受钱财驱使,这使他们类似于上文的第(1)类人。此外,智术师们的"阴谋诡计",很可能指他们为任何(甚至自相矛盾的)结论进行论证的能力(他们如是宣称)。我们不妨认为,这使得他们有些人在诸神的观点上不诚实。例如,高尔吉亚为万物(可能也包括诸神)① 皆存在的观点"作了辩护",但在《海伦颂》(*Encomium of Helen*)中,高尔吉亚将诸神列为海伦行动的一个可能原因——但即便在这里,他似乎也将诸神等同于机运和必然性。② 类似的对比,可见于有关普罗塔戈拉和普罗狄科(Prodicus)的古老证据中。③ 但是,对我们的讨论来讲重要的是,尽管智术师们确实有能力参与理性论证——他们拥有敏锐的头脑——但他们将受到审查,并受到严厉的惩罚。我认为,这透露了我们该如何评价柏拉图对理性劝谕的态度。

现在,让我们转向对无神论和其他不虔敬行为的惩罚。柏拉图首先告诉我们,每类应受何种惩罚,接着表明了关于惩罚的真实看法。正直的无神论者"需要训诫($\nu o u \vartheta \varepsilon \tau \acute{\eta} \sigma \varepsilon \omega \varsigma$)和监禁",而"犯错的

---

① 参见《论非存在》(*On Not Being*),DK 82B3。
② DK 82B11。关于他将诸神等同于机运和必然性,参第六章。
③ 关于普罗塔戈拉,比较 DK 80A23 和 B4,以及柏拉图,《普罗塔戈拉》(*Protagoras*)320c8 – 328d2;关于普罗狄科,比较 DK 84B2 和 B5。

伪君子不应被判处这样那样的死刑"(10.909e1-3)。没有必要讨论对虚伪的不虔敬的惩罚,因为它显得与理性劝谕的关系毫不相干(10.909a8-d2)。但是,对正直的异端的惩罚值得思考:

> 这些[过错]就如此区分。有些人犯这类错,是由于不理智,但没有坏脾气或坏性情,法官应依法送到感化所($σωφρονιστήριον$),① 为期不少于五年。在此期间,其他公民都不得同他们接触,除非是夜间议事会成员,该会成员应该探望他们,以训诫($νουθετήσει$)并拯救他们的灵魂。当他们服刑期满,如果他们有人看起来变得节制,就应该居住在节制的人当中,但如果没有,他就应该再次受到判决,处以死刑。(10.908e6-909a8)

这符合柏拉图先前的宣称:正直的无神论者应接受训诫和监禁。这种惩罚最引人注目的是非同寻常的训诫者。夜间议事会成员是这样的城邦官员:他们能最好地领会哲学论证,尤其是关于诸神的存在与本性的论证(12.961a1-968a4)。诚如松德斯(Trevor Saunders)的评论:"这是一项非凡的立法,截然不同于雅典的任何事物。柏拉图准备要求高级官员用五年——事实上,至少七年——使那些多少有些愚蠢的人重新融入社会。"② 注意,译为"训诫"的那个语词 $νουθετησις$,字面意思是将心智($νοῦς$)置入或植入某人。这就是夜间议事会成员(在每种情况下)将用五年或更多时间试图做的

---

① 这座监狱的名称,是阿里斯托芬《云》中对"苏格拉底"学园的幽默挖苦,《云》中用的是"思想所"($φροντιστήριον$,参 1.94)。感化所是马格尼西亚的三座监狱之一,只限于监禁正直的异端。

② T. Saunders,《柏拉图的刑法典:希腊刑罚学中的传统、争议与改革》(*Plato's Penal Code: Tradition, Controversy, and Reform in Greek Penology*),Oxford,1991,页311。

事：使异端从愚蠢或不理智看待诸神的思想状态，转向恰当而理性的状态。尽管没有给出细节，但我认为，此人将一再广泛聆听并讨论《法义》卷十中呈现的关于诸神的存在与本性的论证。

伯勃尼希没有讨论对不虔敬的惩罚，但是，毋庸置疑，对柏拉图的理性劝谕观抱同情态度的人会认为，这一段落（908e6 – 909a8）证实了伯勃尼希为之辩护的那种观点：社会中最有头脑的人将花时间，试图用精妙的哲学论证说服那些正直的异端。不过，我认为，无论柏拉图的想法是什么，这可能事实上与理性劝谕毫不相干。套用兰德（Ayn Rand）的话："暴力与思想针锋相对；理性的劝谕结束之处，就是枪声响起之时。"① 聆听这些论证的囚徒会明白，倘若他们不回到恰切的、受城邦认可的结论，他们就可能要接受死刑。这就是柏拉图结合理性劝谕与惩罚威胁的尝试，但我认为，这事实上表明了这种结合何以不可能。

倘若正直的异端囚徒不接受得到辩护的结论（亦即死刑），那么，他要在头脑中分离他所听到（但可能还没接受）的论证与他对自己将受到的惩罚的认识，这在心理上几乎不可能。此外，在这种背景中，统治者（或其他人）绝不可能知道，正在谈论的这位公民被说服，是由于理性的论证，还是出于对获得死刑的恐惧，因此，没有人会知道，此人是否真的"思想健全"（柏拉图预想的）。

让我们假设一下，五年或更长时间的监禁结束时，这名正直的异端已一再聆听关于诸神存在的论证，他向夜间议事会或他的假释听证会宣称（以法律要求的方式），他是有神论者，我们再假设一下，他绝不再受控拥护不虔敬的观点。在这种情况下，我们无法判定，他是否真的被说服，或者，他闭嘴是否出于害怕继续受监禁，或

---

① A. Rand，《阿特拉斯耸耸肩》（*Atlas Shrugged*），New York，1957；三十五周年纪念平装版，1992，页936："暴力与思想针锋相对；道德结束之处，就是枪声响起之时。"

(假如他被释放)出于害怕再犯而被判处死刑。此外,作为《法义》的读者,我们无法断定,柏拉图对理性劝谕的热爱是否真实,抑或事实上,使正直的异端沉默才是他这里的关注焦点。

五　结语

我认为,我已表明,至少《法义》卷十中的某些段落,没有支撑(事实上矛盾的)看法:在《法义》中,柏拉图正面看待理性的劝谕。不过,我并不是在否认伯勃尼希的观点正确,有时,柏拉图的确宣称(或显得)赞成理性的劝谕。然而,如果我们越过几个表明这点的段落,将之放在《法义》总体的政治哲学背景中,我们会看到,柏拉图不是在简单地搅乱或混淆这些问题,而是他无法在任何真正意义上支持理性的劝谕或自由。①

为了强调思想要求的那种自由(以及柏拉图的政治哲学何以没能提供这种自由),依我之见,对比柏拉图与如下这种人将富有启发,这种人对下述事物的看法与众不同:理性和法律、理性劝谕的恰切统治以及宗教与统治之间的关系。因此,我想简要探讨一下杰斐逊(Thomas Jefferson)的政治思想。我认为,杰斐逊了解——在某种

---

①　在《法义》中,柏拉图的确讨论并运用了自由及其相关的概念。但是,他的很多说法都无关政治自由(包括思想自由)的讨论,因为他经常表示,他相信的是成为自由人的道德或心理条件(例如 1.649a - b,7.808e,11.914a - d)。此外,当柏拉图的确在政治语境中谈论自由时,他的说法要么过于笼统,于当前的讨论无益,要么在事实上不利于柏拉图赞同思想自由的观点(譬如,在赞美波斯结合自由与奴隶制时,以及在谴责绝对自由时,3.639d - 649b,697c - 698b)。注意,在《法义》卷十中,柏拉图唯一使用 ἐλεύθερος(自由的)同源词的地方,是在 909c(两次),以限制自由民进入马格尼西亚的其中一座监狱。

程度上,柏拉图不了解(或了解但否定)——理性与自由的实际关系。①

与很多启蒙运动的人士一样,杰斐逊极度推崇理性。1787年8月10日,在一封致侄子卡尔(Peter Carr)(当时还是大学生)的信中,杰斐逊写道:

> 坚定不移地坚持理性的立场,向法庭呈现每一个事实,每一种意见。即便是某个神的存在,也要勇敢地质疑;因为,倘若真有神,他必定更赞成尊崇理性,而非盲目的恐惧。自然,你会先考察自己国家的宗教。读一下《圣经》吧,这样一来,你还会阅读李维(Livy)或塔西陀(Tacitus)。

杰斐逊认为,每个人都应"坚定不移地坚持理性的立场,向法庭呈现每一个事实,每一种意见"。他这一看法的根源在于认为,政府唯一的正当目的是保护个人权利,或换言之,提供环境,在其中,人民可在没有强迫的情况下理性地打交道。只有对那些试图用暴力(以侵犯个人权利的方式)与他人打交道的人,政府才能使用强迫。在一个管理得当的国家,劝谕人民不是统治者的职责——甚至在道德和宗教这类重要问题上的劝谕。正如杰斐逊言简意赅地指出:"政府的立法权延伸到这些行为,只会侵害其他人。但是,如果我的邻人宣称有二十个神或没有神,这于我无损。这不会害我掏腰包,也不会害我折腿。"②倘若某个人的推理不是很好——倘若他得出愚蠢的或不合理的结论——那么,任他自行其是吧,只要他不是用

---

① 我并不是说,杰斐逊是与柏拉图一样深刻的哲人。杰斐逊不是哲人(但他是一名杰出的政治家和政治理论家)。不过,他对理性和自由(包括思想自由)的看法,与柏拉图的看法形成绝妙的对比。

② 《弗吉尼亚州札记》(*Notes on the State of Virginia*),第17个质问,"宗教"(1795)。

强迫的方式对待他人。他有犯错的自由。

显而易见,杰斐逊的观点迥异于柏拉图的观点。对柏拉图来讲,理性的劝谕只能由统治者们运用,他们用理性的劝谕(结合惩罚的威胁)与那些非统治者打交道。总体而言,在公民当中,不允许当然也不鼓励理性的劝谕——尤其是理由充分的哲学论证。劝谕(理性的或不理性的)在法律序曲中找到,此外,劝谕是为统治者或城邦代表保留的,在与某些公民(譬如正直的无神论者)打交道时,他们将在必要时使用劝谕。

此外,柏拉图不认为,民众应享有发表意见的自由,无论这种意见是对还是错。(根据柏拉图,让每个公民自己决定是信仰二十个神还是不信神,或者诸如此类,这将是一场灾难)一个人有"自由"相信,城邦及其统治者要他必须相信的东西。伯勃尼希指出:

> 马格尼西亚应审查或驱除的,是错误的意见、学说或文艺,尤其是那些对错误信仰的描述,这些描述可能强烈地诉诸公民的情感和欲望,并可能逐渐削弱他们进行理性思考和行动的能力。

不过,显然,伯勃尼希认为,这并不影响我们如何评价柏拉图设想的投身于理性的劝谕:"再次,我们与柏拉图的分歧在于,理性探究如何进一步深入:这个分歧不关涉理性探究的价值。"① 但我认为,这必定会涉及。只允许公民相信城邦允许之事,就会限制他们的思维能力——被理性地说服的能力。

在萧伯纳(George Bernard Show)《巴巴拉少校》第一幕,布雷托马尔特夫人(Lady Britomart)对儿子斯蒂芬(Stephen)(他抱怨,母亲将他及其兄弟姐妹当孩子对待)说:"你晓得,我从未把你们任何一

---

① Bobnich,《柏拉图〈法义〉中的劝谕、强制与自由》,前揭,页390。

人当孩子对待。我一直都把你们当成我的同伴和朋友，任你们自由自在地做或说你们喜欢的事，只要你们喜欢我所赞成的事。"这行台词富有幽默感（萧伯纳有意为之），因为其中蕴含着矛盾：允许成年人"自由"言谈，相信他们喜欢的任何事，只要他们相信的事是正确的。柏拉图捍卫的并非那种真正的自由。

总之，我认为，柏拉图对理性劝谕的表面称赞，与他越来越重视非哲人的公民几乎毫不相干，这种重视体现在他的晚期作品中。相反，我认为，《法义》中柏拉图对理性劝谕的让步，起因于马格尼西亚是第二好的城邦，因此，法的统治取代了《王制》中哲人—王的统治。不过，作为一名真正的柏拉图主义者，柏拉图仍密切关注理式：哲人—王的统治。

在《法义》卷五中，柏拉图写道："那个城邦和那种政制居首位，法律也最好，在那里，这句古谚尽可能地扩散到整个城邦：据说，朋友们的东西确实公有"（5.739b8 - c3）。他言简意赅地描述了《王制》中呈现的妇女、儿童和财产的共产主义，他还表示，也许，"诸神或神子们居住"在这样的城邦里，并称之为政制的模型（paradeigma）（5.739d6 - e2）。柏拉图表示，倘若他们言辞中的城邦能实现，那么，它就会最接近这种模型，成为第二好的城邦。

诸神居住（或由哲人—王统治）的城邦，无需法律；第二好的城邦需要法律。柏拉图认为，很难认识到，真正的政治目的在于公共事务，而非私人事务，而且即便有人认识到这点，此人也难以将这种知识付诸行动——关注整个政治共同体的共同利益，而非屈服于各种私人欲望。柏拉图告诉我们，倘若具备这种知识和德性的人的确出现了，"他就不需要任何法律来统治他，因为，没有任何法律或秩序比知识更强大，让理智从属于奴隶或其他人，都不正确，理智应统治万物"。然而，由于这种人并不存在，"我们就得选择第二好的东西：秩序和法律"（9.875c3 - d5）。

柏拉图用法的统治,取代了哲人—王对其他公民的绝对统治。① 他试图让法律运用理性的劝谕,并同时绝对地统治公民——带着对理式的颔首致意。这就是第二好的政制:模仿哲人的统治。但是,还望伯勃尼希谅解,这种尝试并没有出色地结合"个人自由"与"理性探究的能力";毋宁说,它削弱了任何试图结合理性劝谕与强迫所固有的矛盾。鉴于为宗教信仰寻求理性支撑的困难,以及柏拉图对公民具有正确类型的宗教信仰的看重,这种矛盾在《法义》卷十中最为突出,也就不足为奇了。

---

① 哲人—王统治像奴隶那样的非哲人:参见《王制》9.590c1 – d6。

图书在版编目(CIP)数据

立法者的神学:柏拉图《法义》卷十绎读/林志猛编;张清江等译.—北京:华夏出版社,2013.4
(西方传统:经典与解释)
ISBN 978-7-5080-7463-4

Ⅰ.①立… Ⅱ.①林… ②张… Ⅲ.①柏拉图(前427~前347)－法学－思想评论 Ⅳ.①D904.1 ②B502.232

中国版本图书馆CIP数据核字(2013)第016357号

立法者的神学:柏拉图《法义》卷十绎读

编　　者	林志猛
译　　者	张清江等
责任编辑	孙　颖

出版发行	华夏出版社
经　　销	新华书店
印　　刷	北京建筑工业印刷厂南厂
装　　订	三河市李旗庄少明印装厂
版　　次	2013年4月北京第1版 2013年4月北京第1次印刷
开　　本	880×1230　1/32
印　　张	9.25
字　　数	249千字
定　　价	39.00元

华夏出版社　地址:北京市东直门外香河园北里4号　邮编:100028
　　　　　　　网址:www.hxph.com.cn　　电话:(010)64663331(转)
若发现本版图书有印装质量问题,请与我社营销中心联系调换。

西方传统：经典与解释

西方传统：经典与解释
Classici et Commentarii
HERMES
刘小枫◎主编

古今丛编

墙上的书写——尼采与基督教（修订增补本）
[德]洛维特／沃格林 等著

古希腊文学常谈
[英]多佛 等著

穆佐书简
[奥]里尔克 著

撒路斯特与政治史学
刘小枫 编

民主的本性——托克维尔的政治哲学
[法]马南 著

希罗多德的王霸之辨
吴小锋 编／译

梅尔维尔的政治哲学——《切雷诺》及其解读
李小均 编／译

第二代智术师——罗马帝国早期的文化现象
安德森 著

英雄诗系笺释
[古希腊]荷马 著

统治的热望
——修昔底德笔下的阿尔喀比亚德和帝国政治
[美]福特 著

席勒美学的哲学背景
[美]维塞尔 著

雅典谐剧与逻各斯
——《云》中的修辞、谐剧性及语言暴力
[美]奥里根 著

莱园哲人伊壁鸠鲁
罗晓颖 选编

果戈里与鬼
[俄]梅列日科夫斯基 著

托尔斯泰与陀思妥耶夫斯基（第一卷）
[俄]梅列日科夫斯基 著

托尔斯泰与陀思妥耶夫斯基（第二卷）
[俄]梅列日科夫斯基 著

自传性反思
[德]沃格林 著

黑格尔与普世秩序
[美]希克斯 等著

新的方式与制度
——马基雅维利的《论李维》研究
[美]曼斯菲尔德 著

论埃及神学与哲学——伊希斯与俄赛里斯
[古希腊]普鲁塔克 著

凯撒的剑与笔
李世祥 编／译

纪念苏格拉底——哈曼文选
刘新利 选编

科耶夫的新拉丁帝国
[法]科耶夫 等著

夜颂中的革命和宗教——诺瓦利斯选集卷一
[德]诺瓦利斯 著

大革命与诗话小说——诺瓦利斯选集卷二
[德]诺瓦利斯 著

《利维坦》附录
[英]霍布斯 著

巨人与侏儒
[美]布鲁姆 著

或此或彼（上、下）
[丹麦]基尔克果 著

海德格尔与有限性思想（重订版）
刘小枫 选编

海德格尔式的现代神学
刘小枫 选编

走向古典诗学之路
——相遇与反思：与伯纳德特聚谈
[美]伯格 编

论宗教大法官的传说
[俄]罗赞诺夫 著

上帝国的信息
[德]拉加茨 著

双重束缚
[美]基拉尔 著

俄耳甫斯教祷歌
吴雅凌 编译

俄耳甫斯教辑语
吴雅凌 编译

黑格尔的观念论
[美]皮平 著

古今之争中的核心问题
[德]迈尔 著

浪漫派风格——施莱格尔批评文集
[德]施莱格尔 著

神圣的罪业
[美]伯纳德特 著

论永恒的智慧
[德]苏索 著

宗教经验种种
[美]詹姆斯 著

尼采反卢梭
[美]凯斯·安塞尔-皮尔逊 著

施米特对自由主义的批判
[美]约翰·麦考米克 著

舍勒思想评述
[美]弗林斯 著

诗与哲学之争
[美]罗森 著

基督教理论与现代
[德]特洛尔奇 著

亚历山大的克雷蒙
[意]塞尔瓦托·利拉 著

伊壁鸠鲁主义的政治哲学
[意]詹姆斯·尼古拉斯 著

神圣与世俗
[罗]伊利亚德 著

中世纪的心灵之旅——波纳文图拉神学著作选
[意]圣·波纳文图拉 著

弓弦与竖琴——从柏拉图解读《奥德赛》
[美]伯纳德特 著

论古人的智慧
[英]培根 著

希伯莱圣经历代注疏

希腊化世界中的犹太人
[英]威尔逊 著

第一亚当和第二亚当
[德]朋霍费尔 著

卢梭注疏集

论波兰政体
[法]卢梭 著

哲学的自传——卢梭的《孤独漫步者的遐思》
[法]卢梭 著

文学与道德杂篇
[法]卢梭 著

设计论证——卢梭的《社会契约论》
[美]吉尔丁 著

卢梭的自然状态
[美]普拉特纳 等著

卢梭的榜样人生——作为政治哲学的《忏悔录》
[美]凯利 著

柏拉图注疏集

理想国
[古希腊]柏拉图 著

立法者的神学——柏拉图《法义》卷十绎读
林志猛 编

柏拉图对话中的神
[德]薇依 著

厄庇诺米斯
[古希腊]柏拉图 著

柏拉图的《厄庇诺米斯》
程志敏 选编

论柏拉图对话
[德]施莱尔马赫 著

柏拉图《美诺》疏证
[美]克莱因 著

神话诗人柏拉图
张文涛 选编

人应该如何生活
[美]布鲁姆 著

阿尔喀比亚德
[古希腊]柏拉图 著

叙拉古的雅典异乡人
——柏拉图《书简七》探幽
彭磊 选编

阿威罗伊论《王制》
[阿拉伯]阿威罗伊 著

《王制》要义
刘小枫 选编

柏拉图的《会饮》
[古希腊]柏拉图 等著

苏格拉底的申辩
[古希腊]柏拉图 著

苏格拉底与政治共同体
[美]尼科尔斯 著

政制与美德——柏拉图《法义》疏解
[美]潘戈 著

《法义》导读
[法]卡斯代尔·布舒奇 著

论真理的本质
[德]海德格尔 著

哲人的无知
[德]费勃 著

米诺斯
[古希腊]柏拉图 著

亚里士多德注疏集

《政治学》疏证
[意]托马斯·阿奎那 著

尼各马可伦理学义疏
——亚里士多德与苏格拉底的对话
[美]伯格 著

哲学之诗——亚里士多德《诗学》解诂
[美]戴维斯 著

对亚里士多德的现象学解释
[德]海德格尔 著

城邦与自然——亚里士多德与现代性
刘小枫 编

论诗术中篇义疏
[阿拉伯]阿威罗伊 著

哲学的政治——亚里士多德《政治学》疏证
[美]戴维斯 著

莱辛注疏集

汉堡剧评
[德]莱辛 著

关于悲剧的通信
[德]莱辛 著

《智者纳坦》研究版
[德]莱辛 等著

启蒙运动的内在问题——莱辛思想再释
[美]维塞尔 著

莱辛剧作七种
[德]莱辛 著

历史与启示——莱辛神学文选
[德]莱辛 著

论人类的教育——莱辛政治哲学文选
[德]莱辛 著

色诺芬注疏集

居鲁士的教育
[古希腊]色诺芬 著

驯服欲望——施特劳斯笔下的色诺芬撰述
[法]科耶夫 等著

论僭政——色诺芬《希耶罗》义疏
[美]施特劳斯 著

色诺芬的《会饮》
[古希腊]色诺芬 著

施特劳斯集

霍布斯的宗教批判
[美]列奥·施特劳斯 著

斯宾诺莎的宗教批判
[美]列奥·施特劳斯 著

门德尔松与莱辛
[美]列奥·施特劳斯 著

哲学与律法——论迈蒙尼德及其先驱
[美]列奥·施特劳斯 著

迫害与写作艺术
[美]列奥·施特劳斯 著

柏拉图式政治哲学研究
[美]列奥·施特劳斯 著

阅读施特劳斯
[美]斯密什 著

《会饮》讲疏
[美]列奥·施特劳斯 著

柏拉图《法义》的论辩与情节
[美]列奥·施特劳斯 著

什么是政治哲学
[美]列奥·施特劳斯 著

古典政治理性主义的重生
[美]列奥·施特劳斯 著

犹太哲人与启蒙
——施特劳斯演讲与论文集：卷一
[美]列奥·施特劳斯 著

苏格拉底问题与现代性
——施特劳斯演讲与论文集：卷二
[美]列奥·施特劳斯 著

回归古典政治哲学——施特劳斯通信集
[美]列奥·施特劳斯 著

隐匿的对话——施米特与施特劳斯
[德]迈尔 著

苏格拉底与阿里斯托芬
[美]列奥·施特劳斯 著

尼采注疏集

尼采的使命——《善恶的彼岸》绎读
[美]朗佩特 著

尼采与现时代——解读培根、笛卡尔与尼采
[美]朗佩特 著

动物与超人之间的绳索
[德]A.彼珀 著

维吉尔注疏集

《埃涅阿斯纪》章义
王承教 选编

维吉尔的帝国
阿德勒 著

品达注疏集

幽暗的诱惑——品达、晦涩与古典传统
[美]汉密尔顿 著

新约历代经解

属灵的寓意
[古罗马]俄里根 著

赫西俄德集

神谱笺释
吴雅凌 撰

赫西俄德：神话之艺
[法]居代·德·拉孔波 等著

赫拉克勒斯之盾笺释
罗逍然 译笺

莎士比亚绎读

莎士比亚笔下的爱与友谊
[美]布鲁姆 著

莎士比亚戏剧与政治哲学
彭磊 选编

莎士比亚的政治盛典
[美]阿鲁里斯/苏利文 编

丹麦王子与马基雅维利
罗峰 选编

古希腊诗歌丛编

阿尔戈英雄纪
[古希腊]阿波罗尼俄斯 著

阿里斯托芬集

《阿卡奈人》笺释
[古希腊]阿里斯托芬 著

但丁集

但丁的圣约书
[美]霍金斯 著

美国宪政与古典传统

美国1787年宪法讲疏
[美]阿纳斯塔普罗 著

修昔底德集

修昔底德笔下的演说
[美]斯塔特 著

古希腊政治理论
格雷纳 著

塔西佗集

塔西佗的政治史学
曾维术 编

古典学丛编

古典语文学常谈
克拉夫特 著

大学素质教育读本

古典诗文绎读 西学卷·古代编（上、下）
古典诗文绎读 西学卷·现代编（上、下）

中国传统：经典与解释

Classici et Commentarii

华夏岀版
刘小枫　陈少明◎主编

中国传统：经典与解释

松阳讲义
[清]陆陇其 著

起凤书院答问
[清]姚永朴 撰

青原志略
[明]方以智 原编

冬炼三时传旧火——港台学人论方以智
邢益海 编

药地炮庄
[明]方以智 著

周礼疑义辨证
陈衍 撰

经学通论
[清]皮锡瑞 著

韩愈志
钱基博 著

论语辑释
陈大齐 著

《庄子·天下篇》注疏四种
张丰乾 编

荀子的辩说
陈文洁 著

古学经子——十一朝学术史述林
王锦民 著

经学以自治——王闿运春秋学思想研究
刘少虎 著

《铎书》校注
孙尚扬　肖清和 等校注

经典与解释辑刊（刘小枫　陈少明 主编）

1　柏拉图的哲学戏剧
2　经典与解释的张力
3　康德与启蒙
4　荷尔德林的新神话
5　古典传统与自由教育
6　卢梭的苏格拉底主义
7　赫尔墨斯的计谋
8　苏格拉底问题
9　美德可教吗
10　马基雅维利的喜剧
11　回想托克维尔
12　阅读的德性
13　色诺芬的品味
14　政治哲学中的摩西
15　诗学解诂
16　柏拉图的真伪
17　修昔底德的春秋笔法
18　血气与政治
19　索福克勒斯与雅典启蒙
20　犹太教中的柏拉图门徒
21　莎士比亚笔下的王者
22　政治哲学中的莎士比亚
23　政治生活的限度与满足
24　雅典民主的谐剧
25　维柯与古今之争
26　霍布斯的修辞
27　埃斯库罗斯的神义论
28　施莱尔马赫的柏拉图
29　奥林匹亚的荣耀
30　笛卡尔的精灵
31　柏拉图与天人政治
32　海德格尔的政治时刻
33　荷马笔下的伦理
34　格劳秀斯与国际正义
35　西塞罗的苏格拉底
36　基尔克果的哲学与政治
37　《理想国》的内与外
38　诗艺与政治
39　律法与先知

刘小枫集

诗化哲学［重订本］
拯救与逍遥［修订本］
走向十字架上的真
这一代人的怕和爱［增订本］
现代性与现代中国：现代性社会理论绪论
沉重的肉身
圣灵降临的叙事［增订本］
罪与欠
西学断章
现代人及其敌人
儒教与民族国家
拣尽寒枝
施特劳斯的路标
重启古典诗学
共和与经纶
设计共和
卢梭与我们
好智之罪：普罗米修斯神话通释
民主与爱欲：柏拉图《会饮》绎读
民主与教化：柏拉图《普罗塔戈拉》绎读
巫阳招魂：《诗术》绎读

编修［博雅读本］

凯若斯：古希腊语文读本［全二册］
古希腊语文学述要
雅努斯：古典拉丁语文读本
古典拉丁语文学述要
危微精一：政治法学原理九讲
琴瑟友之：钢琴与古典乐色十讲